媒体监督、内部控制与审计意见研究

张丽达　著

中国财经出版传媒集团
中国财政经济出版社

图书在版编目（CIP）数据

媒体监督、内部控制与审计意见研究／张丽达著.
--北京：中国财政经济出版社，2020.6
ISBN 978-7-5095-9819-1

Ⅰ.①媒… Ⅱ.①张… Ⅲ.①传播媒介-监督管理-企业-内部审计-研究 Ⅳ.①F239.45

中国版本图书馆 CIP 数据核字（2020）第 085842 号

责任编辑：蔡　宾　　　　　　责任校对：胡永立
封面设计：陈宇琰

中国财政经济出版社 出版
URL：http：//www.cfeph.cn
E-mail：cfeph@cfeph.cn

社址：北京市海淀区阜成路甲 28 号　邮政编码：100142
营销中心电话：010-88191537　编辑部门电话：010-88190666
北京财经印刷厂印刷　各地新华书店经销
787×1092 毫米　16 开　12.75 印张　282 000 字
2020 年 6 月第 1 版　2020 年 6 月北京第 1 次印刷
定价：65.00 元
ISBN 978-7-5095-9819-1
（图书出现印装问题，本社负责调换）
本社质量投诉电话：010-88190744
打击盗版举报热线：010-88191661　QQ：2242791300

前　言

由于上市公司业务的复杂及公司治理的隐蔽性，审计师面临着巨大的审计风险。而风险导向审计模式的风靡，使审计师在外部审计工作中更加重视对风险的判断与防范，从各方获取有用信息成为审计师的必然选择。媒体监督作为一种非正式机制，以信息曝光的方式传递有用信息，它的治理功能也得到了初步的认可。在新的信息市场环境中，媒体的多样化改变了市场利用信息的方式，重塑了审计师的信息环境和外部约束环境，具体表现在媒体对企业的相关报道是否会真实地反映企业的财务状况，从而影响审计师对审计风险的判断，进而影响审计意见的出具。尤其是媒体监督与外部审计行为都作为一种外部的监督机制，如何能够有效地作用于企业的公司治理行为中，理论上并没有提出一个较为清晰的实现路径。在新的信息环境和外部约束下，媒体监督如何影响审计意见发表的研究具有现实意义。

近几年，随着《企业内部控制基本规范》《内部控制评价指引》以及相关配套指引的颁布，政府监管层面开始重视从公司内部控制的评价角度来引导公司治理水平的提高，这也使我国外部审计的范围从单纯的财务审计扩展为财务审计与内部控制审计两种，这不仅是对我国外部审计评价体系的扩展，也更加符合公众了解公司内部治理的现实要求，使审计师在出具审计意见的过程中，对内部控制运行状况的依赖程度增高。而媒体报道信息也恰恰反映了公司内部控制的质量。本书从内部治理的角度研究了媒体监督对审计意见的治理作用，并进一步分析了这种治理作用的实现路径。本书以我国2009—2017年沪深两市A股上市公司为研究对象进行了检验，结果表明：媒体监督显著影响审计意见的出具，而这种影响是通过加入内部控制要素来实现的。进一步分析发现：媒体报道次数越多，内部控制质量越差，从而审计师倾向于出具非标准的审计意见；针对于性质较为严重的负面报道、深度报道以及追踪报道，管理层更倾向于对内部控制重大缺陷进行披露，但管理层对内部控制改进意愿并不明显，而审计师出具非标准审计意见的机率更大。这基本表明，媒体负面报道只有在反映内部控制质量情况下才会对审计意见产生明显的治理作用，而这种作用可以通过不同路径来实现。总结来说，该书的主要内容试图解释清楚三个问题：

（1）揭示了媒体监督、内部控制与审计意见之间关系的理论实现路径。在构建媒体传播互动模型的基础上，以媒体负面报道次数、媒体负面报道广泛度、媒体负面报道的深度以及媒体负面报道的严重程度代表媒体监督的效果，通过影响内部控制指数、缺陷的披露动机、披露内容以及对披露的改进措施从而调整审计师的审计风险，并进一步影响审计意见的出具。通过对16种实现路径的构建，从内部治理的角度明确了媒体监督与审计意见的传导关系，并进一步证明了媒体治理作用的发挥，主要是以对内部控制的反映而实现的。

（2）验证了媒体监督、内部控制与审计意见的路径实现过程。利用多元回归以及结构方程模型中的路径分析验证了一个层层递进的媒体监督与审计意见关系。以多元回归方法依次实证验证了媒体监督与内部控制的相关关系、内部控制与审计意见的相关关系；最后采用结构方程模型中的路径分析方法，通过对16条路径的一一验证，证明了本文假设的成立。通过实证结果发现，媒体监督、内部控制与审计意见的实现路径共有11条有效路径。媒体负面报道的次数越多，反映出内部控制质指数越低以及容易出现内部控制重大缺陷，导致审计师出具非标准审计意见；针对于媒体负面的追踪报道、深度报道以及严重报道，反映了公司内部控制指数越低，管理层越会对内部控制进行积极披露，使公司出现重大缺陷的可能性增加，而审计师根据上述情况倾向于出具非标准的审计意见；研究中还发现，不论是哪种报道方式，管理层对内部控制缺陷的改进都不明显，而审计师也不会因此出具非标准审计意见。

（3）提出了基于路径分析的媒体监督与内部控制的相关建议。在对媒体监督的建议中，以“监管——引导——规范”三位一体角度加强媒体行业的自律，引导正面报道的有序开展，探索性建立媒体行业规范以及发挥自媒体的影响力。在对内部控制的建议中，以风险管理框架（ERM）为评价标准，在充分考虑媒体信息传播的影响力以及审计师风险评估程序的基础上，分别针对该框架八要素提出具有操作性的风险防范建议；探索性制定了相关内部控制缺陷的认定标准，促使公司注重对内部控制缺陷的披露以及制定缺陷改进措施。

媒体监督的话题较为新鲜，且这几年逐渐引起会计行业的广泛关注，尤其是随着网络成为人们生活中必不可少的重要内容，以媒体为依托的信息披露也成为审计师做出判断的一种关键依据。本书初步解开了媒体监督对审计意见的作用，基于媒体监督作用发挥的广度和深度，依然会随着广大研究者的研究被逐步发现。本书作者博士期间就主要研究这些内容，并基于该书的核心内容发表多篇审计类核心论文。本书获得西安财经大学著作资金项目的资助，也是国家社科基金《基于演化仿真的社会化媒体舆论信息与审计师行为研究》（18CJY003）的阶段性成果。感谢所有帮助我完成该书的老师、同学、朋友还有我的学生。文中有不足之处，也请读者指正！

目　录

绪论

1.1　选题背景与研究意义

1.1.1　选题背景

外部独立审计工作随着上市公司业务的复杂及公司治理的隐蔽面临着巨大的审计风险。审计师在不完全对被审计单位存在风险的识别下，盲目出具不合理的审计意见。“安然事件”“银广夏事件”“绿大地欺诈案”“万福生科财务造假案”导致的会计师事务所的倒闭或处罚历历在目。而风险导向审计①模式的普及，不仅是针对审计技术和方法的改变，重要的是改变了传统审计理念，促使审计师更加关注于审计风险的识别。审计意见的出具需要审计师对各种有关信息的加工，利用专业能力甄别与被审计对象相关的内容，进行合理的推断。而媒体对信息的传播客观上与审计师的现实需求达到了契合，表现为媒体对上市公司的负面报道更容易受到监管部门及利益相关者的关注，也预示着存在较大的审计风险。本书通过对历年被出具非标准审计意见的上市公司统计发现，在这些被出具非标准审计意见的公司中，媒体对这些上市公司均进行了一定程度的负面报道②，平均报道次数为2次左右，而且这些报道都是全方位的深度报道。

表1-1中列示了部分上市公司媒体负面报道次数与审计意见的部分数据，统计发现，媒体报道次数越多，出具非标准审计意见的概率越大。但是也不排除个别情况，比如五粮液（000858）2013年媒体负面报道为9次，但均被出具标准的财务审计意见与内部控制审计意见。通过这些数据统计，我们不禁要问，媒体监督与审计意见的出具是否相关?

---

① 风险导向审计即指注册会计师以审计风险模型为基础进行的审计方式，这种审计方式认为审计风险主要来源于企业财务报告的重大错报风险，而错报风险主要来源于整个企业的经营风险和舞弊风险。

② 我们通过对中国知网cnki《全国重要报纸数据库》进行的查阅，重点关注各大主流媒体对上市公司的相关负面报道。

表 1-1 部分上市公司媒体报道次数与审计意见类型统计

股票名称	媒体负面报道次数	当年财务审计报告	当年内部控制审计报告
大元股份	9	带强调事项段的无保留意见（2011）	标准无保留意见（2011）
北大荒	6	保留意见（2013）	否定意见（2013）
华锐风电	5	保留意见（2013）	否定意见（2013）
ST 凤凰	10	带强调事项段无保留意见（2012）	标准无保留意见（2012）
五粮液	9	标准无保留意见（2013）	标准无保留意见（2013）
*ST 二重（601268）	4	保留意见（2014）	否定意见（2014）

数据来源：媒体负面报道次数为《全国重要报纸数据库》手工搜集而来；审计意见来源于国泰安财务审计意见数据库和迪博公司内部控制审计数据库。

近年来，媒体监督在资本市场上作用被广泛认同。法与金融理论指出，完善的法律制度资本市场中能够起到保护投资者利益的作用，促进金融市场的协调发展，并提高公司治理的水平（Allenand Gales，2000；LLSV，2000），但是，经过大量的实践证明，法律对利益者的保护以及在提高公司治理水平中远远没有达到预想的效果，如何利用除法律外的其他制度来完善公司内部的代理关系，实现资本市场的有效运行成为了人们关注的焦点。而媒体对信息的传播和舆论的形成，是为保护投资者利益，对公司实施监督和治理的一种选择（Dyck and Zingales，2004）。在现代社会，从报纸、电视、广播、网络等多样化媒体获取信息成为了个人与社会关系交融的载体。媒体很大程度上降低了信息不对称带来的高额成本，并利用专业化视角使信息更加可靠（郑涛，2010）。特别是在法律制度健全的国家，媒体被认为在宪法的确认下，能够广泛地传播各种信息并引导社会舆论，媒体在治理方面的积极作用也被证实。媒体通过信息的传递来反映公司的运行状况，以声誉机制为中介（Dyck and Zingales，2002a）来影响政府机构以及市场对公司的行为做出反应，这就形成了媒体监督的治理职能（Core et al.，2008；Shleifer and Vishny，1997；Fama，1980；李功培；沈艺峰，2010）。媒体监督通过舆论的压力迫使管理层正确面对公司治理可能存在的问题，促使公司改正侵害股东利益的行为，并促使董事会提高效率。会计史上最著名的安然事件，就是通过媒体的曝光揭露了董事会的各种会计舞弊行为，董事会勾结事务所掩盖丑陋行径的行为，通过媒体的手段也予以披露，最终导致全球排名前列的天然气公司——安然公司的破产，在重大的压力之下，为其审计的安达信会计师事务所也被迫解散。2013年绿大地的财务造假案成为媒体揭露会计信息造假的典型案例，以至深交所对其全体董事、监事和高级管理人员予以公开谴责，并撤销了深圳鹏程会计师事务所的经营许可。2014 年，《每日经济新闻》报道了拟 IPO 上市的新大地涉嫌信息造假、隐瞒关联交易等违规事项，大华会计师事务所因此遭到处罚。2015 年日本东芝被揭露虚增利润 1700 亿日元，财务造假手段惊人，东芝公司在巨大压力之下，高管层进行人事任免，公司治理结构重新调整。这不仅影响了公司的正常运行，也引起了股票价值的巨大损失。这些事件的产生本质上是公司治理的漏洞，但这些典型事件的曝露却都是通过媒体来进行传播的。媒体通过搜集焦点、热点信息直接快速地传递给投资者，从而产生不可估量的市场反应。据和讯网的初步统计，每月平均 200 多家上市公司被报出负面消息，这些负面消息直接影响股票的市值。有学者研究发现，高达60.42%的样本公司在证监会介入调查之前受到过媒体的负面报道（醋卫华、李功培，2011），因此，除了法律制度以外的媒体监督，在公司治理中发挥了重要的作用。

作为一种外部的治理机制，媒体的报道不可能直接作用于审计意见中，必须通过相应的中介环节来发挥其治理职能，现有的文献中关于媒体发挥治理作用的路径选择中，多数认为媒体通过声誉机制、市场干预以及政府干预的方式影响审计师对审计风险的判断，从而达到影响风险评估以及实质性程序的目的，最终影响审计意见的出具（Frost，1991；Mutchler，Hopwood，and McKeown，1997；吕敏康等，2012；余玉苗等，2013；杜颖洁等，2011；戴亦一等，2013），实际上在媒体监督对审计意见的传导机制中，大多数学者还是从外部的角度即从审计师对风险的判断上研究媒体监督与审计意见的关系。由于哲学原理中关于辩证关系阐述中指出，外因必须通过内因起作用，审计师对风险的判断以及调整相关审计程序的做法，只是为媒体监督治理功能体现搭建了一个外部的桥梁，并没有深入到公司治理的实质，导致这种传导影响非常的有限，难以从根本上体现审计工作的真正效果，也抑制了媒体监督作用的发挥。那么，媒体监督如何来影响审计意见？

中国舆情监测中心①根据媒体对上市公司某时段的负面新闻报道内容数据显示，在监测时段内（2014年3月15—22日），媒体报道的负面新闻中，经营风险方面的负面报道占比最多，达到44%，相关新闻报道量共计162条，涉及17家公司；其次为业绩下滑，占比34%；排在第三的是股权集中，占比8%。其他依次为财务造假、利益输送、财务风险和股权分散等。从图1-1中可以看出，媒体报道的内容几乎都和企业的内部控制运行有关，不论是经营风险、业绩下滑以及股权集中等，都离不开对内部控制的真实反映。所以，媒体的负面报道与内部控制之间有着密切的联系。

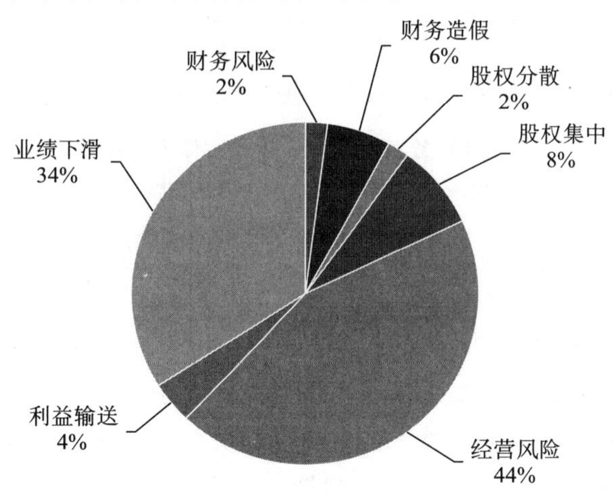

图1-1　媒体对上市公司负面报道类型分类示意图

数据来源：中国舆情监测中心

① 中国舆情监测中心每天发布媒体对上市公司的相关报道，并进行舆情分析。由于实时性非常强，本文截取了2014年3月15—22日一周内舆情数据进行分析。

随着审计工作的细化与风险意识的增强，从近几年审计师出具“不清洁审计意见”① 数量有了一个明显的变化。通过对 2009—2014 年的非标准财务审计意见和非标准的内部控制审计意见进行数据统计可以看出，非标准财务审计意见呈现出稳定上升后骤然下降的趋势，“不清洁”财务审计意见的数量在 2012 年达到了一个峰值，非标准审计意见数量有明显增长，继而又急速下跌。而非标准内部控制审计意见数量一直呈直线上升趋势，尤其是在 2012 年强制要求披露的期限以后，非标准意见呈 90 度上升。不论是非标准的财务审计意见还是非标准的内部控制审计意见，为什么会在 2012 年都有一个明显的变化？这里的关键就在于内部控制评价体系的建立。2009 年《企业内部控制基本规范》要求上市公司要对其自身内部控制进行评价，并建议上市公司可以聘请专业机构对内部控制进行鉴证。2011 年，随着《内部控制评价指引》以及相关配套指引的颁布，分批次要求上市公司对内部控制进行评价，到 2012 年要求财务审计报告与内部控制审计意见一同披露，大量的内部控制缺陷被充分暴露，审计师在关注财务真实性的同时，更加关注于公司内部控制的运行状况，真实地反映公司治理现状，从而反映在审计意见中。

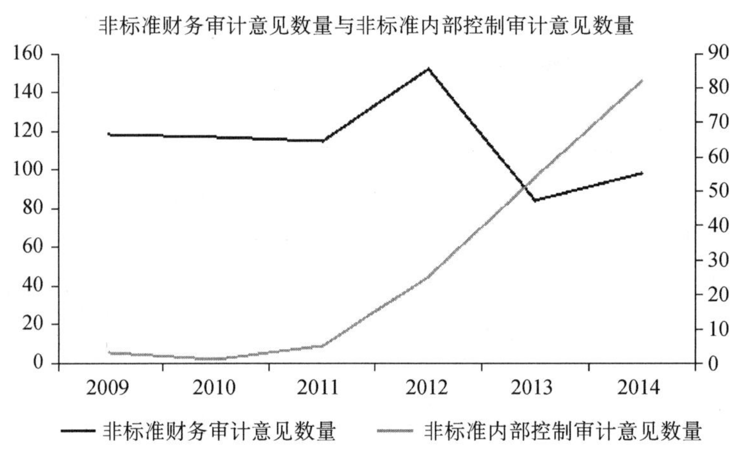

图 1-2 非标准财务审计意见数量及内部控制审计意见趋势

数据来源：国泰安财务审计意见数据库和迪博公司内部控制审计数据库

由于媒体负面报道与内部控制关系密切，而审计意见的出具又离不开对内部控制的评价，本文从媒体监督影响审计意见的本质出发，认为内部控制才是媒体监督发挥治理作用，影响审计意见的内在因素。COSO（2002）对内部控制的定义为，内部控制作为公司运行的一项特殊的制度安排，伴随着组织的形成而产生，由公司全体人员实施的，旨在为实现经营活动的效率和效果、财务报告的可靠、相关法律法规的遵循等目标而提供合理保证的过程。2004 年 COSO 在原有的内部控制框架下引入 ERM 风险管理概念，认为企业风险管理是由企业董事会、管理层和其他员工共同参与的，应用于企业战略制订和企业内部各层次、部门识别可能对企业造成影响的事项，并在其风险偏好范围内避免相关风险，为

① “不清洁审计意见”（Non-clean audit opinions）是指注册会计师出具的非标准无保留审计意见的各种情形，包括带说明段的无保留意见、保留意见、无法表示意见和否定意见。

企业目标的实现提供合理保证的过程（COSO，2004）。它将内部控制目标角度转向如何应对广泛存在的风险上，使每位员工不仅关注于具体程序的实施，更加注重防范经营风险，以达到实现公司战略目标与其他目标的统一。可以认为，公司内部控制制度的建立，成为公司运行坚不可摧的防火墙，保证内部运行的安全。

从内部治理的角度来看，媒体治理作用的发挥以及对审计意见的影响，是通过对内部控制的反映来实现的。由于内部控制的介入，使媒体对上市公司的负面报道反映了其内部控制的运行状况，如果内部控制制度较完善，媒体的负面报道并不会影响公司的整体运行，财务信息的可靠性不受媒体报道的影响，被出具标准审计意见的可能性较大；如果内部控制制度较为薄弱，媒体的负面报道加剧了内部控制缺陷的暴露，使公司的财务信息的真实性受到怀疑，从而出具非标准的审计意见。2012年勤上光电（002638）正是被媒体曝光其存在特殊的关联交易，但是并没有依照应有的程序进行信息披露，而被出具了带强调事项段的内部控制审计意见和财务审计意见。因此，媒体通过曝光上市公司的某些行为起到监督的作用，以使审计师重点关注与曝光内容相关的内部控制缺陷，通过对内部控制的合理评价，影响审计意见的出具。本书通过验证媒体监督对审计意见的传导机制，以内部控制有效性作为中介，从而证明媒体监督对资本市场，尤其是对微观企业的公司治理的影响效果，促使企业重视媒体监督的作用，更要求企业加强对内部控制制度的完善，从而达到提高公司治理水平的实效。

1.1.2 研究意义

首先，本书从内部治理的角度证明媒体的治理作用，强化内部控制在公司治理中的关键作用。由于中国制度背景的特殊性，目前还处在新兴加转轨的特殊时期，信息披露制度不健全，仅依靠媒体的相关报道就能够触发公司治理的改进，在理论和实践上是存在难度的，尤其在产权高度集中，公司治理结构不完善、职业经理人市场不成熟、外部审计质量不一的背景下，致使公司治理更加复杂，尤其在资本市场中对于相关信息的披露状况有差别，公司内部控制水平参差不齐，一定程度上会影响媒体治理职能的发挥。而且媒体的治理作用表现在对微观企业行为的改进，而要保证企业公司治理行为的完善，这就必须借助一个内在的力量才能够促使媒体报道，这个内在力量就是企业的内部控制。大量研究证明内部控制的完善确实极大地提高了公司治理效果，重视内部控制的建设帮助企业在竞争激烈的市场中立足生存，帮助企业长足发展。根据Shleifer和Vishny（1997）的观点，如果我们将公司治理定位于公司长期稳定发展及投资者利益保护上，内部控制的发展就要进入更加严格、高效、合理的状态。我国资本市场最近几年发展迅速、规模快速扩张，如何在资金扩张的同时提高公司治理水平才是管理层应该关注的重点。随着风险导向审计的普及，审计师进行财务评价过程中必须对内部控制的运行进行评估，因此有必要根据公司内部控制的执行状况来研究审计师的行为，使管理层意识到提高内部控制效果的必要性。

其次，通过本书的研究，能够为内部控制评价的相关政策尤其是内部控制审计的实施提供政策建议。在美国萨班斯法案（SOX 法案）的指引下，我国已逐步走上了内部控制强制披露的行程。2006—2007 年由上交所和深交所相继发布内部控制指引，为上市公司内部控制的评价提供引导。2008 年《企业内部控制基本规范》的颁布，从行政角度正式确认了内部控制评价制度的建立，并在 2010 年随即发布了《内部控制评价指引》以及相关配套指引。至此，以制度确认的内部控制评价框架基本建立。这一系列政策的颁布表明，对内部控制评价已经成为了我国监管部门在提高公司治理水平上一项战略安排。在《企业内部控制评价指引》中明确规定，自 2012 年起，上市公司必须强制披露内部控制审计意见，使内部控制审计成为了一项新兴的审计业务。从我国的现实来看，针对企业内部控制审计的理论研究还比较少，且比较零散，滞后于审计实务发展的需要。通过本书的研究，将内部控制审计纳入外部审计意见的考量范围，扩展了内部控制审计的理论研究，对于进一步完善我国的内部控制评价体系，具有现实和长远的意义。

再次，帮助审计师对审计风险的衡量，并出具合理的审计意见。审计意见作为反映公司治理水平的最终指标，通过外部审计的程序对公司的财务信息进行评价。以审计意见出具作为研究的落脚点，尤其是针对于非标准审计意见，可以直观地了解上市公司的运行，引起管理层或利益相关者的注意，帮助企业修补管理漏洞。审计意见类型也就成为投资者、监管者了解公司信息的窗口。随着外部审计工作的规范，审计师面临的审计风险不断增加，公开市场上屡屡出现会计师事务所发表不恰当审计意见而遭受到行业处罚的案例，从近到远，似乎从来没有停止此类案件的发生。这不仅破坏审计师的声誉，也会影响资本市场的运行。如何出具合理、公平、公正的审计意见成为了外部审计工作的基本目标。

完善的媒体监督能够影响内部控制的运行，从而帮助审计师获取足够的审计证据，促使审计师不断地调整审计风险，在风险评估与实质性程序中充分考虑公司治理可能存在的问题，最终形成相应的审计意见。本书在借鉴国内外文献的基础上，详细分析了媒体监督、内部控制与审计意见的关系，构建了一个媒体监督、内部控制审计意见的理论框架，利用内部控制的传导机制，以“外部监督——内部传导——最终结果”提出了媒体监督影响审计意见路径选择。这些问题的研究，不仅强调了媒体监督作为外部治理机制的作用，更加体现了作为公司治理的核心——内部控制的作用，对保证审计质量、保护投资者利益具有重要意义。

1.2 研究思路和方法

1.2.1 研究思路

本书以媒体监督如何影响审计意见作为研究对象，在规范研究和实证研究的基础上，以“外部监督——内部传导——最终结果”的基本理论思路层层递进地分析了媒体监督如何发挥治理作用，并反映在外部审计意见中。本书的研究思路可以归纳为：首先构建了媒体监督、内部控制与审计意见的理论模型。通过媒体监督影响内部控制，进而影响审计意见的传播途径，验证了媒体监督作为影响审计意见一种重要的外部治理机制。基于以上的理论分析，本书用实证的方法分层次验证了媒体监督对审计意见的影响，以媒体监督内部控制的关系作为第一层级，内部控制与审计意见的关系作为第二层级，最后利用结构方程模型中路径分析寻找媒体监督、内部控制与审计意见的实现路径。本书基于以上理论分析和实证检验，提出具有针对性的政策建议，重点强调如何进一步保证媒体监督作用的发挥，并要求上市公司重视内部控制的建设，从本质上改善公司治理的水平，也对于提高审计工作质量提供新的视角。

1.2.2 研究方法

基于以上的研究思路，本书以媒体传播理论中的议程设置理论、满足与使用理论、内部控制理论与外部审计理论为支撑，运用比较和推理分析、实证验证、路径分析等规范与实证研究相结合的方法，阐述我国媒体监督、内部控制与审计意见的影响。通过大量查阅中国期刊网（CNKI）以及相关英文网站、英文数据库等获取文献数据；还通过报刊、网络等多渠道收集相关案例与数据资料。具体来说，主要的研究方法有：

（1）文献研究法：在搜集国内外学者的相关观点的基础上，对“媒体监督”“内部控制”等核心概念进行阐述，分层次梳理国内外有关文献，剖析现有文献存在的不足，探寻研究的方向。对文献的总结与回顾，为论文的开展奠定非常深厚的资料基础，并为本书观点的提出指明方向。

（2）归纳法。本书在媒体监督实现治理途径中，引用了传播效果理论中的议程设置理论、使用与满足理论以及声誉理论等，找到了媒体监督在发挥治理职能的实现途径和传播机制。本书借鉴了《企业内部控制——整合框架》（简称ERM）的内容，构建了内部控制影响审计意见的理论框架，体现了内部控制在风险管理中的运行。

（3）统计分析法。本书多处运用了统计分析法，针对2009—2014年财务审计意见、内部控制审计意见以及内部控制自我评价结论进行数据统计并进行趋势分析，以便更好地剖析外部审计意见结论以及管理层对自身内部控制的评价。图表结合的方法，增加了文章的可读性与可视感，也便于从数据的角度了解审计意见类型的构成。

（4）实证研究法。本书运用Logistic多元回归以及Stata17.0数据处理技术等实证研究手段研究了媒体监督、内部控制与审计意见的关系。在研究媒体监督与内部控制质量的实证研究中，本书通过3SLS联立方程进行处理，并解决了两者之间的内生性。进一步利用多元回归验证了内外部内部控制评价对审计意见的影响。所有相关关系的验证，都进行稳定性测试，保证实证结果的科学性与真实性。

（5）路径分析法。本书利用结构方程模型（SEM）中的路径分析验证了媒体监督维度下媒体负面报道次数、媒体报道的严重程度、媒体报道的深度以及媒体报道的广泛度对审计意见的影响，并验证了内部控制中提取的内部控制指数、是否披露缺陷、内控缺陷的程度以及是否有所改进等指标的中介作用，试图找到有效的媒体监督与审计意见影响的实现路径。具体方法包含适配度判别、相关系数分析以及最优路径选择等。

1.3 研究内容和本书框架

本书的主要研究内容简述如下：

第一部分，提出问题。主要包括第 1 章绪论与第 2 章文献综述。绪论中以完善公司治理为背景，发挥媒体治理作用为出发点，完善审计质量为落脚点，阐述了本文的目的及意义，并简要介绍了研究思路、研究方法、以及主要的创新工作。在文献综述中，重点对媒体监督、内部控制进行概念区分，并针对 2009—2014 年财务审计意见和内部控制审计意见进行数据统计分析与比较。理清了媒体监督与内部控制、内部控制与审计意见之间的相关关系。通过媒体监督影响内部控制，进而影响审计意见的出具来阐述本文要研究的问题。在对文献进行评述总结的基础上，找出前人研究成果中没有涉及的内容并在本文中进行补充，充实了媒体监督的研究成果，也为外部审计结果研究进行扩展。

第二部分，分析问题。包括针对媒体监督、内部控制与审计意见的机理分析与实证分析。在机理分析中，通过三个层次的理论分别解释了媒体监督如何影响审计意见的出具。首先，媒体监督通过对上市公司负面报道信息揭露内部控制缺陷，进一步反映内部控制质量。其次，从内部控制影响审计意见的理论分析，由于审计意见的出具要依赖其内部控制运行，所以内部控制与审计意见的相关关系得到了广泛的认同。最后，根据前述的理论基础铺垫，构建了媒体监督影响内部控制进一步影响审计意见的传导机制。在理论机理分析中，结合媒体传播的互动理论来揭示媒体监督作为外部规制的传播途径，并通过对公司治理本质的剖析，以审计师对审计风险的识别作为切入点，很好地解决了媒体监督作为外部机制不能直接影响审计意见的局限，充分认识到内部控制在媒体监督作用的发挥以及审计意见出具中的桥梁作用，解释了媒体监督对公司的治理作用，并丰富了外部审计结果的理论探究。

在实证分析中，构建了媒体监督、内部控制与审计意见层层递进的实现路径。第一层级中验证了媒体监督与内部控制的关系。剖析了媒体监督中对公司治理职能的发挥，以媒体传播互动理论假为假设，借助声誉机制、行政干预和市场机制的混合干预机制地调节，构建了媒体监督对内部控制影响的理论框架，分别验证了媒体报道负面新闻的次数媒体报道方式、媒体报道内容与内部控制质量和内部控制自我评价之间的相关关系，证明了媒体监督通过关注公司相关信息来影响内部控制的运行，从而为媒体监督影响审计意见的实现提供第一步理论基础。第二层级中验证了内部控制与审计意见的关系。分别从内部控制质量和内部控制自我评价两个角度分别验证了对审计意见的影响。基于ERM风险管理框架下内部控制发挥治理职能进行分析以及公司内部控制自我评价影响审计意见的机理分析，在构建模型基础上，利用迪博公司发布的内部控制指数以及内部控制缺陷相关披露信息作为解释变量，分别验证了对审计意见的相关关系。第三层级也是最关键层级中，根据之前的实证结果，以内部控制作为媒体监督与审计意见的中介变量，验证了媒体监督通过内部控制达到影响审计意见的路径选择。研究结果验证了本文的理论假设，很好地支持了本书的理论分析。

第三部分，提出相关政策建议。在以上内容的现状分析以及实证检验的基础上，有针对性提出提高公司治理水平、保证媒体治理职能的进一步发挥的相关建议。

最后为本书的总结，包括研究结论以及未来值得进一步研究的方向和问题。

全书的框架结构，及各章节间的逻辑关系如图1-3所示。

1.4　创新点

本书在已有研究的基础上，针对媒体监督如何影响审计意见进行系统深入的研究，研究的主要创新工作体现在以下几点：

（1）揭示了媒体监督、内部控制与审计意见之间关系的理论实现路径。在构建媒体传播互动模型的基础上，以媒体负面报道次数、媒体负面报道广泛度、媒体负面报道的深度以及媒体负面报道的严重程度代表媒体监督的效果，通过影响内部控制指数、缺陷的披露动机、披露内容以及对披露的改进措施从而调整审计师的审计风险，并进一步影响审计意见的出具。通过对16种实现路径的构建，从内部治理的角度明确了媒体监督与审计意见的传导关系，并进一步证明了媒体治理作用的发挥，主要是以对内部控制的反映而实现的。

（2）验证了媒体监督、内部控制与审计意见的路径实现过程。利用多元回归以及结构方程模型中的路径分析验证了一个层层递进的媒体监督与审计意见关系。以多元回归方法依次实证验证了媒体监督与内部控制的相关关系、内部控制与审计意见的相关关系；最后采用结构方程模型中的路径分析方法，通过对16条路径的一一验证，证明了本书假设的成立。通过实证结果发现，媒体监督、内部控制与审计意见的实现路径共有11条有效路径。媒体负面报道的次数越多，反映出内部控制质指数越低以及容易出现内部控制重大缺陷，导致审计师出具非标准审计意见；针对于媒体负面的追踪报道、深度报道以及严重报道，反映了公司内部控制指数越低，管理层会对内部控制进行积极披露，使公司出现重大缺陷的可能性增加，而审计师根据上述情况倾向于出具非标准的审计意见；研究中还发现，不论是哪种报道方式，管理层对内部控制缺陷的改进都不明显，而审计师也不会因此出具非标准审计意见。

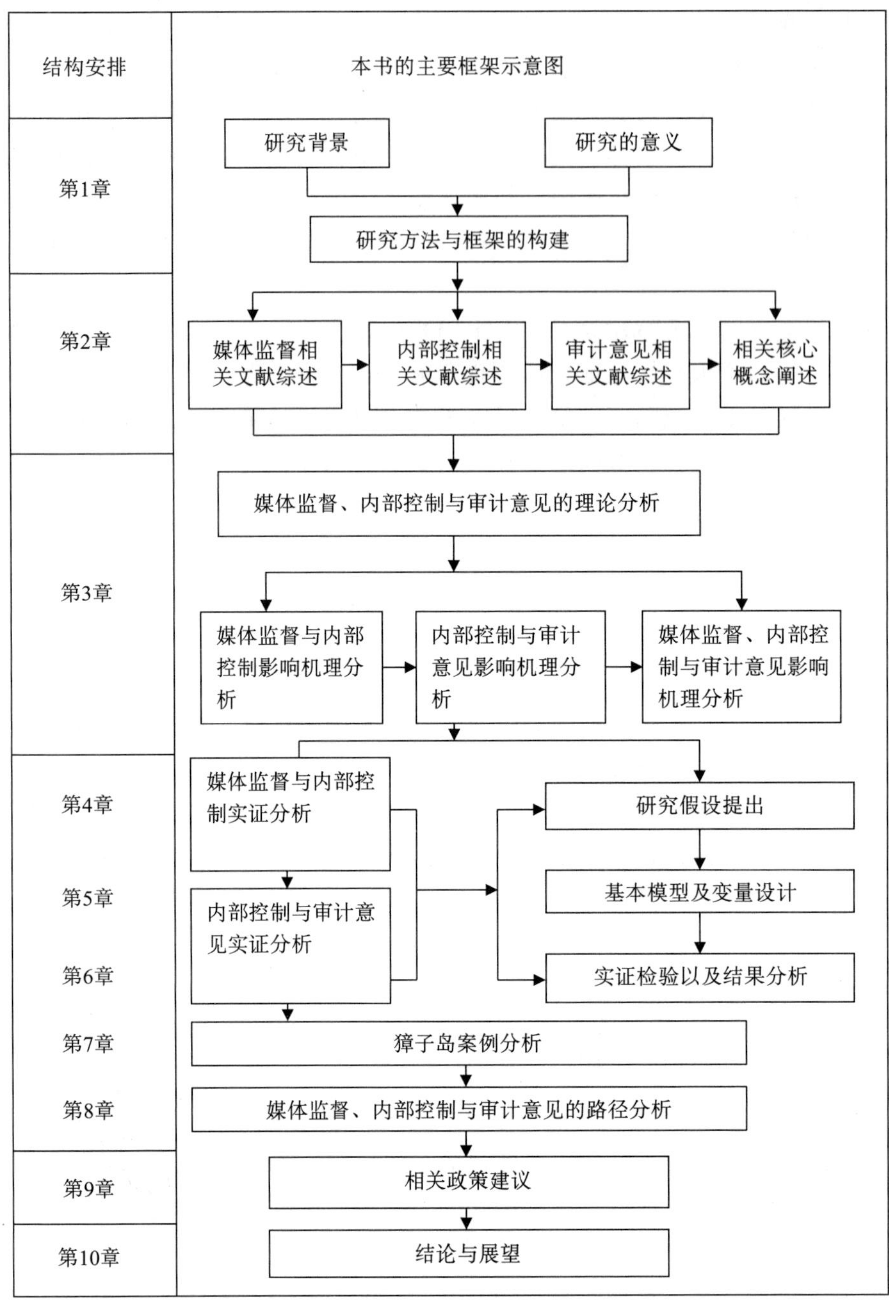

图 1－3 本书的框架结构图

（3）提出了基于路径分析的媒体监督与内部控制的相关建议。在对媒体监督的建议中，以“监管——引导——规范”三位一体角度加强媒体行业的自律；引导正面报道的有序开展；探索性建立媒体行业规范以及发挥自媒体的影响力。在对内部控制的建议中，以风险管理框架（ERM）为评价标准，在充分考虑媒体信息传播的影响力以及审计师风险评估程序的基础上，分别针对该框架八要素提出具有操作性的风险防范建议；探索性制定了相关内部控制缺陷的认定标准，促使公司注重对内部控制缺陷的披露以及制订缺陷改进措施。

本书丰富了媒体监督机制的理论研究，以外部审计的角度，构建了媒体监督与审计意见的理论关系，并创造性的加入内部控制理论，对充分发挥媒体监督的治理作用和公司内部控制制度的实施具有重要的理论意义与实践意义。

文献综述

本章围绕媒体监督——内部控制——审计意见的传递路径和主题进行文献的梳理和评述，旨在构建相关研究的现实基础，探究并分析现有成果，找出研究中的不足与缺憾，为后续章节的研究开展提供新的角度和突破口，明确努力方向。

2.1 相关核心概念阐述

2.1.1 媒体监督

随着人们认识事物途径多样化，媒体成为了获取有用信息不可或缺的一种选择，表现为媒体与社会之间的互动关系（饶德江等，2005），这种关系体现在媒体已经广泛参与了民主政治活动、经济的发展以及媒体与社会文化、个人生活的融合，尤其是媒体作为社会提供的公共用品，影响力与权威性逐渐体现，它能够通过强大的舆论力量，传递给广大的受众方，不仅会影响宏观经济走势，更多的是对个体公司所产生了极强的社会效应。其次，在资本市场上，媒体对于信息披露、汇集与扩散起到中介作用，并很大程度上降低了信息搜集成本，使得人们可以便捷地获取多样信息（Becker and Murphy，1993）。因此，媒体关注既能够降低投资者“理性无知（rational ignorance）”（Downs，1957）程度，又能够约束公司管理者和监管部门的行为（Dyck，Moss andZingales，2008）。

近年来，以“媒体监督”“媒体报道”“媒体关注”“媒体负面报道”等为关键词的文献研究增多，图 2 - 1 是以题目为检索词，基于中国知网（CNKI）系列数据库相关学术资源的检索结果，可以看出，近年来，关于利益输送的研究在我国学界日渐增多，愈发成为理论研究的热点。

在本书中需要特别注意的是，“媒体监督”“媒体报道”“媒体关注”“媒体负面报道”等在对媒体功能的界定中内容基本一致，特指多样化媒体对上市公司的负面新闻报道。而本书使用“媒体监督”一词，体现了媒体报道的治理功能。下文不再做赘述。

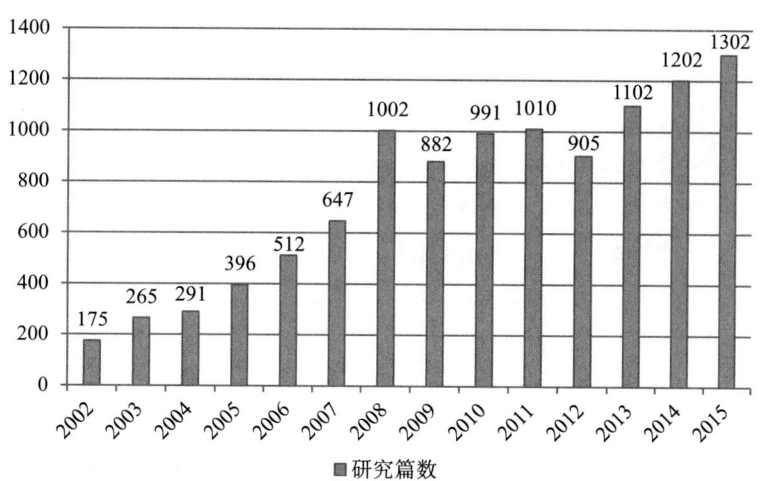

图 2-1　2002—2015 年以“媒体监督”“媒体报道”“媒体关注”“媒体负面报道”为研究文题数目统计表

数据来源：中国知网（www.cnki.com）

1. 媒体的监督职能和治理职能

媒体作为非正式监督机制已被广泛的证实，著名学者 Walter Lippman 认为，随着社会的复杂化，人们对整个外部环境和众多事务知晓范围有限，对超出自己亲身感知以外的事物，只能通过媒体的“供给行为”来认知。当媒体进行新闻报道时，往往传递出对公司经营现状、未来发展、盈余预期以及股票投资建议或乐观或悲观的观点，即所谓的“媒体情绪”（游家兴等，2012）。媒体关注于有问题的上市公司，通过负面报道揭露公司的某些问题，使其成为舆论的焦点，起到监督上市公司的职能（杨德明，赵璨，2012）。2008 年轰动全国的“毒奶粉”事件就是通过媒体的披露揭开了我国幼儿奶粉行业的弊端和管理混乱，各大媒体通过 4 万多条信息的全面报道对整个事件进行关注，并引起政府的行政介入，从而促使行政部门对整个奶粉行业进行整顿。这表明，媒体通过对信息的披露，不仅使大众了解事实真相，并引起相关部门以及社会团体的关注，从而起到了监督公司治理的作用。

但是，在资本市场中，媒体的治理职能似乎更能引起学者的关注。由于媒体报道存在着一定的偏差（Gentzkow & Shapiro，2006），即所谓的媒体报道有偏论，无论媒体报道的动机是揭露管理层的“不好行为“还是引起“轰动效应”（孔东民，2013），媒体总是愿意寻求大众的“焦点”而报道上市公司的负面新闻，从而披露上市公司存在的公司治理漏洞，只有当媒体曝光了某些公司的丑闻，且媒体报道最终起到了保护出资人利益免受侵占时，并对公司的高管层形成一定的舆论压力导致其改善某些行为时，才认为媒体具有一定的治理功能。这就是 Dyck and Zingales（2002，2004）提出的“媒体有效监督论”。所以，媒体的治理功能体现在通过负面报道而迫使上市公司改变或者导致公司受到相关惩罚，从而改善了公司治理效果上。已有大量文献指出媒体在降低不正当利益、揭露腐败与滥用职权、曝光会计舞弊、提高董事会效率等方面起到积极作用，这些都有助于提高公司的治理水平（Dyck and Zingales，2002），对相关利益群体的行为起到约束和调整。

2. 媒体监督方式的多样化

媒体的传播方式也影响着媒体监督作用的发挥，尤其是以传统媒体为主导、新兴媒体传播方式的转变，使媒体监督作用充分发挥。目前所接触的传统媒体如报纸、电视、广播、杂志等能够传播主流信息，对于既定事实，具有事实依据的信息传播非常有效。由于媒体监督对资本市场的属于次级反映，传统媒体基本能够达到正确传递信息的目的。但是，由于互联网技术的不断发展，传统媒体传播方式受到来自新兴网络媒体的更迭，大有颠覆传统媒体之势，且其传播效果速度非常之快，给个人或事物造成的影响不可估量，这也就将媒体对信息的扩散推向了高潮。网络媒体依据互联网技术的迅猛发展，运用文字、图像、音频、视频等多样化手段，丰富了信息的供给。人们已经习惯于从网络媒体中获取相关信息，根据中国互联网信息中心数据显示，中国已成为拥有全世界最多的互联网用户的国家，用户数量在 2015 年已经超过 5 亿，而这一数字还在不断上升。2015 年某大型网站不完全统计，目前我国网民普及率达到 36%。在图 2－2 中可以看到，2015 年网络媒体已占信息传播的 48.5%，近一半的信息将来源于网络传播，并保持着继续上升的态势；其次为电视媒体，约占信息传播的 24.4%，而纸媒的传播在近几年大有衰败之势，份额下降为 15.8%；广播媒体和其他约占 10% 左右。

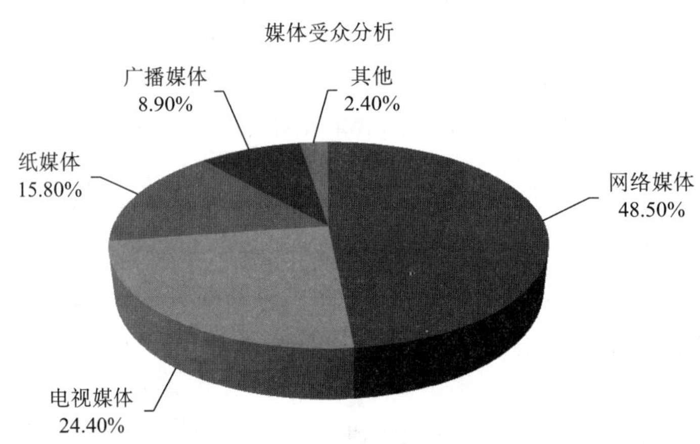

图 2－2 多样化媒体市场份额即媒体受众分析图示（2015）

数据来源：中国产业调研网

从研究的角度来看，考虑到广播、杂志媒体在目前社会生活中覆盖面较为有限，网络、电视、手机媒体虽然覆盖面最广但数据难以搜集且准确性较低，以往的文献研究大多采用报纸作为媒体的代表，本书也默认选择报纸作为媒体报道的来源。中国宪法和法律赋予媒体外部监督治理的权利，通过曝光丑闻提高媒体知名度也是媒体在竞争环境中生存和发展的必要手段。随着我国市场经济体制的逐步成熟和民主法制建设的不断进步，大众对公司承担更多社会责任的期望，相关利益者的期待，越来越多的案例都表明媒体在国家政治经济生活中发挥着越来越活跃的作用，媒体地位逐步上升。

2.1.2 内部控制

在媒体监督发挥治理职能的具体传播路径上，必须要认识到内部控制的作用。一方面，媒体在曝光企业某些行为时，必然也会真实地反映企业内部控制。企业内部控制的设置，反映了该企业公司治理的水平，以及在内部控制基础上的呈现的财务状况。内部控制的本质和目标决定了企业内部监督机制的构建，随着人们认识的不断深入，对内部控制的认识呈现出一个动态的过程，这就需要从历史演变过程来理解内部控制的本质。且发现每个阶段内部控制对企业整体公司治理水平的不同反映。另一方面，财务审计意见的出具离不开对内部控制的评估，而内部控制审计意见的出具更以公司的内部控制为主要评价依据，这就需要对内部控制有效性进行评价。以ERM框架中对内部控制“八要素”的剖析，可能是目前为止较为前沿的分析框架，它将内部控制作为一个动态的管理活动，分析风险管理导向下内部控制的实施，对内部控制有效性进行全面的评价。此外，内部控制自我评价作为管理层主动披露的信息，从主观上可信度较高，可为审计师的职业判断所用，并进一步影响审计意见的出具。无论是ERM框架下的内部控制有效性评价还是企业内部控制自我评价，都能够真实地反映内部控制的运行效果，从而折射出企业公司治理的真实水平。

1. 内部控制的本质

以企业管理为需求的内部控制本质上是一项企业管理活动，并真实地反映企业的公司治理水平。无论从最初的内部牵制论到方法程序论，再到动态的企业风险管理系统论，以查错纠弊到以依靠性为目的，再到以提高经营效果、防范风险为目的，内部控制作为一种客观的管理活动，对于理解企业生产经营活动和企业目标的现实具有现实意义。作为一种牵制和约束机制，内部控制在企业内部起到监督、防护和评价的作用，也从另一方面体现了企业的财务状况，为审计师的审计决策提供了重要的依据。

2. ERM框架下内部控制质量衡量

继《内部控制——整体框架》后，COSO在充分引入风险管理理念，在内部控制五要素框架的基础上，制定了《企业风险管理——整合框架》（简称ERM），这个框架的建立，涵盖了内部控制的内容，是目前较为先进的关于企业内部控制评价框架。ERM框架将内部控制定义为八个要素，被认为是一个动态的过程，由一个主体的董事会、管理层和其他人员实施，应用于战略制订并贯穿于公司之中，旨在识别可能会影响主体的潜在事项，管理风险以使其在该主体的风险容量之内，并为主体目标的实现提供合理的保证。这个过程贯穿于企业经营管理的各项活动之中，是固有的、普遍存在的。总而言之，评价企业风险管理过程是否有效的方法就是看其设计和实施是否有效，如果风险管理过程的设计是合理的，并且企业进行了贯彻和实施，那么这个风险管理过程就是有效率的。ERM是对原有五要素框架的一种提升，它能够站在战略管理的高度，对公司治理的内涵加以扩充，使管理层的视野更加开阔。尤其是引入了风险管理的理念，要求公司的各个层级职责的实行都要考虑风险等影响，最大限度的降低公司面临的风险，作为公司一项必须实行的治理程序，它的建立，能够系统和全面的帮助公司完善治理职能，降低公司可能面临的运营风险，提升公司治理效果。

3. 内部控制自我评价

内部控制自我评价，要求管理层根据公司切实情况对内部控制的设计和运行进行评价，发表书面评价意见并以报告形式出具的一种书面文件。2002 年美国萨班斯法案（SOX）的出台，对内部控制信息的披露从自愿变为强制。我国财政部等五部门在 2008 年联合发布了《企业内部控制基本规范》，这些政策法规都要求上市公司每年度出具管理层对内部控制的自我评价报告，并与年度报告一同披露。随即通过《关于 2012 年主板上市公司分类分批实施企业内部控制规范体系的通知》予以强制。内部控制自我评价的方式，被认为在一定程度上向市场传递一种有利的信号，即在没有成本的条件下，公司可以向市场传达有利的消息（McMullen，1996），而这些信息从会计质量上来看，相比较外部所披露的信息具有很强的有用性（Ashbaugh - Skaife. ect，2007；Leone，2007；Rezaee & Jain，2006；Leuz，2007）。

2.1.3 审计意见

委托代理理论为外部审计的产生提供了理论基础，以消除信息不对称所带来的交易成本为基础，被赋予独立第三方身份的审计师根据相关审计准则的要求，在实施专业的审计程序后对上市公司的财务报告的合法性、公允性发表意见，提高报告信息的可靠性，增加投资者的决策相关性。而审计意见的出具是审计结果的体现。

基于信息传递理论，被出具非标准无保留意见的公司说明其财务状况以及内部控制的运行未能达到一定的标准，公司内部控制运行有一定缺陷，会计信息被操纵的可能性大，投资者承担的风险较高。非标准审计意见的出具，反映了独立审计质量的优劣，也对外传递了公司的“不好”的财务信息，这也会进一步影响投资者对公司价值的判断。审计意见的披露，特别是非标准无保留审计意见的披露，影响市场评判上市公司财务报告的真实性、正确性和合法性。

1. 财务审计意见

财务审计意见类型包括标准无保留意见和非标准无保留意见，其中，非标准无保留意见包括带强调事项段的审计意见、保留意见、否定意见、无法表示意见。《审计准则第 1501 号——对财务报表形成审计意见和出具审计报告》规定，注册会计师应当就财务报表是否在所有重大方面按照适用的财务报告编制基础编制并实现公允反映形成审计意见。对上市公司财务状况发表财务审计意见是注册会计师的主要工作，根据 2009—2017 年财务审计意见分析，我们可以看出，标准无保留意见的比例占总审计意见的 90% 以上，且数量在逐步增加，绝对数量从 2009 年 1656 份增加为 2017 年 3383 份，主要是由于随着相关部门的对信息披露的监管力度增大，促使上市公司不断提高其经营管理能力，也提高了其财务信息披露质量，出具标准审计意见的数量随之增加。可以肯定，我国注册会计师审计的质量在不断地提高，主要原因有以下几点：

一是公司治理与内部控制的不断完善。随着上市公司经营的完善，公司更加重视企业的内部控制整体运行状况，而且上市公司通过设立独立董事与审计委员会制度，加强了公司风险管理意识，改善了公司治理结构，也通过各项举措提高了内部控制执行效果，这是外部审计出具越来越多标准审计意见的最本质原因。

二是审计师的独立性与风险意识的增强。随着注册会计师行业的规范化和专业化，审计师的素质有了明显的提高，审计过程中的独立性能够充分体现，尤其是行业的惩罚力度的加大，也一定程度上避免了审计失败的发生。而且，审计师在审计过程中对风险的意识明显增强，对敏感事项的判断处理更加稳健，能够公平公正的反映被审计公司的财务状况，直接的反映在财务审计意见中。

非标准审计意见除了 2012 年有所增加之外，基本呈现下降趋势，其中带强调事项段的审计意见占非标意见的绝对比例，说明审计师更倾向于出具带强调事项段的审计意见，一方面反映了审计师的谨慎态度，另一方面反映了审计师更愿意出具较轻的带强调事项段审计意见来替代出具保留意见和否定意见。2009—2017 年审计师没有出具过否定意见，说明上市公司还没有较明显的会计政策运用的不合理与明显的舞弊行为，但是无法表示意见的数量绝对值没有下降，说明外部审计遇到的无法出具审计意见的事项在不断的变化，也说明整个审计工作的开展遇到一些新问题。2009—2017 年财务审计意见统计情况如表 2-1 所示。

表 2-1　　2009—2017 年财务审计意见统计表

年份 财务审计意见类型		2009	2010	2011	2012	2013	2014	2015	2016	2017
标准无保留意见	数量	1656	2011	2247	2382	2450	2569	2740	3031	3383
	比例	93.34%	94.45%	95.13%	96.39%	96.68%	96.33%	96.41%	96.68%	96.35%
非标准审计意见	数量	118	117	115	152	84	98	102	104	128
	比例	6.65%	5.54%	4.87%	6%	3.31%	3.67%	3.59%	3.32%	3.65%
带强调事项段	数量	86	86	92	71	57	71	81	74	71
保留意见	数量	13	25	19	15	22	18	15	20	36
否定意见	数量	0	0	0	0	0	0	0	0	0
无法表示意见	数量	19	7	4	3	5	9	6	10	21

2. 内部控制审计意见

内部控制审计真正地得到重视当属萨班斯法案（SOX 法案）的颁布，它标志着内部控制强制时期的到来。萨班斯法案要求上市公司对内部控制进行评价，并出具相应的内部控制评价报告，这也标志着财务报告内部控制审计也从一项辅助性的审计活动转变为一项单独的、提供合理保证的审计业务。PCAOB 其中 AS. 2① 准则认为内部控制审计既包括对公司管理层关于公司内部控制有效性的评价发表审核意见，又对公司内部控制程序的合理性和执行的有效性发表审核意见的一种外部审计业务。但是，人们逐渐意识到类似强制性条款的颁布，加大了内部控制审计带来的高成本，使人们对条款的可行性提出了质疑。随后，PCAOB 又发布了 AS. 5② 准则，使审计师关注于企业的高风险领域，这样可以一定程度上降低审计成本，并尽量减少不必要的审计程序。至此，美国内部控制审计制度才被广泛地接受并确定下来，为利益相关者获取相应财务信息提供途径。

我国的内部控制审计，是伴随着外部审计的开展而开展的，而后又是在内部控制自我评价的基础上发展而来的。对内部控制进行审计起初包含在外部独立审计的程序中。中国证监会于 2001 年发布了《证券公司内部控制指引》，它要求聘请有证券执业资格的会计师事务所对内部控制进行评审，会计师事务所应当向证券公司提供内部控制评审报告。中国注册会计师协会也在 2002 年推出了《内部控制审核指导意见》，来规范独立审计人员执行内部控制审核业务，对被审计单位与会计报表相关的控制进行审核。2006 年深交所和上交所发布的《上市公司内部控制指引》和《上海证券交易所上市公司内部控制指引》，拉开了中国上市公司内部控制体系制度建设的序幕。随后，2008 年财政部根据上深两市的要求印发《企业内部控制规范——基本规范》，才真正意义上构建了内部控制独立审计的制度，使对财务报告的内部控制有效性进行审计成为必然。2010 年五部委又联合发布了《企业内部控制审计指引》，连同之前发布的基本规范自 2011 年 1 月 1 日起首先在境内外同时上市的公司施行，该指引确立了我国内部控制审计制度，基本构建了我国内部控制评价体系，使内部控制审计业务转变为像财务报表审计一样的经常性业务，该规范以及指引也为内部控制审计提供了统一的评价标准，增加了内部控制审计实施的可行性，有力地推动了内部控制审计的发展（见图 2-3）。

内部控制审计意见类型包括保准无保留意见和非标准无保留意见，其中非标准无保留意见无保留意见具体有带强调事项段、否定意见和无法表示意见。根据《审计指引》的要求，审计师应当就内部控制是否存在重大缺陷发表审计意见。如果审计师根据收集的审计证据得出结论认为内部控制存在重大缺陷，或者难以就内部控制是否存在重大缺陷收集充分适当的证据，那么审计师应当在内部控制审计报告中发表非无保留审计意见。由于 2009 年和 2010 年没有强制要求披露内部控制审计报告，所以严格意义上来说，2009 年和 2010 年对内部控制的评价报告叫做内部控制鉴证报告。

根据 2009—2017 年内部控制审计意见分析，可以看出，近 8 年公开披露出具内部控制审计报告的公司数逐年上升，从 2009 年的 627 家逐年上升为 2579 家，比例呈现直线上升趋势，这与我国政策要求的逐步分批对内部控制进行评价的要求有关，但是也反映了上

---

① Auditing Standard No. 2 - An Auditof Internal Control Over Financial Reporting Performed in Conjunction with An Audit of Financial Statements. 翻译为：《与财务报表审计结合进行的财务报告内部控制审计》2 号准则。

② Auditing Standard No. 5 - An Audit of Internal Control Over Financial Reporting that is Integrated with An Audit Of Financial Statements. 翻译为：《与财务报表审计结合进行的财务报告内部控制审计》5 号准则。

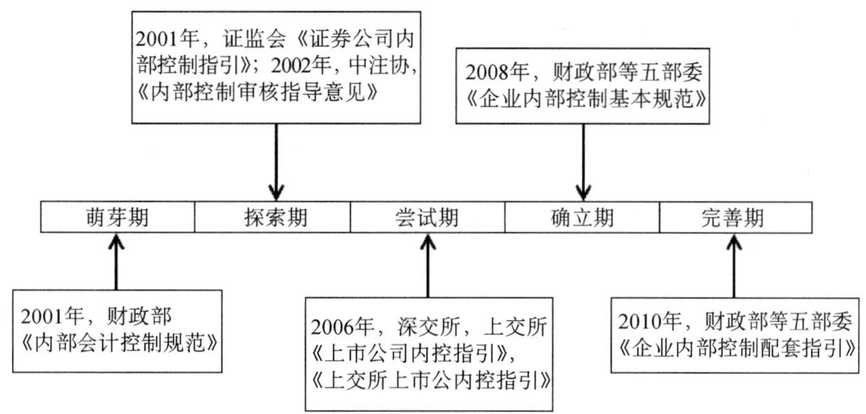

图2－3 内部控制审计发展周期图示

市公司对内部控制评价的重视程度在逐步的增加。其中，出具标准无保留意见的数量仍呈现绝对比例，占96%以上。但是，我们发现，随着内部控制披露的不断成熟，标准无保留意见比例在不断的下降，从2009年的99.06%下降为2017年的96.08%，说明事务所对内部控制的评价越来越严格，对上市公司内部控制的缺陷与不足予以充分披露。与此同时，不仅非标准意见的内部控制审计意见绝对数量在逐步增加，从2009年的3份上升为2017年的101份，而且非标意见的内部控制审计意见的比例也从2009年的0.48%上升为2017年的3.92%。综合来分析，非标准内部控制审计意见增加的原因有以下几点：

一是内部控制评价更加的专业化与规范化。近年来内部控制的相关法规细则逐步规范，具体内容进行细化，尤其是2014年发布的《公开发行证券的公司信息披露编报规则第21号——年度内部控制评价报告的一般规定》，对内部控制评价报告构成要素、内容及要求进行详细说明，还提供了标准的内部控制审计报告模板。因此，内部控制评价向着更加规范化、标准化的方向发展。

二是审计师更敢于对内部控制缺陷发表非标准审计意见。由于专业经验的丰富，同时职业道德也有所提高，针对于公司内部控制的缺陷有能力也有把握发表非标准的审计意见。

在内部控制审计的非标意见中，审计师更加倾向于出具带强调事项段的无保留意见，其数量占非标意见的绝对比例。这是由于审计师在评判内部控制评价中，更愿意采用强调事项段来提醒使用者关注企业的内部控制评价效果，这种方式既能够保持足够的严谨性，也不至于使公司难以接受。在非标意见中，审计师出具的否定意见仅次于带强调事项段的审计意见。由于内部控制的评价本身不存在无法获取审计证据的情况，出具保留意见和无法表示意见的情况很少，如果发现内部控制存在着一定的缺陷，可以直接对其持否定意见。从数据中可以看出，2017年内部控制审计意见否定意见44份，比2012年的4份增加40份，说明审计师对内部控制评价标准越来越严格。统计信息如表2－2和图2－4所示。

表 2－2　　2009—2017 年内部控制审计意见统计表

内部控制审计类型		2009	2010	2011	2012	2013	2014	2015	2016	2017
	审计意见总数	627	875	941	1504	1802	2070	2267	2270	2579
标准无保留意见	数量	316	874	936	1479	1748	1986	2169	2171	2579
	比例	99.06%	99.77%	99.47%	98.34%	97%	95.94%	95.68%	95.64%	96.08%
带强调事项段无保留意见	数量	2	0	4	21	40	58	78	74	54
保留意见	数量	0	0	0	0	2	2	2	3	2
否定意见	数量	1	1	1	4	13	21	18	22	44
无法表示意见	数量	0	0	0	0	1	3	0	0	1
非标意见	数量	3	1	5	25	54	82	98	99	101

数据来源：迪博公司（DIB）内部控制与风险管理数据库

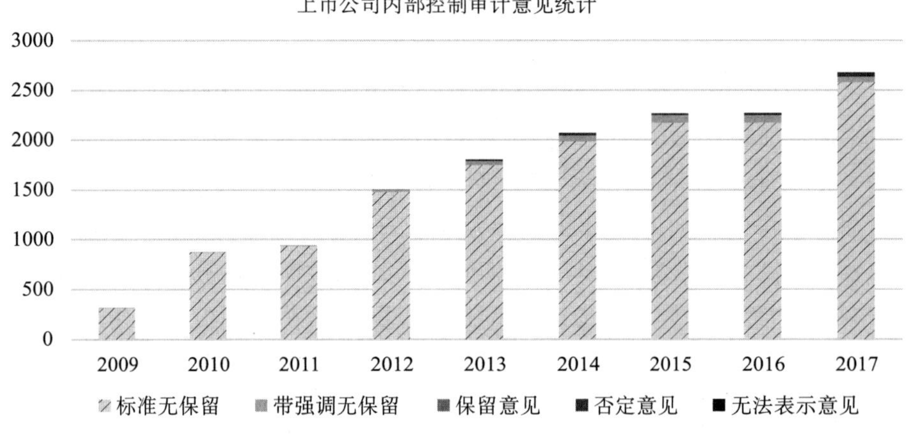

图 2－4　2009—2017 年上市公司内部控制审计意见趋势图

3. 财务审计意见和内部控制审计意见的整合与比较

财务报表审计是注册会计师审计的主要业务范围，随着注册会计师行业的不断发展，财务报表审计也在理论与实践中不断完善，尤其是风险导向审计概念的产生，财务报表审计也在关注公司风险管理的基础上对财务报表发表审计意见。而内部控制审计严格意义上我们称为财务报告内部控制审计①，这种审计形式源于美国的 SOX 法案要求强制披露内部控制评价报告，是一种新兴的外部审计模式，主要针对内部控制的有效性发表审计意见，随着《审计指引》的发布，内部控制审计在我国也逐步开展。由于审计程序、审计取证方法等相互关联，提倡两者的整合审计成为趋势（张龙平等，2009；谢晓燕等，2009；周曙

① 财务报告内部控制审计，也称为内部控制审计，因为针对内部控制审计范围太大，目前外部审计还无法全面的进行内部控制审计，故我们只是针对财务报告的内部控制发表审计意见。

光，2011；唐建华，2011）。2007 年 PCAOB 在其颁布的 AS5 中以及 2010 年我国《企业内部控制审计指引》中均明确表示，内部控制审计与财务报表审计可以进行整合，一方面是整合资源的需要，另一方面也是为了节约审计成本，降低审计费用的客观选择。整合审计似乎成为了一种外部审计的新选择，也为财务报表审计与内部控制审计的具体操作提供了新的思路。

将财务审计与内部控制审计看做为一种外部监督与鉴证的手段，来反映与评价公司财务状况。财务审计作为传统的鉴证模式，利用外部监督机构，能够真实地反映公司的真实财务状况，且在我国已经得到了长足发展，是审计发挥鉴证职能最直接的形式。随着财务审计的深入，近几年财务审计类型较以前最大的变化就是标准审计意见有所增加，非标准审计意见类型趋于减少，这反映了公司越来越能够根据财务审计的要求，真实反映公司的财务状况，会计操作越来越规范，舞弊行为得到抑制。而内部控制审计在专业胜任能力、审计技术与方法上不成熟，对内部控制的监督能力比财务审计相对较弱，又由于对内部控制的审计涉及公司治理的内容，审计内容衡量标准不统一，在涉及到公司内部治理的复杂问题时，结论弹性较大。作为一种新型的监督形式，内部控制审计的非标意见在逐步增加，带强调事项段的审计意见数量从 2009 年的个位数逐年递增，可见针对于内部控制的审计过程的不断探索，越来越多的内部控制问题被挖掘。否定意见的数量激增也是一大亮点，尤其是近三两年内针对内部控制评价无效数量的增加，反映了审计事务所审计经验的增强。由于在进行财务审计时，必须要对公司的内部控制进行风险评估，作为我们是否合理保证财务信息质量的一种标准，如果内部控制出现重大缺陷，内部控制审计有可能出具非标准的审计意见，这也表示在实施财务审计时，并不能依赖公司的内部控制所提供财务信息，其财务信息的可靠性较弱，从而有很大机率也出具非标准财务审计意见。我们通过 2009—2017 年非标准的财务审计意见和内部控制审计意见数量进行对比可以看出，在统计的非标意见中，同时出具非标财务审计意见和内部控制审计意见共有 124 家，如表 2 - 3 所示，出具了非标准内部控制审计意见的而出具了标准的财务审计意见的为 58 家。在同时被出具非标准财务审计意见和内部控制审计意见的 124 家上市公司中，87 家出具非标准的内部控制审计意见的上市公司中，由于存在与财务报告相关的内部控制缺陷从而导致也出具了非标准的财务审计意见。这些缺陷大多数为内部控制重大缺陷，可能造成了财务信息的不真实，公司整个财务运营受到严重影响。还有 37 家出具非标准内控审计意见的上市公司，也被出具了非标准的财务审计意见，但是并不是由于财务报告的内部控制缺陷所导致的，主要涉及信息披露出现违规、未建立完善的内部控制制度、有重大诉讼案件、持续经营能力有重大不确定性等因素，这些因素也会间接地影响财务信息的真实性，也引起了审计师的广泛关注。值得注意的是，在内控审计意见为否定意见的 55 家上市公司中，其内部控制缺陷类型均为财务缺陷，14 家财务审计意见均为保留意见，4 家财务审计意见为无法发表意见，说明当内部控制出现重大缺陷的财报缺陷时，对财务审计意见影响较大，会影响审计师的相关财务审计程序，使审计师在风险评估以及实质性程序中广泛关注内部控制的运行缺陷，从而增加了出具非标准财务审计意见的机率。

表 2-3　　同时出具非标准财务审计意见与内部控制审计意见数据统计

年份	股票名称	内部控制审计意见	财务审计意见	内部控制缺陷内容分析
2009	ST 古汉	否定意见	保留意见	授权审批存在缺陷（财报缺陷）
2010	绿大地	否定意见	无法发表意见	内控制度实施存在缺陷（财报缺陷）
2012	康达尔	带强调事项段无保留意见	保留意见	关联方交易的缺陷（财报缺陷）
	勤上光电	带强调事项段无保留意见	带强调事项段无保留意见	关联方交易的缺陷（财报缺陷）
	海联讯	否定意见	保留意见	重大前期差错更正（财报缺陷）
	*ST 长油	带强调事项段无保留意见	保留意见	未建立供应商信息（非财报缺陷）
	*ST 国通	带强调事项段无保留意见	带强调事项段无保留意见	未合理预计资产减值损失（财报缺陷）
	*ST 狮头	带强调事项段无保留意见	带强调事项段无保留意见	未设立审计部门（非财报缺陷）
	北大荒	否定意见	保留意见	越权审批资金、在资产减值测试、定期核对往来款项、依法取得涉税凭证和准确计缴税金等方面存在缺陷（财报缺陷）
	天津磁卡	否定意见	带强调事项段无保留意见	缺乏相关的会计制度设计，在资产减值、固定资产盘点中存在问题（财报缺陷）
	深天地 A	带强调事项段无保留意见	带强调事项段无保留意见	营业资质到期（非财报缺陷）
	*ST 凤凰	带强调事项段无保留意见	带强调事项段无保留意见	持续经营能力存在不确定性（财报缺陷）
2013	*ST 超日	否定意见	无法发表意见	销售业务、资产管理、财务报告控制均存在缺陷（财报缺陷）
	亚星化学	带强调事项段无保留意见	带强调事项段无保留意见	存货管理不到位（财报缺陷）
	*ST 狮头	带强调事项段无保留意见	带强调事项段无保留意见	生产经营活动基本处于停滞期，未进行内控评价（非财务缺陷）
	北大荒	否定意见	保留意见	未对存货、固定资产等实物资产实施有效控制；未定期核对往来款项（财报缺陷）
	华锐风电	否定意见	保留意见	未对存货等实物资产实施有效控制（财报缺陷）
	康达尔	带强调事项段无保留意见	保留意见	项目工程现场管控存在缺陷、关联方交易（非财务缺陷）
	钱江摩托	带强调事项段无保留意见	保留意见	子公司非财务报告内部控制存在缺陷（非财务缺陷）
	科伦药业	否定意见	保留意见	未识别关联方交易导致前期会计差错更正（财务缺陷）
	迪威视讯	否定意见	保留意见	涉嫌信息披露违规被调查，部分关键环节缺乏会计控制（财报缺陷）
	海联讯	带强调事项段无保留意见	带强调事项段无保留意见	存货管理的设计存在缺陷（财报缺陷）
	五洲交通	否定意见	带强调事项段无保留意见	相关授权制度未执行（财报缺陷）

续表

年份	股票名称	内部控制审计意见	财务审计意见	内部控制缺陷内容分析
2013	大有能源	否定意见	保留意见	涉嫌违反证券法律法规，未及时确认关联方交易等（财报缺陷）
	上海三毛	带强调事项段无保留意见	带强调事项段无保留意见	诉讼案件导致无法持续经营；对海外客户的管控不够（财报缺陷）
	天津磁卡	否定意见	带强调事项段无保留意见	投资业务、销售业务等未建立有效的会计制度（财报缺陷）
	博汇纸业	否定意见	保留意见	货币资金收付不及时；成本费用核算不规范（财报缺陷）
	美利纸业	带强调事项段无保留意见	带强调事项段无保留意见	战略决策失误导致连年亏损（财报缺陷）
	中银绒业	带强调事项段无保留意见	保留意见	给个人提供商业担保可能造成风险（非财报缺陷）
	莲花味精	带强调事项段无保留意见	保留意见	涉嫌虚增会计利润，重大诉讼未披露等被调查（财报缺陷）
	昌九生化	带强调事项段无保留意见	带强调事项段无保留意见	持续经营能力重大不确定（非财报缺陷）
	*ST南化	带强调事项段无保留意见	带强调事项段无保留意见	政策性停产和股权变更（非财报缺陷）
	*ST阳化	带强调事项段无保留意见	带强调事项段无保留意见	进行前期差错更正（财报缺陷）
	上海物贸	带强调事项段无保留意见	带强调事项段无保留意见	涉嫌信息披露违规被立案侦查（非财报缺陷）
2014	*ST康达	带强调事项段无保留意见	无保留意见加事项段	工程现场缺陷（非财报缺陷）
	川化股份	带强调事项段无保留意见	无保留意见加事项段	高管薪酬错乱（非财报缺陷）
	钱江摩托	带强调事项段无保留意见	保留意见	政治风险（非财报缺陷）
	*ST众和	带强调事项段无保留意见	保留意见	挪用募集资金（非财报缺陷）
	康欣新材	无法表示意见	无保留意见加事项段	识别关联方不完整（财报缺陷）
	亚星化学	带强调事项段无保留意见	无保留意见加事项段	内部控制运行失效（财报缺陷）
	五洲交通	否定意见	保留意见	授权控制方面存在重大缺陷（财报缺陷）
	大有能源	否定意见	保留意见	转让矿产未履行相关决策程序，未及时披露（财报缺陷）
	*ST狮头	带强调事项段无保留意见	无法发表意见	生产经营活动停滞，未进行内控评价（非财报缺陷）
	天津磁卡	否定意见	无保留意见加事项段	不能准确核算投资收益；收入成本控制存在缺陷；报表进行监督不当（财报缺陷）
	ST锐电	否定意见	无保留意见加事项段	实物资产控制缺陷（财报缺陷）
	*ST新都	否定意见	无保留意见加事项段	内部监督无效（财报缺陷）

续表

年份	股票名称	内部控制审计意见	财务审计意见	内部控制缺陷内容分析
2015	川化股份	带强调事项段无保留意见	无法发表意见	缺少内部审计（非财报缺陷）
	ST 生化	否定意见	无保留意见加事项段	重大前期差错更正；未设立内部审计机构（财报缺陷）
	南华生物	带强调事项段无保留意见	无保留意见加事项段	涉嫌信息披露违法违规立案稽查（非财报缺陷）
	烯碳退	否定意见	无法发表意见	减值测试缺失、成本结转跨期、税金计提不准确（财报缺陷）
	北大医药	带强调事项段无保留意见	无保留意见加事项段	涉嫌违反证券法律法规立案调查（财报缺陷）
	神雾节能	带强调事项段无保留意见	无保留意见加事项段	在建工程管理存在缺陷，全面预算未有效实行（财报缺陷）
	＊ST 中绒	带强调事项段无保留意见	无保留意见加事项段	因涉嫌信息披露违法违规（非财报缺陷）
	巨人网络	否定意见	保留意见	缺失经营成果识别、获取、汇总的财务管控机制（财报缺陷）
	顾地科技	否定意见	无保留意见加事项段	内部控制运行失效（财报缺陷）
	＊ST 新亿	否定意见	无保留意见加事项段	内部控制失效（财报缺陷）
	商赢环球	带强调事项段无保留意见	无保留意见加事项段	嫌违反证券法律法规立案调查（财报缺陷）
	ST 山水	否定意见	保留意见	信息披露中存在违规事项，重大投资事项不谨慎（财报缺陷）
	＊ST 成城	无法表示意见	保留意见加事项段	公司管理手册存在缺陷，存在诉讼案件（财报缺陷）
	山东金泰	带强调事项段无保留意见	无保留意见加事项段	因经营困难导致薪酬和社保拖欠（非财报缺陷）
	大有能源	否定意见	无保留意见加事项段	子公司部分财报内部控制失效（财报缺陷）
	＊ST 安泰	否定意见	无保留意见加事项段	客户授信额度管理缺陷；关联企业占用资金（财报缺陷）
	ST 仰帆	带强调事项段无保留意见	无保留意见加事项段	证监会立案调查（财报缺陷）
	山煤国际	带强调事项段无保留意见	无保留意见加事项段	子公司对外担保未能执行（非财报缺陷）
	皖江物流	否定意见	无保留意见加事项段	内部控制的执行存在重大缺陷；涉嫌信息披露违法违规被立案调查（财报缺陷）
	天目药业	否定意见	无保留意见加事项段	在建工程管理、存货、减值准备存在缺陷（财报缺陷）
	苏美达	带强调事项段无保留意见	无保留意见加事项段	关联方交易的缺陷（财报缺陷）

续表

年份	股票名称	内部控制审计意见	财务审计意见	内部控制缺陷内容分析
2015	ST 新梅	否定意见	保留意见	非财务报告内部控制重大缺陷；内部审计缺失（财报缺陷）
	上海物贸	带强调事项段无保留意见	无保留意见加事项段	涉嫌信息披露违法违规立案调查（非财报缺陷）
	＊ST 厦华	带强调事项段无保留意见	无保留意见加事项段	主营业务停顿，新的内控体系尚未实行（非财报缺陷）
	ST 锐电	否定意见	无保留意见加事项段	实物资产的出、入库控制存在巨大缺陷（财报缺陷）
	深中华 A	带强调事项段无保留意见	无保留意见加事项段	持续经营能力不确定性（非财报缺陷）
2016	ST 生化	否定意见	无保留意见加事项段	未设内部审计部门；违规使用账户；资产重组违规（财报缺陷）
	烯碳退	否定意见	保留意见	结转不及时，存在跨期（财报缺陷）
	四环生物	带强调事项段无保留意见	无保留意见加事项段	持续经营能力、短期偿债能力存在重大不确定性（非财报缺陷）
	宝塔实业	带强调事项段无保留意见	无保留意见加事项段	存货及营业成本核算不准确（财报缺陷）
	天首发展	带强调事项段无保留意见	无保留意见加事项段	部分子公司审计部未进行审计；部分客户有风险（非财报缺陷）
	盈方微	否定意见	无保留意见加事项段	大额合同变动违规；财务核算不规范，原始业务单据不完整；客户授信重大缺陷（财报风险）
	亚太实业	否定意见	保留意见	资产减值测试缺陷；内部监督未能识别控制缺陷（财报风险）
	＊ST 华泽	否定意见	无法发表意见	关联交易，子公司存在重大会计差错更正；内部控制的监督无效；法人治理结构重大缺陷；信息披露存在重大缺陷（财报缺陷）
	北大医药	带强调事项段无保留意见	无保留意见加事项段	涉嫌违反证券法律法规立案调查（财报缺陷）
	中水渔业	否定意见	保留意见	内控存在重大缺陷；标的披露信息存在违规事项（财报缺陷）
	华东数控	带强调事项段无保留意见	无保留意见加事项段	关联企业交易缺陷（财报缺陷）
	仁东控股	带强调事项段无保留意见	保留意见	贸易业务相关控制缺陷（财报缺陷）
	登云股份	否定意见	无保留意见加事项段	三胞索赔条款不清晰（财报缺陷）
	＊金亚	否定意见	保留意见	违反证券法律法规立案调查；内部监督失效；（财报缺陷）

续表

年份	股票名称	内部控制审计意见	财务审计意见	内部控制缺陷内容分析
2016	浙江广厦	带强调事项段无保留意见	无保留意见加事项段	关联方交易的缺陷（财报缺陷）
	澄星股份	带强调事项段无保留意见	无保留意见加事项段	涉嫌披露违法违规（非财报缺陷）
	太化股份	否定意见	无保留意见加事项段	入库核算、单据、收货时间存在问题；对停产资产未进行计提减值（财报缺陷）
	宏达股份	带强调事项段无保留意见	无保留意见加事项段	会计差错更正追溯调整（财报缺陷）
	大有能源	否定意见	无保留意见加事项段	子公司决策程序失效；职务侵占；未取得采矿资质（财报缺陷）
	ST 仰帆	带强调事项段无保留意见	无保留意见加事项段	涉嫌信息披露违法违规（非财报缺陷）
	*ST 柳化	否定意见	无保留意见加事项段	关联方交易的缺陷（财报缺陷）
	山煤国际	带强调事项段无保留意见	无保留意见加事项段	子公司违规担保（财报缺陷）
	恒生电子	带强调事项段无保留意见	无保留意见加事项段	非法经营证券业务进行行政处罚（非财报缺陷）
	*ST 毅达	带强调事项段无保留意见	无保留意见加事项段	内部审计部门失效（非财报缺陷）
	ST 岩石	带强调事项段无保留意见	保留意见	子公司经营困难，存货应计提的跌价损失、预计担保损失存在缺陷（财报缺陷）
	ST 大控	带强调事项段无保留意见	无法发表意见	违规担保，募集资金挪用、资金混淆（财报缺陷）
	ST 嘉陵	带强调事项段无保留意见	无保留意见加事项段	关联交易金额超出授权（非财报缺陷）
	秋林集团	否定意见	保留意见	关联方交易缺陷；违规使用个人账户（财报缺陷）
	ST 锐电	带强调事项段无保留意见	无保留意见加事项段	人员流失（非财报缺陷）
	美丽生态	带强调事项段无保留意见	无保留意见加事项段	涉嫌违反证券法律法规立案稽查（财报缺陷）
2017	*ST 康达	带强调事项段无保留意见	无法表示意见	股东权利纠纷诉讼；入账、盘点存在缺陷（财报缺陷）
	ST 生化	否定意见	无保留意见加事项段	违规使用账户（财报缺陷）
	中润资源	否定意见	保留意见	其他应收款管理缺陷（财报缺陷）
	亚太实业	否定意见	无保留意见加事项段	重大前期差错更正；成本核算缺陷（财报缺陷）
	*ST 华泽	否定意见	无法发表意见	关联方资金占用、收入确认及税款申报、资金拆借、固定资产报废等出现问题；（财报缺陷）
	*ST 南风	带强调事项段无保留意见	无保留意见加事项段	投资管理缺陷（财报丢失）
	*ST 天化	带强调事项段无保留意见	保留意见	资产管理内部控制存在重要缺陷（财报缺陷）

续表

年份	股票名称	内部控制审计意见	财务审计意见	内部控制缺陷内容分析
2017	*ST 凯迪	带强调事项段无保留意见	无法发表意见	融资缺陷、总裁职务侵占（财报缺陷）
	*ST 中绒	带强调事项段无保留意见	无保留意见加事项段	涉嫌信息披露违法违规（财报缺陷）
	云投生态	带强调事项段无保留意见	保留意见	拖欠工程款诉讼（财报缺陷）
	*ST 准油	否定意见	保留意见	印章管理缺陷（财报缺陷）
	*ST 海润	否定意见	无法发表意见	关联方交易缺陷；资产减值、会计核算出现问题（财报缺陷）
	*ST 安泰	否定意见	无保留意见加事项段	关联方交易缺陷（财报缺陷）
	ST 仰帆	带强调事项段无保留意见	无保留意见加事项段	证监会正在立案调查（非财报缺陷）
	山煤国际	带强调事项段无保留意见	无保留意见加事项段	违规担保（财报缺陷）
	*ST 毅达	带强调事项段无保留意见	无法发表意见	内部审计存在缺陷（财报缺陷）
	ST 中安	否定意见	无保留意见加事项段	客户资质不明；工程管理存在缺陷（财报缺陷）
	*ST 上普	否定意见	无保留意见加事项段	挪用募集资金；被证监会立案调查（财报缺陷）
	ST 大控	否定意见	保留意见	违规担保、披露不及时、涉嫌违规披露被立案调查（财报缺陷）
	天津磁卡	否定意见	无保留意见加事项段	对外投资、项目管理缺陷（财报缺陷）
	退市昆机	否定意见	无保留意见加事项段	信息披露重大遗漏、重大差错调整、子公司股权问题（财报缺陷）
	ST 锐电	带强调事项段无保留意见	无保留意见加事项段	大股东变更、关键人员离职（非财报缺陷）

数据来源：作者手工整理

表 2 -4 所示的是 2009—2017 年出具非标内控审计意见与标准财务审计意见统计表，从中可以看出，有 182 家上市公被出具了非标准的内部控制审计意见，但并没有被出具非标准的财务审计意见，而是出具了标准无保留意见的财务审计意见。在 182 家上市公司中，有 138 家内控审计意见为带强调事项段的无保留意见，财务审计意见为标准无保留意见，占绝对比例。进一步分析审计意见出具依据可以看出，大多数为非财报缺陷导致出具了带强调事项段的无保留意见，以并购或者重组可以不对内部控制进行评价最为典型（北部港湾、云煤能源等），审计师通过提醒广大信息使用者注意，由于一些非财务事项可能会对内部控制产生影响，为了谨慎期间，出具了带强调事项段的无保留意见，但是这些事项并没有对财务审计产生重大影响，内部控制的整体运行不影响财务信息的使用，所以出具了标准的无保留的财务审计意见。但是，值得注意的是，共有 39 家内控审计意见被出具了否定意见，而且均存在着与财务报告相关联的内控缺陷，但是财务审计意见却为标准无保留意见，这也值得我们予以高度关注。从泰达股份（000652）的内部控制审计报告来看，由于其子公司对外提供担保，该担保均未按照公司内部控制制度的规定履行授权审

批、信息披露等程序，与之相关的财务报告内部控制执行失效，该重大缺陷可能导致公司因履行担保责任而承担损失的风险。由于该公司在编制财务报表时，已经对该项担保可能产生的会计差错予以关注、避免和纠正，审计师也认为这项重大缺陷并不会对财务审计意见产生影响，针对这种情况，对所出具的财务审计意见也值得我们怀疑。

表 2－4　　出具非标内控审计意见与标准财务审计意见统计表

年份	股票名称	内部控制审计意见	财务审计意见	内部控制缺陷内容分析
2009	国恒铁路	带强调事项段无保留意见	标准无保留意见	非财报缺陷
	久联发展	带强调事项段无保留意见	标准无保留意见	非财报缺陷
2011	深振业 A	带强调事项段无保留意见	标准无保留意见	财报缺陷/非财报缺陷
	新华制药	否定意见	标准无保留意见	财报缺陷
	华孚色纺	带强调事项段无保留意见	标准无保留意见	非财报缺陷
	香江控股	带强调事项段无保留意见	标准无保留意见	财报缺陷
	徐工机械	带强调事项段无保留意见	标准无保留意见	非财报缺陷
2012	大地传媒	带强调事项段无保留意见	保准无保留意见	非财报缺陷
	贵糖股份	否定意见	标准无保留意见	财报缺陷
	海南椰岛	带强调事项段无保留意见	标准无保留意见	非财报缺陷
	西藏天路	带强调事项段无保留意见	标准无保留意见	非财报缺陷
	香梨股份	带强调事项段无保留意见	标准无保留意见	非财报缺陷
	上海三毛	带强调事项段无保留意见	标准无保留意见	非财报缺陷
	南京医药	带强调事项段无保留意见	标准无保留意见	财报缺陷/非财报缺陷
	华银电力	带强调事项段无保留意见	标准无保留意见	非财报缺陷/非财报缺陷
	马钢股份	带强调事项段无保留意见	标准无保留意见	非财报缺陷
	恒源煤电	带强调事项段无保留意见	标准无保留意见	财报缺陷/非财报缺陷
	江淮汽车	带强调事项段无保留意见	标准无保留意见	非财报缺陷
	* ST 宜纸	带强调事项段无保留意见	标准无保留意见	非财报缺陷
	上海机电	带强调事项段无保留意见	标准无保留意见	非财报缺陷
	工大高新	带强调事项段无保留意见	标准无保留意见	非财报缺陷
	* ST 光学	带强调事项段无保留意见	标准无保留意见	非财报缺陷
2013	* ST 川化	带强调事项段无保留意见	标准无保留意见	非财报缺陷
	泰达股份	否定意见	标准无保留意见	财报缺陷
	* ST 酒鬼	带强调事项段无保留意见	标准无保留意见	非财报缺陷
	* ST 天化	带强调事项段无保留意见	标准无保留意见	非财报缺陷
	江苏三友	带强调事项段无保留意见	标准无保留意见	财报缺陷
	众和股份	带强调事项段无保留意见	标准无保留意见	非财报缺陷
	康得新	带强调事项段无保留意见	标准无保留意见	财务缺陷/非财报缺陷
	上海家化	否定意见	标准无保留意见	财报缺陷

续表

年份	股票名称	内部控制审计意见	财务审计意见	内部控制缺陷内容分析
2013	风神股份	否定意见	标准无保留意见	财报缺陷
	华银电力	带强调事项段无保留意见	标准无保留意见	非财报缺陷
	恒源煤电	带强调事项段无保留意见	标准无保留意见	非财报缺陷
	西部矿业	否定意见	标准无保留意见	财报缺陷
	深物业 A	带强调事项段无保留意见	标准无保留意见	财报缺陷
	*ST 传媒	带强调事项段无保留意见	标准无保留意见	财报缺陷
	*ST 凤凰	带强调事项段无保留意见	标准无保留意见	财报缺陷
	北部港湾	带强调事项段无保留意见	标准无保留意见	非财报缺陷
	酒鬼酒	带强调事项段无保留意见	标准无保留意见	财报缺陷
	凯迪电力	带强调事项段无保留意见	标准无保留意见	非财报缺陷
	青鸟华光	无法表示意见	标准无保留意见	非财报缺陷
	武汉控股	带强调事项段无保留意见	标准无保留意见	非财报缺陷
	桂冠电力	带强调事项段无保留意见	标准无保留意见	非财报缺陷
	标准股份	带强调事项段无保留意见	标准无保留意见	非财报缺陷
	西藏天路	带强调事项段无保留意见	标准无保留意见	非财报缺陷
	方大炭素	带强调事项段无保留意见	标准无保留意见	非财报缺陷
	保变电气	带强调事项段无保留意见	标准无保留意见	非财报缺陷
	百视通	带强调事项段无保留意见	标准无保留意见	非财报缺陷
	大连热电	带强调事项段无保留意见	标准无保留意见	非财报缺陷
	云媒能源	带强调事项段无保留意见	标准无保留意见	非财报缺陷
	*ST 宜纸	带强调事项段无保留意见	标准无保留意见	非财报缺陷
	*ST 二重	带强调事项段无保留意见	标准无保留意见	非财报缺陷
2014	中国天楹	带强调事项段无保留意见	标准无保留意见	财报缺陷
	深大通	带强调事项段无保留意见	标准无保留意见	非财报缺陷
	烯碳退	否定意见	标准无保留意见	财报缺陷
	泰达股份	否定意见	标准无保留意见	财报缺陷
	亚太实业	带强调事项段无保留意见	标准无保留意见	非财报缺陷
	罗牛山	带强调事项段无保留意见	标准无保留意见	财报缺陷
	神雾节能	带强调事项段无保留意见	标准无保留意见	非财报缺陷
	*ST 天化	带强调事项段无保留意见	标准无保留意见	非财报缺陷
	天邦股份	带强调事项段无保留意见	标准无保留意见	财报缺陷
	超华科技	带强调事项段无保留意见	标准无保留意见	财报缺陷
	宇顺电子	保留意见	标准无保留意见	财报缺陷
	林州重机	带强调事项段无保留意见	标准无保留意见	财报缺陷
	巨人网络	否定意见	标准无保留意见	财报缺陷

续表

年份	股票名称	内部控制审计意见	财务审计意见	内部控制缺陷内容分析
2014	顺灏股份	带强调事项段无保留意见	标准无保留意见	非财报缺陷
	勤上股份	带强调事项段无保留意见	标准无保留意见	财报缺陷
	西藏药业	带强调事项段无保留意见	标准无保留意见	非财报缺陷
	天津松江	带强调事项段无保留意见	标准无保留意见	财报缺陷
	桂冠电力	带强调事项段无保留意见	标准无保留意见	非财报缺陷
	中央商场	带强调事项段无保留意见	标准无保留意见	非财报缺陷
	*ST 柳化	否定意见	标准无保留意见	财报缺陷
	金枫酒业	带强调事项段无保留意见	标准无保留意见	非财报缺陷
	航天通信	否定意见	标准无保留意见	财报缺陷
	百花村	带强调事项段无保留意见	标准无保留意见	非财报缺陷
	ST 新梅	否定意见	标准无保留意见	财报缺陷/非财报缺陷
	华银电力	带强调事项段无保留意见	标准无保留意见	非财报缺陷
	ST 大控	带强调事项段无保留意见	标准无保留意见	财报缺陷
	退市昆机	否定意见	标准无保留意见	财报缺陷
	恒源煤电	带强调事项段无保留意见	标准无保留意见	财报缺陷
	柳钢股份	否定意见	标准无保留意见	财报缺陷
	中国化学	带强调事项段无保留意见	标准无保留意见	非财报缺陷
	明星电缆	带强调事项段无保留意见	标准无保留意见	财报缺陷
2015	深圳能源	带强调事项段无保留意见	标准无保留意见	财报缺陷
	*ST 康达	带强调事项段无保留意见	标准无保留意见	非财报缺陷
	冀东水泥	带强调事项段无保留意见	标准无保留意见	财报缺陷
	襄阳轴承	带强调事项段无保留意见	标准无保留意见	非财报缺陷
	亚太实业	否定意见	标准无保留意见	财报缺陷
	美利云	带强调事项段无保留意见	标准无保留意见	非财报缺陷
	华东数控	带强调事项段无保留意见	标准无保留意见	财报缺陷
	唐人神	保留意见	标准无保留意见	财报缺陷
	光洋股份	带强调事项段无保留意见	标准无保留意见	财报缺陷
	登云股份	否定意见	标准无保留意见	财报缺陷
	华虹计通	带强调事项段无保留意见	标准无保留意见	财报缺陷
	京天利	否定意见	标准无保留意见	财报缺陷
	武钢股份	带强调事项段无保留意见	标准无保留意见	财报缺陷
	浙江广厦	带强调事项段无保留意见	标准无保留意见	非财报缺陷
	上海梅林	带强调事项段无保留意见	标准无保留意见	财报缺陷
	易见股份	否定意见	标准无保留意见	财报缺陷
	兰花科创	带强调事项段无保留意见	标准无保留意见	财报缺陷

续表

年份	股票名称	内部控制审计意见	财务审计意见	内部控制缺陷内容分析
2015	桂冠电力	带强调事项段无保留意见	标准无保留意见	非财报缺陷
	*ST 正源	带强调事项段无保留意见	标准无保留意见	非财报缺陷
	亚宝药业	带强调事项段无保留意见	标准无保留意见	财报缺陷
	现代制药	带强调事项段无保留意见	标准无保留意见	财报缺陷
	*ST 柳化	否定意见	标准无保留意见	财报缺陷
	六国化工	带强调事项段无保留意见	标准无保留意见	财报缺陷
	宏达矿业	带强调事项段无保留意见	标准无保留意见	非财报缺陷
	*ST 毅达	带强调事项段无保留意见	标准无保留意见	非财报缺陷
	ST 岩石	带强调事项段无保留意见	标准无保留意见	财报缺陷/非财报缺陷
	一汽富维	否定意见	标准无保留意见	财报缺陷
	华银电力	带强调事项段无保留意见	标准无保留意见	非财报缺陷
	ST 大控	带强调事项段无保留意见	标准无保留意见	财报缺陷
	ST 嘉陵	带强调事项段无保留意见	标准无保留意见	非财报缺陷
	秋林集团	否定意见	标准无保留意见	财报缺陷
	重庆钢铁	带强调事项段无保留意见	标准无保留意见	财报缺陷
	中国一重	带强调事项段无保留意见	标准无保留意见	非财报缺陷
	海南橡胶	否定意见	标准无保留意见	财报缺陷
	滨化股份	带强调事项段无保留意见	标准无保留意见	非财报缺陷
2016	*ST 康达	带强调事项段无保留意见	标准无保留意见	财报缺陷/非财报缺陷
	川化股份	带强调事项段无保留意见	标准无保留意见	非财报缺陷
	襄阳轴承	带强调事项段无保留意见	标准无保留意见	非财报缺陷
	*ST 南风	带强调事项段无保留意见	标准无保留意见	财报缺陷
	国海证券	带强调事项段无保留意见	标准无保留意见	财报缺陷
	万年青	否定意见	标准无保留意见	财报缺陷
	*ST 天化	带强调事项段无保留意见	标准无保留意见	财报缺陷
	*ST 凯迪	带强调事项段无保留意见	标准无保留意见	财报缺陷/非财报缺陷
	超华科技	保留意见	标准无保留意见	财报缺陷
	得利斯	带强调事项段无保留意见	标准无保留意见	财报缺陷
	赣锋锂业	带强调事项段无保留意见	标准无保留意见	非财报缺陷
	勤上股份	带强调事项段无保留意见	标准无保留意见	财报缺陷
	克明面业	带强调事项段无保留意见	标准无保留意见	财报缺陷
	和佳股份	保留意见	标准无保留意见	财报缺陷
	西部资源	带强调事项段无保留意见	标准无保留意见	财报缺陷
	江苏吴中	带强调事项段无保留意见	标准无保留意见	财报缺陷/非财报缺陷
	*ST 椰岛	带强调事项段无保留意见	标准无保留意见	非财报缺陷

续表

年份	股票名称	内部控制审计意见	财务审计意见	内部控制缺陷内容分析
2016	海正药业	带强调事项段无保留意见	标准无保留意见	财报缺陷
	西南证券	带强调事项段无保留意见	标准无保留意见	非财报缺陷
	三房巷	带强调事项段无保留意见	标准无保留意见	财报缺陷
	宝光股份	带强调事项段无保留意见	标准无保留意见	非财报缺陷
	海航基础	带强调事项段无保留意见	标准无保留意见	财报缺陷
	ST 慧球	否定意见	标准无保留意见	财报缺陷/非财报缺陷
	康恩贝	带强调事项段无保留意见	标准无保留意见	财报缺陷
	新华医疗	带强调事项段无保留意见	标准无保留意见	财报缺陷
	东方明珠	带强调事项段无保留意见	标准无保留意见	财报缺陷
	金龙汽车	带强调事项段无保留意见	标准无保留意见	财报缺陷
	重庆百货	带强调事项段无保留意见	标准无保留意见	财报缺陷
	中国高科	否定意见	标准无保留意见	财报缺陷
	华银电力	带强调事项段无保留意见	标准无保留意见	非财报缺陷
	长江传媒	带强调事项段无保留意见	标准无保留意见	非财报缺陷
	大晟文化	否定意见	标准无保留意见	财报缺陷
	恒源煤电	带强调事项段无保留意见	标准无保留意见	财报缺陷
	力帆股份	带强调事项段无保留意见	标准无保留意见	财报缺陷
	龙宇燃油	带强调事项段无保留意见	标准无保留意见	财报缺陷
	明星电缆	带强调事项段无保留意见	标准无保留意见	财报缺陷
	道森股份	带强调事项段无保留意见	标准无保留意见	非财报缺陷
2017	西南证券	带强调事项段无保留意见	标准无保留意见	非财报缺陷
	大连港	否定意见	标准无保留意见	财报缺陷
	新力金融	带强调事项段无保留意见	标准无保留意见	财报缺陷
	云煤能源	否定意见	标准无保留意见	财报缺陷
	菲达环保	否定意见	标准无保留意见	财报缺陷
	风华高科	否定意见	标准无保留意见	财报缺陷
	飞乐音响	否定意见	标准无保留意见	财报缺陷/非财报缺陷
	雏鹰农牧	否定意见	标准无保留意见	财报缺陷
	东方网络	否定意见	标准无保留意见	财报缺陷
	睿康股份	否定意见	标准无保留意见	财报缺陷
	凯撒旅游	带强调事项段无保留意见	标准无保留意见	财报缺陷/非财报缺陷
	*ST 因美	否定意见	标准无保留意见	财报缺陷
	*ST 椰岛	否定意见	标准无保留意见	财报缺陷/非财报缺陷
	神州长城	否定意见	标准无保留意见	财报缺陷
	*ST 蓝科	否定意见	标准无保留意见	财报缺陷

续表

年份	股票名称	内部控制审计意见	财务审计意见	内部控制缺陷内容分析
2017	雪峰科技	带强调事项段无保留意见	标准无保留意见	非财报缺陷
	圣济堂	带强调事项段无保留意见	标准无保留意见	非财报缺陷
	中国高科	带强调事项段无保留意见	标准无保留意见	非财报缺陷
	远大控股	带强调事项段无保留意见	标准无保留意见	非财报缺陷
	海南海药	带强调事项段无保留意见	标准无保留意见	非财报缺陷
	华银电力	带强调事项段无保留意见	标准无保留意见	非财报缺陷
	桂冠电力	带强调事项段无保留意见	标准无保留意见	非财报缺陷
	亿晶光电	带强调事项段无保留意见	标准无保留意见	非财报缺陷
	海航基础	带强调事项段无保留意见	标准无保留意见	非财报缺陷
	中关村	带强调事项段无保留意见	标准无保留意见	财报缺陷
	闻泰科技	带强调事项段无保留意见	标准无保留意见	非财报缺陷
	合肥百货	否定意见	标准无保留意见	财报缺陷

数据来源：作者手工整理

财务审计与内部控制审计的结合，不仅使公司更加关注于财务信息的真实性，而更加全面地关注公司内部控制风险的防范。随着审计方式的完善，公司管理层的责任更加明确，未来审计的监督与管理更趋于精细化和严格化，审计工作的实施、评价及披露的具体要求与监督力度等也将持续加强。与此同时，对于财务报告的合法性和公允性、自评及审计工作底稿的编制与保存等方面出现违规操作或发现舞弊及欺诈行为时的处罚都将不断地明确。

2.2 媒体监督的文献回顾

媒体监督称为法律制度外的一种新的非正式机制，媒体监督的重要作用在于可以有效降低投资者与上市公司之间的信息不对称，而投资者会根据媒体传播的信息决定其投资行为；另外，新闻媒体通过信息挖掘，信息传播将上市公司的信息传递给公众，从而实现对上市公司有效的外部治理。通过最早的媒体报道的案例分析到现在的实证研究，都反映了媒体作为新兴的、影响资本市场的工具得到了不断地证实。目前现有的文献并没有直接阐述媒体报道与内部控制的关系，而是主要从两个方面来体现，一是媒体监督成为公司治理的一个重要手段，反映在监督和制约管理层的行为从而影响内部控制运行；二是媒体监督与内部控制互为内外部治理机制，能够影响公司治理水平。

2.2.1 媒体监督与内部控制

媒体监督对内部控制的影响首先体现在媒体监督的公司治理职能，媒体的公司治理角色是最早受到学者关注的，媒体首先通过信息传播的方式引起大众的关注，随后通过声誉机制、舆论压力、行政介入等方式对管理层施压，从而迫使管理层改善公司治理行为，从而达到媒体监督的治理功效（Dyck and zingales，2002；Dyck，Volchkova and Zingales，2008；Arthaud - Day，et al，2006；Desai，et al，2006；Fich and Shivdasani，2007；Karpoff，et al，2008；Malmendier and Tate，2009；李培功、沈艺峰，2010；郑志刚等，2011）。（Dyck and zingales，2002）是最早通过案例的方法证实媒体在公司治理中的作用，他们的研究结论表明，媒体是通过以下三种途径来发挥其治理功能的：一是媒体通过引导舆论，形成强大的社会舆论压力，从而推动法律的变革，尤其是公司法的改革。二是媒体通过声誉发现影响管理层在股东以及投资者心中的地位，从而降低他们为自已谋利益的几率。三是媒体影响公司管理层的公众形象，使他们在媒体的曝光下规范自己的行为，不做损害股东的事情。Dyck 等（2008）认为，媒体出于新闻爆炸性的需要，更加关注那些有可能出现侵害投资者权益的公司，正是由于这种高度关注，能够有效的促使上市公司改正某些不当决策。李明、叶勇（2016）提出现代媒体立体化，网络化和快速化的特点使得投资者认为从媒体报道中更能够认识事件的严重性，大量的负面报道会通过降低公司和管理层的声誉，或者是引起监管机构的介入，或者是通过股价下跌等方式给公司管理层及其控制股东传递巨大的压力，进而来达到治理公司的目的。袁蓓（2017）认为媒体监督通过声誉机制和市场压力迫使高管竭尽全力纠正企业错误行为，改善企业内部控制制度，以被媒体负面报道的公司为样本，实证发现，媒体的负面报道有助于推动内部控制制度的演进。Joe 等（2009）的研究发现，媒体监督能够有效提升董事会的效率，尤其那些效率低下的董事会在媒体曝光之后，效率提升较为明显。Fama（1980）也通过研究表明媒体报道的声誉机制是影响管理层有效的方式，它通过对高管的经理人市场的分析，认为媒体报道能够间接的影响高管的工作和薪酬。Nguyen（2011）以世界 500 强企业作为研究对象，通过实证分析正面报道对公司价值的影响发现，媒体对企业高管团队的正面报道能够有效提升公司的价值，且媒体报道显著影响股票的回报率。与 Nguyen 不同，Johnson（1997）重点关注了媒体负面报道与上市公司 CEO 薪酬水平之间的关系，通过实证分析发现，负面报道与公司 CEO 的薪酬水平呈现显著的负相关关系，即负面报道明显降低了 CEO 的薪酬水平，并改变了 CEO 的薪酬结构。Dyck，Volehkova 和 Zingales（2008）借助 Beeker（1968）的模型重新定义了媒体发挥公司治理角色的实现路径，并将其总结为：E（私人收益）< E（声誉成本）+ E（法律惩罚）= Pi + RC + B（1），显而易见，经理人在进行决策时首先会考虑这两者之间的关系，当可能获得的收益小于甚至略大于可能到来的生育损失和法律制裁的风险，他将放弃该行为决策，因此，媒体治理功能的发挥是通过以下两个途径实现的：第一，通过媒体报道影响到经理人的声誉，间接促使其改善治理行为；第二，通过媒体报道，促使法律来约束管理层的行为。

中国的媒体报道模式与国外有一定的差别，表现在中国的媒体全部由政府控制，其行政性质很浓，媒体监督直接影响管理层和经理人的行为不太显著，而通过行政干预来改善公司的治理问题是当前政府和其他监管机构的主要途径。李培功和沈艺峰（2010）在我国关于媒体报道的治理功能研究中较为典型，他们选取了 50 家最差董事会公司作为研究样本，梳理了这 50 家公司的负面报道，研究发现，媒体监督很大可能会引起行政对公司治理的敢于，从而实现公司的治理功能。杨德明、赵璨（2012）研究表明，媒体确实发挥了监督职能，并通过政府或行政主管部门的干预，促使高管薪酬趋于合理。逯东、付鹏、杨丹（2015）提出，在政府主导内部控制建设的发展模式下，网络和政策导向媒体关注能提高上市公司内部控制质量，但市场导向媒体关注不能提高上市公司内部控制质量，网络和政策导向媒体关注主要能够提高中央国有和民营上市公司的内部控制质量，但不能提高地方国有上市公司的内部控制质量。徐莉萍和辛宇（2011）则认为，作为宏观治理环境的重要一环，媒体通过发挥其监督职能，能够有效提高上市公司信息的透明度，而这种治理作用体现在事前、事中和事后的全过程。尚兆燕（2016）提出独立董事的行为与内部控制重大缺陷相关，如已有研究证实独立董事主动辞职与公司内部控制重大缺陷显著正相关，独立董事主动辞职的公司当年收到非标准审计意见的可能性会显著提高，这说明独立董事的行为确实传递子公司内部控制存在重大缺陷的信号。李焰、秦义虎（2011）重点研究了媒体报道和独立董事之间的关系，独立董事作用的发挥是建立在社会信任的基础之上，一旦出现关于独立董事的负面报道，很可能会导致独立董事的辞职，独立董事能够在公司治理中发挥一定的作用，能够独立的表达自己的意见，也验证了独立董事在公司决策中的地位。于忠泊、田高良和齐保垒等（2011）的研究表明，在资本市场中，媒体具有较强的影响力，媒体通过影响投资者的认知、信息再造与传播，从而给管理者带来巨大的压力，迫使管理层重新定义其决策行为以满足市场的预期。杨德明、赵璨（2015）提出媒体可以在不受管理层影响控制的状态下监督公司的违规行为，并且实证研究发现，媒体对上市公司的曝光越多，越能抑制高管腐败。权小锋和吴世农（2012）选取了 2004—2008 年之间中国上市公司的数据，以此为样本，研究了媒体关注、盈余操纵和应计误定价之间的关系，研究结果表明，媒体关注显著影响着公司的深度治理，而其与管理层盈余之间存在着显著的负相关关系。郑志刚等（2011）进一步研究表明，媒体报道不仅由于行政机构的介入促使企业改进某些行为，也可以通过普通大众的关注形成对经理人的约束，从而改善公司下一期的业绩。姚益龙、梁红玉、宁吉安（2011）在案例研究的过程中发现，媒体监督与企业绩效之间的关系呈现出“U”形结构，其对企业绩效的影响是显而易见的，媒体监督对企业绩效的影响取决于媒体监督的经营途径效应、财务途径效应和公司治理途径效应的合力大小。许瑜、冯均科、杨菲（2017），以 2012—2015 年中国 A 股上市公司为样本，深入探讨媒体关注、内部控制有效性与创新绩效三者的关系。研究发现，政策导向媒体、市场导向媒体以及网络媒体均能显著提升企业创新绩效，内部控制有效性在其中起到部分中介作用，表明内外部治理因素的结合对于提升企业创新绩效十分关键。进一步分组检验发现，对于中部和西部地区上市公司，上述结论并不完全成立。由此推断，地区经济发展水平对于媒体监督和内部控制的公司治理效应发挥具有重要影响。吴超鹏、叶小杰、吴世农（2012）认为，当媒体对并购事件的负面报道次数较多，尤其在那些地方媒体监督功能较为完善的地区，管理层的政府背景或者政府关系基本不能发挥“护身符”的作用。李宏伟

(2016) 也通过实证结果，得到媒体报道总量与企业环境信息披露水平呈现正相关关系的结论，尤其是面对大量负面报道时候，企业会为了缓解所遭受的巨大公共压力，选择对外披露更多的环境信息以维持生存的合法性。因此可以得出结论，媒体监督通过影响社会舆论，可以有效限制政治因素对企业治理的影响，最终达到提升公司治理水平的目标。

除了上述媒体报道的治理功能外，媒体监督还在会计舞弊、盈余管理、财务重述以及代理成本方面发挥着重要的作用。Miller (2006) 的研究认为，媒体通过其独立调查，能够发现上市公司存在的包括会计欺诈在内的形式多样的舞弊行为，从而迫使那些希望通过侵害投资者利益而达成其个人目的的公司约束其行为，改善其决策。李晓慧、杨坤(2015) 以 2009—2013 年中国 A 股上市公司为样本，动态考察媒体关注和独立审计在提高会计信息透明度方面是否具有协同治理效应。研究表明，媒体负面报道越多，会计信息透明度越差；被出具非标审计意见的公司，会计信息透明度较差；媒体负面报道具有风险警示作用，审计意见实证了媒体的风险警示，只有媒体关注和独立审计的协同治理才能提高会计信息透明度。杨德明和令媛媛 (2011) 则从侧面验证了媒体为何乐衷于报道那些出现丑闻的上市公司。媒体在发挥其监督职能的同时，出于其宣传的需要，在新闻线索搜集整理的过程中，更加热衷于报道那些“明星企业”，只有这样才能达到爆炸性的效果，关注度越高，媒体报道的意愿越强烈。Haw、Hu、Hwang and Wu (2004) 的研究结论表明，媒体报道对于会计信息质量的提高有显著影响，尤其在那些成熟的市场和社会监督完善的国家和地区，上市公司进行盈余管理的动机较弱。罗进辉 (2012) 认为媒体监督影响双重代理成本，也就是说，媒体监督不仅会影响股东与管理者之间的第一类代理成本，同样也影响着大股东与中小股东间的第二类代理成本，媒体关注和报道的程度是随着成本的提升而提升的，且媒体报道的治理作用在第一类代理问题中表现得更强。他进一步指出，媒体的治理作用应该更多地反映在对各种行为的事前约束上，显而易见，将各种机会主义行为扼杀在萌芽阶段，实现对管理层行为的有效约束和积极引导，显然比事后的曝光和惩罚更具经济意义。徐莉萍和辛宇 (2011) 则重点研究了媒体治理对中小投资者的利益保护影响，结论认为，在我国当前股权分置改革的大环境下，媒体治理在保护中小投资者权益的过程中发挥着重要的作用。

大多数学者认为，媒体监督与内部控制作为内外部治理机制，呈现出一种替代效应(彭桃英、汲德雅，2014；梁红玉等，2012；王恩山、戴小勇，2013)。Agrawal 和 Knoeber (1997) 认为，单个治理机制的作用是有限的，因为其本身的边际效用就是递减的，随着其效用的减小，其对公司治理效率和效果的影响也就越发微弱，因此，单个治理机制切忌过度使用。需要内外部机制的共同作用才能够发挥作用。梁红玉、姚益龙、宁吉安(2012) 认为媒体监督能够降低企业的代理成本并提高代理效率，具体来说就是，媒体监督和公司的内部治理机制互为补充，都能降低企业的代理成本；而在提升代理效率的问题上，媒体监督能够部分代替企业的内部治理机制。王恩山、戴小勇 (2013) 认为，媒体报道降低代理成本是通过影响内部治理机制来实现的，具体来说是通过信息传播机制、声誉机制来实现代理成本的降低，从而共同影响代理成本。彭桃英、汲德雅 (2014) 以我国 A

股上司公司作为研究对象，分析内体监督、内部控制质量和代理层成本之间的关系，他们认为，媒体监督和内部控制质量在降低管理层成本中都发挥着积极的作用，然而，不同产权的企业对于不同媒体的报道所产生的治理作用也会有所差别。王华宾等（2017）研究发现政治关联作为上市公司的一种非正式制度，给其带来了经济利益的同时，也会在一定程度上表现出寻租行为。该种寻租行为一旦被揭露，相关的企业可能会承担更高的成本，在这种模式下企业更有动机保持更低的信息披露程度，这使得媒体对企业的调查成本无形中大量增加，媒体对企业信息披露的动机将会大大降低。曾颖和叶康涛（2015）实证研究了股权结构、代理成本与外部审计需求间的关系，研究表明在代理成本越高的公司越倾向于聘请高质量的外部审计。此外，媒体监督和内部控制是相辅相成，互为补充的，两者的共同作用能够有效降低管理层的代理成本，从而保护投资者的利益。从作用机理上来看，媒体监督和内部控制又有共同点，两者都能够有效降低委托任何代理人之间的信息不对称，实现对代理人行为的有效约束，按照委托人的意愿行事，最终实现影响公司治理的目标，并通过审计师对风险的调整，影响审计意见的出具。但是，两者之间还是存在着较大的差异，外部与内部的差异，正式与非正式的差异，正是因为这些差异的存在导致其具体传导机制和对市场的影响是否相同都存在争议，这是一个值得研究的课题。

2.2.2 媒体监督和外部审计

媒体监督作为公司治理的手段已经被得到证实，审计意见作为对公司治理的一种鉴证，也一定程度上反映了媒体报道的治理后果。陈红艳（2004）认为，媒体监督在 2004 年的全国审计风暴中发挥了重要的作用，凸显了媒体监督的强大力量，在媒体的调查和报道下，很多上市公司的违规行为都显露无疑。周开国、应千伟和钟畅（2016）从中国上市公司违规频率的角度进行研究，研究发现：媒体监督能够显著降低上市公司的违规频率，这也体现了媒体监督的外部治理作用。媒体监督的治理效果和公司的违规频率正相关，同时媒体监督的治理效果逐年上升，体现了我国媒体正在日益加强对上市公司的媒体治理作用。Dyck 等（2007）在研究美国上市公司舞弊行为的过程中发现，媒体同样发挥了强大的作用，由媒体发现的舞弊行为占到了总数的 14%，公司雇员和行业自律组织比媒体监督的作用更加明显，其发现的舞弊行为分别占到了 19% 和 16%，而由审计师和美国证券交易委员会发现的舞弊行为只占到了 14% 和 6%，以上数据清楚地说明媒体监督在发现上市公司舞弊行为的问题上更加有效，媒体报道主要在审计师变更、审计定价、审计意见上表现出一定的影响。Barton（2005）和 Jensen（2006）的研究发现，审计师出于对自身声誉的保护，在出具审计意见时一般会重点衡量审计风险，审计师对出具的审计意见会格外的关注，以免自己承担不必要的审计风险。具体表现在声誉会影响审计师的预测，使得审计师预测较为保守（Jackson，2005），从而出具非标准的审计意见。Frost（1991）在研究媒体报道和审计师意见的关系中发现，媒体的负面报道很可能影响审计师出具保守审计意见的意愿。Mutchler，Hopwood，and McKeown（1997）利用破产概率模型和审计意见模型研究了被华尔街日报报道过出现过债务违约问题的208家破产公司的审计意见类型，从中可以发现，虽然负面报道没有增加破产公司的累积超额收益（CARs），但是显而易见地增加了审计师出具非标意见的可能性。周兰、耀友福（2018）认为媒体负面报道的监督能够减少上市公司通过审计师变更以实现审计意见购买的行为，降低审计师变更的审计报告的激进程度，且审计报告激进程度的降低在审计师升级变更方面更为明显，从而能提高审计师变更和升级变更方面的审计质量。这一结论表明媒体监督能对审计意见购买发挥一定的审计治理效应，为加强新闻媒体在审计师行为方面的监管提供新的经验证据。余玉苗、张建平、梁红玉（2013）研究发现，新闻媒体的负面报道与非标准审计意见之间呈现出显著的正相关关系，同时，会计师会根据去年的负面报道数量，对审计意见作出一定程度的改善。杜颖洁和杜兴强（2011）以上海社保基金案为节点，研究了案件之前、期间和之后涉案公司审计意见的差别，实证结果显示，在案件当年，涉案公司被出具非标审计意见的可能性较高，而之前和之后的两年，非标审计意见的可能性较低。吕敏康、冉明东（2012）则具体提出了媒体报道对审计师的影响的具体路径，即媒体通过“认知模式”和“显著性模式”等议程设置功能影响审计师的信息占有和风险因素权重判断。戴亦一、潘越、陈芬（2013）深入研究了地方政府质量、媒体监督和审计师变更三者之间的内在联系，首先，他们研究了媒体监督是如何影响审计师变更的，其次进一步分析了地方政府质量是如何影响媒体治理效应的，研究结果发现：①一旦公司出现较多的负面报道，上市公司更倾向于更换更高水平的审计师，提升自身的审计水平；②政府质量很大程度上决定着媒体监督作用的发挥，也就是说，由于地方政府质量较低，从而导致媒体监督对上市公司更换高质量审计师的影响将降低。周兰和耀友福（2015）发现，媒体对上市公司的负面报道水平、媒介环境发展程度与审计质量正相关，较强的政府干预会削弱媒体监督对审计质量的影响。吴伟荣和郑宝红（2015）则认为，媒体报道制造了公共舆论压力，又通过公共舆论压力对企业经济活动产生重要影响，从而对审计质量产生影响。孙坤和于洋（2016）将关注点更多地投向媒体监督对会计师事务所和注册会计师的影响，并结合声誉机制进行研究，通过实证研究发现，媒体监督审计质量的提高有正向的促进作用，同时媒体监督能够借助声誉机制对审计质量产生治理效应。张建平、余玉苗（2013）研究表明，财经媒体对上市公司的负面报道越多，审计师对其审计定价越高，但这一结论只适用于国有控股上市公司；而面对负面报道较多的上市公司，“四大”会计师事务所的审计定价就越高。因此，媒体报道的确影响了审计定价。吴伟荣等（2017）通过实证研究分析了媒体报道与审计质量的关系，研究发现，媒体报道与审计质量呈正相关，并且区分事务所类型和公司产权性质后发现，媒体报道对审计质量的影响程度在不同性质的事务所里产生不同程度的影响，通常对特殊普通合伙制的事务所的影响程度要高于有限责任制的会计师事务所，非国有性质的比国有性质的更加明显。苏运柱（2018）认为，媒体监督会引起政府监管部门的关注和介入调查，管理层损害投资者的自利行为有可能会被监管部门发觉，因此，管理层畏惧于法律制裁和行政处罚不敢贸然采取损人利己的行为，这也能达到外部监督的治理作用。彭桃英、邱兆东（2014）研究发现，制度环境较好的地区审计质量较高，媒体监督和社会舆论对于审计质量的提高影响巨大，尤其是负面新闻报道，能够极大地提升审计质量。褚剑（2016）通过实证发现政府审计能够有效约束央企高管的在职消费行为，并且作为一种外部治理机制，政府审计可以在治理水平更高、审计局的监管力度较强的上市公司中发挥出更加显著的影响。Jerry（2015）实证检验了媒体的监督作用，发现媒体监督与在职消费呈负相关关系，并进一步发现了地方性报纸能更早、更快地报道企业的违规行为，对在职消费的约束能力更加有效。耿云江等（2016）进一步发现高管超额在职消费是货币薪酬的替代方式，并且媒体监督能够缓解此替代性，且在国有企业中此削弱作用更为显著。因此可以说，媒体监督是当前我国制度发展不平衡的情况下，提高审计质量的一项有效的补充措施，在制度环境较差的地区，媒体监督更加能发挥作用。国内外关于媒体监督与审计意见的研究文献还比较少，尤其在媒体监督如何来影响审计意见的路径选择上没有比较公认的理论，这种影响机制的发挥还需要在更多的数据验证中予以确认。

2.3　内部控制相关文献回顾

随着《萨班斯—奥克斯利法案》的颁布，内部控制的概念在全世界得到了重视，尤其是其 404 条款中要求审计师要对公司治理的效果进行评价，也带来了内部控制研究的风靡。内部控制作为一种内部治理手段被正式地确立下来，也为后续内部控制经济后果的研究奠定了基础。因此可以说，内部控制职能的不断完善是与公司治理研究的发展分不开的，但是它作为内部的一种有效的制度安排从未被否认。

我国自 2008 年《企业内部控制基本规范》（以下简称《基本规范》）发布以来，财政部、证监会、银监会等五部委于 2010 年又联合发布了《企业内部控制应用指引》《企业内部控制评价指引》和《企业内部控制审计指引》（以下简称《指引》）这三项配套指引，上述政策法规的出台标志着我国内部控制规范体系的建设基本完成。在大环境的影响下，越来越多的上市公司都更加注重内部控制体系的建设，其标志性的事件是 2011 年我国 68 家境内外同时上市公司和 216 家内控试点公司以及部分非试点公司都按照上述规范要求逐步建立健全公司内部的内控体系，到 2012 年，主板上市公司和央企都开展了此项工作。2013 年已经全面实行《基本规范》要求，以上事件进一步表明了我国政府和企业对内部控制的高度重视，而我国的内部控制的信息披露也逐步从自愿披露到强制披露过度。

从上述的文献分析可以看出，媒体监督作为一种外部的治理机制，在影响审计意见的途径中，必须要依赖内部控制的运行达到改变审计师判断的目的，它成为了外部治理机制发挥的桥梁。本书在梳理相关文献的目的也正是为了发现内部控制发挥外部治理机制的途径，从而达到影响审计意见的效果。媒体监督的公司治理职能已被证实并广泛认同。为了找到媒体监督与审计意见的路径选择，进一步明确内部控制与公司治理、审计意见三者之间的内在联系，通过以下的文献支持本书的研究。

2.3.1 内部控制职能的发展

内部控制作为一项制度安排，其理论的认识发展远远落后于实践的发展，内部控制理论的归纳并没有达到审计学和会计学理论的高度，缺乏统一的概念结构和理论体系（李连华，2007），人们对内部控制职能的认识也是在实践的探索中逐步发展的。从内部控制理论的发展历程来看，人们对其职能的认识经历了几次比较重大的变化，内部控制的职能体现正从服务于审计角度向以完善公司治理和提高公司治理水平和效率的角度转变（杨有红、胡燕，2004），从而不断地适应资本市场的快速变化。总体来说，内部控制理论可以被分为四个阶段：内部牵制、内部控制制度、内部控制结构和内部控制整体框架，内部控制的职能也在每个阶段表现有所差异。

R. H 蒙哥马利在《审计——理论与实践》一书中提出“内部牵制”的概念，内部控制的职责表现在各职能之间的相互制约、相互牵制，这样可以最大限度地防止会计舞弊的可能性，这种单一的牵制职能是内部控制发展的雏形。随着生产规模和市场环境竞争的日益扩大，企业内部逐步形成了由组织结构、岗位责任、人员条件、业务处理程序、检查标准和内部审计等要素构成的较为严密的内部控制系统，这被称为内部控制制度。美国注册会计师协会（AICPA）于1949年首先提出了内部控制的定义：“内部控制包括一个企业内部为保护资产、审核会计数据的正确性和可靠性、提高经营效率、坚持既定管理方针而采用的组织、计划，以及各种协调方法和措施。”（AICPA，1949），这也体现了内部控制作为公司的一种内部制度设计，通过一系列的控制程序实现组织目标，提高经营效率，其管理学概念被普遍认可。随着对内部控制理论从一般化演变为具体内容，就进入了内部控制结构阶段，从而将内部控制执行的一系列政策和程序具体分为“控制环境”“会计制度”和“控制程序”三个结构，内部控制在具体操作层面有比较明晰的概念，也首次强调了管理者与内部控制程序执行的有效结合，其管理理念和对风险的了解也成为了控制的关键。这也为内部控制框架阶段的发展奠定了基础。COSO委员会1992年发布，1994年增补的《内部控制——整体框架》报告，是内部控制框架开始的标志性事件，甚至可以被看作内部控制研究领域的一座里程碑。2000年，全球许多大型公司会计丑闻的曝光，美国管理当局随即颁布萨班斯法案（sox法案），将内部控制带入了一个新的高度，该法案404条款规定公众公司管理当局必须对企业内部控制的有效性进行有效披露，注册会计师对内部控制的审计成为必须的要求，也是上市公司一项必须执行的程序。而COSO在2004年颁布的《企业风险管理整合框架》中，又融入了风险管理的理念，更加完善了内部控制的程序，对内部控制整体框架进行了扩充，增加了目标制定、事项识别、风险反应三个要素，被称为内部控制“八要素”。这种框架的修正和改变，扩展和细化了内部控制概念，更加注重企业所处环境风险，也为企业公司治理的完善提出了新的角度。至此，内部控制作为公司质量的一项有效手段被最终确立下来，在提升公司治理水平，提升企业经营能力，增加企业经济效益等方面开始发挥重要作用。《风险管理整合框架》更加强调内部控制在保证各项经营目标的主动作用，识别可能会影响企业经营的潜在事项，使其管理风险得到有效的预防和控制，使得内部控制更有力、更广泛地关注于公司治理的各个方面，积极应对企业经营的风险。可以认为，企业内部控制是在企业内外部环境不断变化的情况下应运而生的，它既是企业提升内部管理水平的需要，也是外界增加对企业监管的需要，是企业实现自我检查，保证企业高速运转的生态系统，是公司治理必不可少的治理工具。

随着《企业风险管理整体框架》《企业内部控制基本规范》等法规的出台和完善，内部控制在企业治理中的重要作用已经被广泛认可，其对企业的指导和保障作用日益凸显，是公司发展必备的执行系统。作为公司内部治理的基石，许多研究学者分别从系统学、经济学、组织学等阐释内部控制的内涵，希望从中找到内部控制公司治理的职能体现，从而将内部控制的公司治理职能被不断地挖掘。程新生（2004）以委托代理理论和组织行为学为研究基础，试图解释公司治理、组织结构和内部控制三者之间的内在联系，并提出建立治理型内部控制机制的建议，在这种制度安排下，科学决策和经营效率是其核心，而关键的纽带是决策机制、监督机制等。杜鹏（2015）通过分析公司治理、内部控制、组织结构之间的关系，试图解释三者之间的内部关联，并提出建立治理型内部控制机制的建议，用组织结构来平衡公司治理，通过合理设置组织机构来建立内部控制，并且建立完善决策与监督机制等等。刘凤娟（2017）认为一味地谈内部控制忽视公司治理是不现实的，只进行公司治理不实施内部控制也是不可行的，二者虽存在差异，但又相互影响、相互促进。她认为，内部控制和公司治理具有互动性，并且在目标上具有衔接性。唐慧捷（2019）首先提出了内部控制的重要性，分析了内部控制目前存在的问题，并且提出了内部控制在企业中稳健发展的建议完善制度、培养忠于企业的管理人才，通过技巧学习实现内部控制的跨越式发展。李志斌、章铁生（2019）在系统梳理国内外文献的基础上，提出界定内部控制内涵是研究的基本原点，内涵决定了内部控制的范围和深度，是评价内部控制有效性的基础。黄海兵、贺妮馨（2018）认为企业内部控制建设包括“点”“线”“面”“体”“链”“网”“云”“雾”八个层级，由简到繁，依次递进扩展，不同层级内部控制所能发挥作用的范围和层次也有差异，希望这八个层级的提出可以帮助提高企业内部控制，更好地进行风险管理。

2.3.2　内部控制质量与审计意见

潘芹（2011）的研究表明，作为保证财务报告可靠性的一项重要制度，内部控制制度可以极大地降低出现错报的可能性，降低经理人机会主义行为的概率，确保财务报告的安全。若要保证内部控制建设的效果，从审计师的角度来分析是较为可行的途径，这是由现行的审计准则所决定的，审计师在签发审计意见之前，需要通过审计来获取相应的审计证据。因此，审计师的职业判断和审计计划的实施都是建立在企业内部控制体系基础之上的，并最终作用于审计意见的签发。

在《萨班斯法案》颁布之前，国外学者普遍认为内部控制质量与审计师行为之间无相关关系（Mock and Wright，1993；Hackenbrack and Knechel，1997）。自《萨班斯法案》颁布以来，内部控制问题就成为学术界研究的热点。SOX 第 302、404 条款中明确要求，上市公司必须每季度对其内部控制状况进行评估，要求上市公司必须聘请专业的审计师对公司内部控制报告进行审计，并出具真实可靠的审计意见。可以认为，内部控制是外部审计机构进行审计并出具审计意见的基础，在现代审计理念中，资本市场对企业财务信息质量尤为关注，因此，审计师对企业内部控制制度的关注度也就更高。Ashbaugh—Skaife 等（2008）的研究认为，公司管理层是基于内部控制的基础上对企业的财务会计信息进行判断，一旦内部控制制度效果较差甚至失效，很可能给管理层决策带来干扰，一旦因为管理层对会计信息的判断失误而导致决策的失误，必然将影响到公司的盈利质量。同时，内部控制制度出现漏洞可能造成的恶果还包括：一是导致财务报表出现错误的机率增大，发生欺骗行为的可能性提升；二是这些高风险环节更有可能被重点审计。因此，一旦公司的内部控制制度出现缺陷，审计师很容易发现财务报告中存在的问题，而通过管理层与审计师的协商虽然能够对错误进行弥补和修复，一旦出现无法弥补的错误，审计师很可能会出具非标准的审计意见，在这种情况下，管理层如果通过提供虚假信息来修饰财务报表，就大大降低了财务信息的真实性和可靠性（Doyle et al.，2007；方红星，2012）。Doyle 等（2007）在研究内部控制缺陷和审计意见两者之间的关系中发现，内部控制的缺陷往往会导致会计噪音的出现，进而导致财务报表中估计和记录不准确的情况，很容易引起注册会计师对信息的怀疑，并出具非标准审计意见。Randal Elder（2008）以《萨班斯 404 法案》为背景，分析了内控缺陷、审计费用、非标准审计意见和审计准则之间的内在性关系，结论表明，内部控制的缺陷导致的一项严重的后果就是公司审计费用的巨额花费，同时审计是因此而出具非标准审计意见的可能性也在增加，而审计师在对存在内部控制缺陷的公司进行审计时，更倾向于采用更加严厉的审计准则，而且采用审计方法和出具审计意见时会更加谨慎。Hogan 和 Wilkins（2008）研究认为，对于内部控制质量较好的公司，审计师会选择性地减少审计测试，相反，对于那些内控质量较差的公司，审计师处于谨慎的考虑，必将扩大审计的范围，花费更大的精力，在这一过程中往往会导致公司更多内部缺陷的暴露，进而导致非标准审计意见出现的概率加大。在实证研究内部控制强弱的过程中，众多选择都选择了从内部控制质量、内部控制披露以及内部控制有效性等方面来进行研究，而内部控制的强弱直接影响到审计风险的强弱以及会计信息是否可靠，而这些都是审计师出具审计意见的基础性条件（杨群辉、王玉蓉，2011；秦娜，2011；牛艺琳，2010；李明辉、何海、马夕奎，2003；蔡春、杨麟，2005；肖成民、李茸，2012）。Patterson 和 Simth（2007）在建立理论研究模型的基础上，研究了在萨班斯法案颁布之后，审计师的工作强度和内部控制的关系是如何变化的，研究结论显示，审计师会根据内部控制的现状来合理分配资源，即将主要精力在符合性测试和实质性测试两者之间进行合理分配。Krishnan（2005）研究了内部控制质量与审计意见的关系，他认为内部控制质量会直接影响到会计信息，而经过传导效应，审计师会根据会计信息出具相应的审计意见，显而易见，对于那些内部控制较差的上市公司，审计师出具非标准审计意见的可能性将大大增加。章雁、周艳秋（2013）通过实证研究，发现公司内部控制信息披露与审计意见的类型两者之间呈现出显著的正相关关系。徐玉霞、王冲（2012）实证结果发现：企业内部控制越好，越容易被收取更低的审计费用；同样，内部控制越好的企业自然更容易被审计师出具标准审计意见，表明内部控制可以影响审计师审计意见的出具。敖慧、郭彩虹（2018）以我国电子设备制造业上市公司数据为样本，使用功效系数法和熵值法，研究内部控制质量对企业绩效的影响。结论显示：内控质量指数与企业绩效呈显著正相关关系。陈会明（2019）发现当内部控制有效时，管理层行为受内部控制影响作出有利于企业绩效增加的行为；当内部控制失效时，管理层行为凌驾于内部控制之上，会出现不利于企业绩效增长的行为。

汤慧、李登明（2019）通过研究 2015—2017 年江苏省上市公司内部控制非标审计意见的总体变化情况，并对其内部控制审计非标准意见的出具原因进行具体分析，得出：否定意见的逐年增多从一定程度上反映了会计师事务所能够合理确定审计范围和重点审计领域，严格实施控制有效性测试，有效识别、评价内控缺陷，形成恰当的审计意见，如实出具内控审计报告；另外，带强调事项段无保留意见对部分信息界定不明确以及存在“避重就轻”的问题，这会给报表使用者带来不确定性，使得审计流于形式。周明东（2019）通过分析内外部审计的关系，发现二者相互影响、相互支撑，两者有效整合，才能对审计工作起到系统化、全面化和科学化的作用。对于我国当前的证券市场来说，仍然普遍存在着审计市场不成熟，审计质量较低的问题，在这样的环境下，上市公司进一步完善内部控制体系就显得更加重要。张继勋等（2011）研究发现，投资者通过上市公司的信息披露来决定其投资方向，而主动披露内控信息，则会提升投资者投资的可能性，而这一切都来源于审计意见的类型。陈丽蓉、郭道芝（2013）研究发现，披露内部控制自我评价报告或者进行内部控制审计的公司更不容易收到非标准审计意见的审计报告，这表明内部控制基本规范及其配套指引在提高上市公司财务报告质量方面是有效的。崔玉卫、王静静、周平根、代蕾（2019）以沪深上市公司 2016 年上市公司数据为基础，研究了上市公司内部控制非标准审计意见，存在关联方交易的识别和披露、重大交易的审批程序和披露、资金管理、成本管理、对重大会计估计的评估等方面的问题。而中小板和创业板由于没有内部控制审计的强制要求，披露内部控制审计的比例较低。崔玉卫、王静静、周平根、代蕾（2019）通过研究 2016 年数据发现：披露内部控制审计报告的上市公司逐年增加，但非标准审计报告比例仍较低，仍然存在着形势不统一的问题。宋建波、张湜（2018）通过分析 A 股上市公司数据，得到结论：上市公司内部控制审计被出具非标准无保留意见的概率与企业盈余管理程度正相关，并且当上市公司财务报表审计意见为标准无保留，而内部控制审计意见非标时，反映出更高的会计信息违规披露概率，说明风险评估、信息披露与内部监督呈现显著相关关系。

相比较而言，国外关于内部控制审计意见的范围更加广泛，但共同点在于都是基于萨班斯 302 法案或者 404 法案进行讨论，在梳理国外文献的过程中发现，学者普遍认为，良好的内部控制审计意见是建立在良好的制度设计和彻底的执行基础上的，而这也是投资者进行投资行为最看重的因素。William R. Kinney（2011）研究 2003—2008 年度上市公司主动披露的内部审计意见和注册会计师出具的审计意见发现，内部控制存在缺陷的上市公司在审计费用方面的花费远远高于那些内部控制健全的上市公司，而且即使上市公司不主动披露其内控缺陷，投资者还是可以通过其他途径获取相应的信息。Stephen Kwamena Aikins（2011）研究发现内部控制审计意见在诸多方面都发挥着积极的作用，它不仅能够提升企业的财务管理水平，而且在向金融机构贷款中也是有力的武器，银行更愿意将贷款发放给那些出具标准的内部控制审计意见报告的公司。

2.3.3 内部控制自我评价与审计意见

《SOX 法案》要求上市公司必须强制披露其内部控制的信息，使得上市公司必须接受公众的监督，进而增强了投资者对美国资本市场的信心。同时，出于以往的教训，该法案对于财务舞弊的行为进一步加大了处罚力度，迫使上市公司不敢进行造假，并进一步完善内部控制制度，投资者也因此能够得到更加全面、真实的信息，更好地指导其投资行为，并持续增强投资者对内部控制和公司治理的信心。内部控制自我评价能够释放公司治理的有效信息（Ashbaugh—Skaife. etl. ，2007；杨有红等，2009），提供公司内部控制帮助审计师判断公司内部控制是否存在问题，这可以作为审计师出具审计意见的依据。

在内部控制信息被要求强制披露之后，对于内部控制质量的评价发生了巨大的改变，在此之前，学者们主要是内部信息披露的角度来评价内控质量，而在此之后，内部控制缺陷披露则成为评价内控质量的主要方向，那些自愿披露内部控制信息的上市公司向资本市场传递着一个积极的信号，即内部控制整体状况良好，审计师也倾向于出具标准的审计意见。随着 SOX 法案以及我国的《企业内部控制评价指引》等法规的颁布，内部控制制度在全世界范围内都成为焦点，尤其是内部控制缺陷的披露成为内部控制披露的核心，它是企业管理层对外界释放的信号，反应了企业自身对内部控制的一种态度，虽然没有得到外部审计的确认，但是对外部审计提供了重要的参考。

关于内部控制缺陷的分类以及评价标准文献较多，基于内部控制缺陷对于公司的日常经营活动以及公司业绩的重大影响，针对内部控制缺陷的研究也就越发的现实和准确。披露内部控制缺陷信息的公司，盈余管理行为往往普遍存在，盈余质量较低（Doyle et al. ，2007；Ashbaugh Skaife et al. ，2008；Chan et al. ，2008；Lu et al. ，2011；Goh and Li，2011）。Goh 和 Li（2011）发现，内部控制缺陷直接影响到上市公司的盈余稳健性，两者之间是正相关关系，缺陷越明显，稳健性就越差，而内部控制越完善，企业的盈余稳健性会得到极大的改善。齐堡垒、田高良和李留闯（2010）的研究则认为，内部控制的缺陷会导致公司会计稳健性和应计质量的降低。Ge 和 McVay（2005）的研究显示，内部控制中的实质性漏洞受到多重因素的影响，包括有缺陷的收入确认政策、职责划分的缺失、期末报告程序及会计政策的缺陷等。Bryan 和 Lilien（2005）研究发现，一般规模较小，业绩较差的公司均存在内部控制的实质性漏洞。Jeffrey Doyle 等（2007）存在实质性漏洞的公司一般具备以下几个特点，即规模较小、存续时间较短、财务状况不佳、经营复杂、处于快速增长期的、进行组织结构调整等。同时，披露内部控制缺陷会集中体现在资本市场，股票价格、权益价值都会受到该信息的影响，且是负面影响（Zhang，2007；Hammersley et al.，2008；Beneish et al.，2008；Kim and Park，2009）。同时，Lopez et al（2009）和 Bargeron et al（2010）都指出，内部控制缺陷的披露可以有效降低信息不对称所造成的负面影响，保证投资者的信息通畅，同样也会影响到审计师审计意见的出具。Ashbaugh—Skaife 等（2007）的研究表明，内部控制缺陷的披露并不可怕，随着缺陷的修补完成，公司的应计质量会得到显著提升，内部控制审计意见的变化会直接作用于应计盈余质量，两者呈同方向变化趋势。项苗（2012）以内部控制缺陷作为解释变量，将其划分为 18 种类，研究了这 18 种缺陷与财务报表审计意见之间的关系。马玉红（2016）发现越来越多的审计人员愿意出具非标准审计意见，并且存在内控缺陷与出具非标准审计意见的企业成正比例出现。罗忠连（2017）研究发现内部控制审计与财务报表审计质量之间存在正相关性，内部控制审计报告披露比例越高的板块公司，内部控制机制越完善，其财务报表审计质量越高。李杭（2019）通过分析得出内部控制审计报告与财务报表审计报告之间是相互影响和关联的，公司内部控制质量正向影响着注册会计师发表的标准无保留审计意见。

由上可知，由于《SOX 法案》的强制规定，国外上市公司关于内部控制缺陷的披露已相当成熟，相应的关于这方面的研究成果也非常丰富。与此相比，我国在内部控制建设中仍在一定的问题，国内关于这反面的研究虽然不少，但还没有形成完善的评价体系。由于内部控制缺陷的认定标准以及分类的困难，导致了关于内部控制缺陷的实证研究很难展开，随着《企业内部控制配套指引》的实施，进行内部控制缺陷的实证研究成为可能，提出政策建议等研究将进一步深入。

2.4　审计意见文献综述

在审计治理效应的研究中，用审计意见类型衡量公司治理效果的是一种主要的方法（薄仙慧、吴联生，2011），审计意见建立在公司财务状况和公司治理的基础之上（Lennox，2000；吴联生、谭力，2005），而审计意见影响因素是学者研究审计意见出具的主要途径，其中认为财务指标、公司业绩、资产规模以及盈余管理成为审计意见形成的最直接依据（Bao 和 Chen，1998；Johl 等，2007；田利军，2007；刘继红，2009；汪瑶，2012；蔡映雪等，2009）。Lennox（2000）认为，作为重要的财务指标公司业绩、财务杠杆和现金流量直接影响着审计意见，具体来说，公司业绩越好，非标准审计意见被出具的可能性就越低；而财务杠杆与非标准审计意见之间显然存在正相关关系；充足的现金流直接表明公司良好的财务状况，出具非标审计意见的可能性就低。Lennox 和 Kausar（2017）发现当上市公司业绩不稳定和经营风险高时，审计师往往会发布非标准审计意见，以警示投资者，同时也为了避免自身审计声誉的损失。Shackly（1981）和 Knapp（1985）的研究结论都表明，会计师事务所的规模也会影响到审计意见的独立性，并影响到审计意见的类型。Teoh 和 Wong（1998）研究发现，为事务所的规模与其审计意见质量呈现正相关关系。李维安、王新汉等（2005）认为盈余管理的存在使得企业内外信息不对称性加强，加大了审计师的审计风险，导致审计师向盈余管理程度高的公司出具更多的非标准审计意见。刘继红（2009）的研究表明，盈余管理与审计师从出具非标审计意见的可能性正相关，作为专业的审计师，能够对公司的盈余管理有一个清晰的认识，因此出具非标审计意见。Francis 和 Krishnan（1999）以美国上市公司为研究对象，通过抽取大样本数据，得出应计利润较高的公司，被出具非标审计意见的可能性也越大。Chen et al. ,(2001）以 1995—1997 年间所有上市公司为研究对象，以“保牌”（净资产收益率大于零、小于 1%）和“配股”（净资产收益率大于 10%、小于 11%）作为测量指标，研究非标审计意见和盈余管理之间的关系，结论为显著正相关关系。章永奎和刘峰（2002）同样研究了两者之间的关系，也得到除了同样的结论。蔡春等（2005）认为，公司内部管理的质量比如资产规模、是否被 ST、资产负债率和总资产周转率等和事务所规模是影响上市公司审计意见的主要因素。也有学者从外部审计行为本身来分析审计意见的出具，涉及审计收费、事务所规模等。许多学者认为“四大”与“非四大”会计师事务所在发表非标意见上有倾向差异（夏立军、杨海斌，2002；原红旗、李海建，2003；李爽、吴溪，2003）。于鹏（2007）检验国际“四大“与“非四大”会计师事务所在出具审计意见类型的差异。研究结果显示，“四大”与“非四大”会计师事务所在出具非标审计意见中并没有特别显著的差异，但是如果从上市公司的具体特征来看，两者之间仍然存在着显著的差异。韩雅芳等（2017）通过实证研究发现审计师个人的经验越丰富，越有可能对高审计风险的客户出具非标准意见，这种关系在项目负责人方面尤为明显。张敏、冯虹茜、张雯（2011）研究发现，在上市公司内部，如果机构投资者持股比例较高，他们更倾向于聘请大型会计师事务所进行审计，而得到清洁审计意见的可能性也越大。普桂华、余为政、张晶（2007）发现，会计师事务所也会根据客户的类别出具不同的审计意见，一般来说，相对较小的客户被出具非标准审计意见的可能性就越大。曾建光（2014）研究表明，会计师事务所拥有本科及以下学历的 CPA 比例越高，事务所出具非标意见的概率就越低；反之，事务所出具非标意见的概率就越高。唐跃军（2008）认为审计委员会的独立性和勤勉程度会影响外部审计师的判断，从而影响审计意见的出具。近年来，环境不确定和或有事项也引起了学者的关注，其对审计意见的影响研究也在受到关注。王爱国、尚兆燕（2010）认为法律惩戒在注册会计师行业监管中扮演着重要角色。注册会计师担心受到法律的惩戒，更愿意出具非标审计意见的可能性越大，法律因素是他们在作出审计判断时的一个重要考虑因素。申慧慧、吴联生、肖泽忠（2010）发现由于环境的不确定性，审计师出于降低风险的考虑，更愿意出具非标审计意见，从而降低风险对其自身可能带来的损失，进一步研究表明，环境不确定性对国有企业的影响较小，从而导致审计师在环境不确定的情况下，对国有企业出具非标审计意见的意愿较低。冯延超、梁莱歆（2010）的实证结果发现，在不考虑其他因素影响的情况下，上市公司的法律风险与审计收费之间呈显著的正相关关系，同样与非标准审计意见显著正相关。张俊瑞等（2015）实证研究表明，存在未决诉讼的上市公司被出具非标准审计意见的可能性更大，而审计收费、涉诉金额都会影响到非标审计意见，即两者之间正相关，而从未决诉讼公司的法律地位来区分，发现被告方更易被出具非标准审计意见。王晓军（2017）认为上市公司对外投资程度越高，被出具非标准审计意见的概率越大。郑焱（2019）认为收到非标意见的上市公司会被监管者更加严格地关注，很难获得投资者的青睐，增加了公司的融资成本，管理层的薪酬和声誉也会因此受到不利的影响，给企业经营绩效带来了冲击。刘利钊（2018）实证研究分析发现，非标准内部控制审计意见对非标准财务报表审计意见显著正影响，未披露内部控制审计意见和非标准财务报表审计意见之间具有正相关关系，内部控制信息披露指数对非标准财务报表审计意见显著负影响。陆正飞等（2016）将与盈余管理有关的业绩波动部分定义为盈余管理信息风险，进而发现盈余管理信息风险会提高上市公司获得非标准审计意见的概率。权小峰等（2016）认为投资者关系管理绩效通过信息途径和代理途径，提高企业内部控制的质量，进而有效控制审计的总体风险，大大降低了审计师出具非标准审计意见的可能性。

2.5 文献评述

从大量文献回顾可以看出，媒体监督、内部控制以及审计意见的研究都相当的丰富和广泛，尤其是媒体监督作为一种新兴的监督与治理模式，在理论和实践界都得到了普遍的认可。由于其监督与治理职能的不断被挖掘和证实，也必然会在资本市场中更好的得到验证。审计意见作为外部审计效果的体现，也充分反映了公司治理的效果。

尽管媒体监督的治理功能被逐步挖掘，媒体监督与审计意见的影响也得到了部分的实证，由于媒体监督并不能直接反映公司治理水平，在媒体监督对审计意见的传播路径上，并没有普遍认可的观点。国外学者认为媒体监督主要通过声誉机制约束公司治理行为，已达到披露公司内部控制缺陷的目的，进一步影响审计师对公司财务状况的判断。这种影响机制较为简单，媒体监督能够充分地披露公司财务信息，影响审计师对风险的判断。但是这一机制在我国被证实并不显著，这是因为我国主流媒体全部为国有股权性质，媒体具有很强的政府色彩，在信息披露过程中带有明显的政策倾向性，所以要针对我国的具体国情来挖掘媒体监督治理职能的发挥。而且，由于审计意见的出具依靠审计师对风险的判断，审计风险又来源于公司的内部控制运行状况，这就要求我们重视内部控制在媒体监督对审计意见影响中的作用，这在文献中并没有得到体现。

尽管关于内部控制对审计意见影响的实证研究异常丰富，结论也基本得到了证实，但关于内部控制的衡量标准和评价依据存在较多的不一致。一方面，在所有的关于内部控制对审计意见的研究中，内部控制用内部控制质量、内部控制有效性、内部控制披露等角度进行变量定义，没有一个被广泛认同的变量。另一方面，国内外关于内部控制评价呈现出多种多样的形式，对于如何衡量内部控制指数的问题也存在着争议，呈现出百花齐放的局面，但是，哪一个指数更能够合理地评价内部控制的效果还有待验证。

值得一提的是，不论是对于内部控制还是对于媒体监督的经济后果的研究，国内外存在着一定差异性。2000年，《萨班斯法案》就已经明确要求上市公司聘请相关专业机构对内部控制进行专业评价，以获取合理的保证。从而内部控制有了公开的信息，内部控制的相关研究也随之展开。但是我国对内部控制的重视程度较国外晚，内部控制的研究也在一定程度上具有滞后性，且研究深度不够，许多也是在借鉴和模仿国外研究，缺乏考虑中国特有的社会背景下的研究。由于国情不同，中国媒体监督职能的发挥也呈现出一定的特殊性。同时，我国上市公司大多为国有控股公司，审计市场体现更多的是买方市场，会计事务所从事外部审计活动的独立性不强，审计意见的出具也可能会受到一定程度的影响。

随着我国《内部控制基本规范》以及《内部控制基本规范指引》的颁布，我国逐步分阶段要求上市公司聘请专业机构对内部控制进行评价并出具内部控制审计意见，这对内部控制的研究来说，是一个较新的领域，尤其是内部控制审计意见的出具，我国的外部审计部门也在不断地摸索中前进。现有的研究文献还较少，大多数还只是针对内部控制审计报告类型、报告形式等进行简单的统计比较分析，内部控制信息在公开市场上的影响还没有得到验证和体现。因此，对于内部控制审计意见的研究必将成为热点问题，也是将来从事内部控制经济后果研究人员的一个主攻方向。

将内部控制作为桥梁研究媒体监督和审计意见，从审计本身的角度关注于治理机制的发挥，是一种新的尝试。

2.6 本章小结

本书围绕媒体监督、内部控制与审计意见的关系研究，必须要厘清三者的概念界定。在本书中，“媒体监督”表现为媒体对上市公司相关负面报道，并认为媒体具有治理的作用。内部控制作为公司治理的一项重要的制度安排，其本质上是一项企业管理活动，并真实地反映企业的治理水平。ERM框架下的内部控制，体现了现代企业一种动态管理活动，是实现企业经营目标、保证企业财务安全、遵守法律法规规定的重要保障。内部控制自我评价的披露，帮助利益相关者更加全面地掌控内部控制的运行状况，并促使管理层对相关管理漏洞进行自我改进。通过剖析全样本下上市公司审计意见类型，掌握审计意见出具的趋势，并全面反映我国上市公司审计意见的现状。

本章在回顾媒体监督的相关文献下，阐述了媒体监督与内部控制的关系、媒体监督与外部审计的关系，验证了媒体监督治理职能。首先，通过对媒体对资本市场的作用可以发现，媒体天然具有制造舆论压力、披露公司信息的功能，媒体披露的信息往往能够被广泛关注，尤其随着网络时代信息传播的快速性，媒体能够解决信息不对称问题，给投资者提供有用的信息。作为公司的外部治理手段，媒体监督也在改善公司治理行为，提高董事会效率等方面发挥着重要作用，尤其是在影响公司内部治理上，具有非常重要的作用。其次，从外部审计角度综述了媒体监督与审计意见的关系，证明媒体监督影响审计师对风险的判断，基于风险评估和实质性程序基础上做中的审计风险调整，将影响审计意见的出具。

随后本章回顾了内部控制与审计意见的相关研究，首先对内部控制职能的演变进行了梳理，随着人们对内部控制理论的不断认识，也对内部控制的职能进行了思想变革，尤其是风险管理思想的深入，人们更加关注与内部控制在企业风险中的预防和改善作用。其次，对内部控制与审计意见的文献进行分析，内部控制被认为是公司治理的有效机制，通过影响风险评估以及实质性程序来影响审计师的判断。为了更加明确地反映内部控制评价效果，本章从内外部两个角度阐述了内部控制与审计意见的关系，一方面基于风险管理整合框架下糅合相关指数来反映内部控制质量；另一方面从企业自我控制评价的角度出发，实现内外部对内部控制运行状况的全面反映，能够更好地体现公司治理水平。本章又将审计意见拆分为财务报告审计意见和内部控制审计意见，分别进行关系的阐述，不仅扩展了审计意见的种类，也反映了外部审计的工作成果。

最后，本章在梳理和回顾审计意见相关文献的过程中，重点分析了各种因素是如何影响审计意见的，无论是审计行为本身，还是社会坏境的影响，都会对审计意见产生一定的影响。这不仅丰富了审计意见的理论研究，也是人们更加认识到审计师对审计工作的具体开展，以及审计师对风险的判断标准，有利于提高审计质量，并使公司充分接受来自外界的影响与自身的不断完善，更加关注于外部审计的经济后果研究，并为审计实务提供有用的理论基础。

尽管本章对相关的文献进行了归纳总结，但是本章认为在媒体监督影响审计意见的传播路径上，还有待于通过本书的研究予以扩充，尤其是内部控制作为整个影响机制中的中间环节，其作用非同小视。

审计意见及报告披露现状分析

根据公司财务状况出具财务审计意见是注册会计师行业产生的一项必要工作。随着注册会计师行业的发展，财务审计意见的出具在报告形式以及报告内容上有着很大的变化，随着外部环境的不断变化，注册会计师审计也在摸索中寻求评价公司财务状况的最优途径，通过合理、有效的审计程序真实地反映公司的治理水平以及评价管理层行为，并通过独立的财务审计意见予以反映。《企业内部控制基本规范》和《企业内部控制应用指引》等18项应用指引以及《企业内部控制评价指引》《企业内部控制审计指引》等一系列配套指引的出台，标志着我国对企业内部控制的评价也已经走上了规范之路。实行《基本规范》和相关配套指引的上市公司，也应当对内部控制的有效性进行自我评价，披露年度自我评价报告，同时应当聘请具有证券、期货业务资格的会计师事务所对财务报告内部控制有效性进行审计并出具审计报告。从时间上来看，上市公司的内部控制信息披露已经进入了强制披露阶段。作为上市公司披露内部控制信息的一种重要形式，内部控制自我评价报告和内部控制审计报告能够提供关于内部控制较为全面完整的信息，既能够使利益相关者了解上市公司内部治理和管理的规范化程度以及风险管理能力，满足投资决策的需要，还能够使上市公司管理层进一步重视内部控制的建立健全。

财务审计意见、内部控制审计意见以及内部控制自我评价作为评价财务信息以及内部控制的有效结论，体现了公司内外部评价的最终结果。为了更能够深入地研究相关治理机制的治理效果，有必要对相关审计意见的发展历程以及意见类型进行分析，结合国内外关于审计报告的出具标准，尤其针对我国近年来所颁布的相关外部审计政策法规的制度背景，对财务审计、内部控制审计以及内部控制自我评价进行对比分析，探寻三种审计类型的审计对象、范围以及内容的不同，为后续的实证研究提供理论基础。

3.1 审计与评价报告相关政策规定回顾

随着人们对财务信息披露的重视，通过审计的专业手段也成为人们获取财务信息的重要途径。本章节从政策的制定角度对美国以及我国财务审计报告、内部控制自我评价报告以及内部控制审计报告的发展演变历程进行梳理，通过了解审计结论出具的具体实施要求的变化，从而全面了解审计意见出具的具体标准。

3.1.1　财务审计报告

南海公司破产事件开启了民间审计的发展，会计师查尔斯·斯内尔（Charles Snell）应英国政府委派所出具的第一份审计报告成为了财务审计报告的开端，也拉开了独立审计报告的序幕。审计报告被认为是审计工作的结果体现，且审计报告和审计意见的形成经历了一个初步探索到成熟的过程。

1. 标准审计报告的形成期

在标准审计报告确立之前，各国审计报告呈现出多样化态势，审计结论也过于绝对化。以美英两国最为典型，会计师通过专业的权威性，对财务状况进行评价，以“我们保证”“我们证明”等方式出具审计意见，报告的格式也比较随意，完全按照会计师的方式来撰写相应审计结论。1933年，为了应对经济危机以及证券市场对经济信息的迫切需要，美国相继颁布《证券法》《证券交易法》，要求公司财务报表都必须接受注册会计师审计并出具审计报告，AIA（The American Institute of Accountant）与纽约证券交易所（NYSE）合作于1934年出版了《公司报表审计》，其中就包含了为集团推荐所用的报告。这一推荐报告对审计报告进行了格式的规范，并为业界所广泛认可和推广。这份审计报告被认为是“审计报告结构中的革命性飞跃”，我们现在所出具的审计报告，都是以这份报告为雏形，它规范了相应的审计格式，也对审计意见的出具使用了较为合理的措辞，抛弃了绝对化语言，使用“公允反映”“合理保证”等词语，对会计师出具审计意见的责任也进行了明确。1939年，由AIA下设的审计程序委员会（the Committee ofAuditing Procedure，CPA）发布《审计程序说明第1号》（SAP1），SAP1的标准审计报告将范围段和意见段分开，并有专门措辞，也形成了出具审计意见段的开端。随后，AIA又对审计意见从“实际撰写”改为“确定审计意见类型”，对不同形式的审计意见类型进行规范，也形成了特定审计意见段，是财务审计报告历史上重大的变革。

2. 国际标准审计报告确立期

第二次世界大战结束后，在国际大融合的趋势下，国际会计师联合会（International Federation of Accountants，IFAC）应运而生，随后国际会计师联合会IFAC设置了国际审计实务委员会（IAPC），开始制定国际审计准则并逐步推广，从而拉开了国际审计报告准则制定和发展的序幕。1983年，IAPC（2001年更名为国际审计与保证准则委员会，IAASB）发布了《国际审计准则ISA13——审计师关于财务报表的报告》，对审计报告进行规范，标志着国际标准审计报告的基本确立。1994年IAPC对国际审计报告准则进行了第一次修订，发布了《ISA700审计师关于财务报表的报告》，2004年又发布了新修订的《ISA700——关于整套通用目的财务报表的独立审计师报告》和《ISA701——非标准无保留意见独立审计师报告》取代原ISA700，确立了新的审计报告的格式和内容。为了增强不同地区审计报告的一致性，2005 年 IAASB 又将 ISA701 一分为二，将对审计意见的修改归入《ISA705——对独立审计报告意见的修改》，对审计报告中的强调事项段和其他事项段的规范则归入《ISA706——独立审计报告中的强调事项段和其他事项段》。ISA700 主要是为标准无保留意见的审计报告建立标准和提供指南，而 ISA705 和 ISA706 则是对其他类型审计报告的规范。ISA705 中对财务报表审计的定义为：财务报表审计的目标是使审计人员能对财务报表是否在所有重大方面按照适用的财务报告框架编制发表意见。审计人员需要评价从收集的审计证据得出的结论以作为发表意见的基础。ISA705 和 ISA706 分别对非标准审计意见的出具进行了详细的认定，其中包括非标准意见出具的依据和重要性判断，为审计时出具审计意见提供了参考。

我国审计准则一直在模仿和学习国际准则的制定标准。1995 年和 2003 年相继发布《独立审计具体准则第 7 号——审计报告》及其修改稿，对标准审计报告格式和内容作了明确规定。这一准则的制定迈出了我国独立审计准则的第一步，经过 1995 年和 2003 年两次变迁后，我国审计报告准则无论在审计理论与审计思想方面，还是在审计报告的格式、内容、措辞方面，均与 2001 年的原 ISA700 相协调，紧跟国际准则的要求。2006 年财政部在发布新的会计准则的基础上也制定了新的审计准则，即《中国注册会计师审计准则第 1501 号——审计报告》和《中国注册会计师审计准则第 1502 号——非标准审计报告》，更加明晰了被审计单位管理当局对会计报表的责任和注册会计师的审计责任，并将审计报告类型划分为标准审计报告和非标准审计报告，对注册会计师出具非标准审计报告的特殊规范等内容进行了细化。随后，财政部在 2010 年又发布了新修订的《国家审计准则》，并于 2011 年正式实施。新的审计准则提高了审计报告的可读性和可理解性，尤其是对非标准意见报告的措辞进行了规范，使报告使用者能够更加通俗的了解审计报告内容。新审计准则规定，当其他法律法规要求在审计报告中披露相关事项时，可单独增加段落——“按照相关法律法规的要求报告的事项”。使审计师在出具相应审计意见时，能够更加关注于财务信息之外的有用信息。我们用表 3 - 1 来简单阐述财务审计报告以及准则的重要发展历程。

表 3 - 1　　国内外关于财务审计报告的相关规定汇总

国际审计准则对财务审计报告的规定汇总			
颁布年份	出具机构	规定名称	主要贡献
1934 年	AIA 和 NYSE	《公司报表审计》	规范了审计格式，审计报告的雏形
1939 年	CPA	SAP1《审计程序说明第 1 号》	范围段和意见段分开，形成了特定审计意见段
1983 年	IAASB (IAPC)	《国际审计准则 ISA13——审计师关于财务报表的报告》	标志着国际标准审计报告的基本确立
1994 年	IAASB	《ISA700 审计师关于财务报表的报告》	为标准无保留意见建立标准和提供指南
2004 年	IAASB	新《ISA700——关于整套通用目的财务报表的独立审计师报告》和《ISA701——非标准无保留意见独立审计师报告》	对 ISA700 进行修订，还是为标准无保留意见的出具相关规范

续表

国际审计准则对财务审计报告的规定汇总			
颁布年份	出具机构	规定名称	主要贡献
2005 年	IAASB	《ISA705——对独立审计报告意见的修改》《ISA706——独立审计报告中的强调事项段和其他事项段》	对出标准无保留意见以外的审计意见类型建立标准和提供指南
2008 年	IAASB	《ISA450——审计期间所发现错报的评估》	解决的是注册会计师在评估财务报表审计过程中已识别错报时如何应用重要性的问题
2015 年	IAASB	《国际审计准则第 701 号——关键审计事项》	促使审计师在所出具的审计报告中对上市公司可能存在的关联交易、重大或有事项和期后事项、重要性水平确定等一系列复杂、投入较多审计精力的问题进行规范信息披露，从而减少信息不对称
我国审计准则关于财务审计报告的规定汇总			
颁布年份	出具机构	规定名称	主要贡献
1995 年	财政部	《独立审计具体准则第 7 号——审计报告》	该准则对标准审计报告格式和内容作了明确规定。这一准则的制定迈出了我国独立审计准则的第一步
2003 年	财政部	新修订《独立审计具体准则第 7 号——审计报告》	对 1995 年的旧准则进行部分内容的修改
2006 年	财政部	中国注册会计师审计准则第 1501 号——审计报告》和《中国注册会计师审计准则第 1502 号——非标准审计报告》	明晰了审计责任，并将审计报告类型划分为标准审计报告和非标准审计报告，对注册会计师出具非标准审计报告的特殊规范等内容进行了细化
2010 年	审计署	《国家审计准则——审计报告》	单独增加段落“按照相关法律法规的要求报告的事项”。使审计师在出具相应审计意见时，能够更加关注于财务信息之外的有用信息
2016 年	财政部	《审计报告准则》	新审计报告准则对审计报告的信息含量和决策相关性作出了更高的要求。其中，最为关键的改变就是增加了对关键审计事项的披露要求

财务审计报告以及意见的出具，可以认为是外部审计的一种标志，不仅能够可以使广泛的利益相关者了解到公司的财务状况和相关有效信息，还能够对公司的资产状况以及内部控制进行鉴证，在资本市场上被广泛使用。公开市场信息的披露，也使财务审计意见成为大家关注的焦点，它对资本市场的影响也在被不断地挖掘。

3.1.2　内部控制自我评价报告

美国反欺诈财务报告委员会（The Committee of Sponsoring Organizations of the Tread—way Commission，简称 COSO）于 1992 年发布《内部控制整体框架》（后于 1994 年进行修订），堪称内部控制评价的经典。在 COSO 框架中，它对内部控制活动进行了设计，构建了一个五要素、三层面、三目标的整体框架，其中五要素包括控制环境、风险评估、控制活动、信息与沟通、监督；三层面包括公司层面、部门层面和作业层面；三目标包括财务报告的可靠性、经营活动的效率和效果、相关法律法规的遵循。这个框架的制定，为内部控制评价的自愿披露提供了一个公认的评价标准，也为之后强制性要求提供内部控制自我评价报告提供了理论基础。2002 年《萨班斯法案（SOX）》的颁布，使内部控制的自我评价进入强制阶段，其 404 条款要求管理层对与财务报告相关的内部控制进行评价并出具报告，并要求公司内部审计部门、监事会等类似监督部门对管理层的评估进行再报告和认证。随后，美国证券交易委员会（Securities and Exchange Commission，SEC）也加强了《萨班斯法案》的实施，规定上市公司必须评价与财务报告可靠性相关的内部控制信息并要强制性披露，这就要求公司管理层必须严格执行内部控制制度，并真实的对内部控制进行自我评价，保证内部控制实施的效果。2004 年 COSO 引入风险管理的概念，又将 COSO 五要素扩充为八要素，并对内部控制目标进行的重新的定位。美国对内部控制评价政策的完善，推动了内部控制评价的发展，也为其他国家内部控制的自我评价提供了丰富的理论和实践经验。国际内部审计师协会（Institute of Internal Auditors，IIA）对内部控制自我评价的定义是：内部控制自我评价（CSA）是由内部审计人员与被审计单位管理人员共同组成一个评价小组，管理人员在内部审计人员的帮助下，对本部门内部控制的恰当性和有效性进行评价，然后根据评价和集体讨论提出改进建议并出具评价报告，交由管理者实施。从 IIA 的定义来看，内部控制自我评价要求企业内部根据自身情况对内部控制的设计和运行进行评价，发表书面评价意见并以报告形式出具的一种书面文件。

20 世纪 80 年代中期，我国开始对内部控制审计进行探讨性的研究。其中财政部于 1996 年颁发的《独立审计具体准则第 9 号——内部控制和审计风险》，这是我国最早提出内部控制概念的政策规定。2001 年我国财政部颁布《内部会计控制规范》，该规范尝试着对公司内部控制执行情况进行评价，要求公司披露内部控制缺陷并提出改进意见。随后，上交所和深交所相继颁布《上海证券交易所上市公司内部控制指引》和《深圳证券交易所上市公司内部控制指引》，都要求公司董事会应在年报披露的同时，披露本公司内部控制自我评价报告，并同时披露注册会计师出具的内部控制自我评价报告的核实评价意见。为完善企业治理结构和构建内部约束机制，统一我国对内部控制自我评价体系的建设。2010 年我国财政部、证监会、审计署、银监会、保监会五部委联合发布的《内部控制基本规范》该规范要求公司应结合本公司内部监督状况，定期对内部控制的有效性自行进行评价，并出具内部控制自评报告。该规范的颁布，是国家相关职能部门对内部控制建设达成了一致，并为后续内部控制体系的构建奠定了基础。2010 年五部委又发布了《企业内部控制配套指引》。该配套指引包括 18 项《企业内部控制应用指引》、《企业内部控制评价指引》和《企业内部控制审计指引》，初步构建了内部控制的规范体系，也为内部控制的自我评价提供了可行的实施方案，保证了内部控制评价的合理有效。

对与内部控制评价的利益相关者而言，披露内部控制自我评价的信息是了解公司的治理与管理规范化程度、公司抵抗风险能力以及增强投资者信心的措施；对公司管理层而言，内部控制自我评价过程，实质上是促使公司对内部控制进行检测和反省，依次来持续提高内控系统与控制环境的融合，不断发现并识别内部控制缺陷，增强公司抗风险的能力，提高公司治理水平。

3.1.3 内部控制审计报告

在《萨班斯法案》颁布之前，美国的内部控制信息属于自愿披露阶段，对内部控制出具报告可以认定为自我评价报告，从 1977 年实施的《反国外贿赂法案》、1974 年成立了注册会计师责任委员会即科恩委员会研究注册会计师的职责到 1993 年 AICPA 发布了 SSAE No. 2 条款，都要求公司自愿对内部控制进行披露和评价，以获取市场公开信息。内部控制审计真正地得到重视当属萨班斯法案（SOX 法案）的颁布，它标志着内部控制强制时期的到来。萨班斯法案要求上市公司对内部控制进行评价，并出具相应的内部控制评价报告，这也标志着财务报告内部控制审计也从一项辅助性的审计活动转变为一项单独的、提供合理保证的审计业务。在 SOX 法案执行的初期，COSO 报告的内部控制整体框架也成为公司评价和报告其内部控制的主要依据，这也得到了 SEC 和美国公共公司监督检查委员会（PCAOB）的认可。PCAOB 是当时进行内部控制审计方法开发的主要研究机构，成立之初就多次与 SEC 等一起商讨具体的内部控制审计方法。PCAOB 中 AS. 2① 准则认为内部控制审计是注册会计师对内部控制进行的审计，既包括对公司管理层关于公司内部控制有效性的评价发表审核意见，又包括对公司内部控制程序设计的合理性和执行的有效性发表审核意见的一种外部审计业务。但是，人们逐渐意识到类似强制性条款的颁布，加大了内部控制审计带来的高成本，使人们对条款的可行性提出了质疑。随后，PCAOB 调整思路，发布了内部控制审计的新标准 AS. 5②，引导审计师将审计资源集中在企业的高风险领域，这样可以一定程度上降低审计成本，并尽量减少不必要的审计程序。至此，美国内部控制审计制度才被广泛地接受并确定下来，为利益相关者获取相应财务信息提供途径。

我国内部控制审计的开始，伴随着外部审计的开展而开展的，而后又在内部控制自我评价的基础上发展而来的。对内部控制进行审计起初包含在外部独立审计的程序中。中国证监会于 2001 年发布了《证券公司内部控制指引》，它要求聘请有证券执业资格的会计师事务所对内部控制进行评审，会计师事务所应当向证券公司提供内部控制评审报告。中国注册会计师协会也在 2002 年推出了《内部控制审核指导意见》，来规范独立审计人员执行内部控制审核业务，对被审计单位与会计报表相关的控制进行审核。2006 年深交所和上交所发布的《上市公司内部控制指引》和《上海证券交易所上市公司内部控制指引》，拉开了中国上市公司内部控制体系制度建设的序幕。随后，2008 年财政部根据上深两市的要求

---

① Auditing Standard No. 2 - An Audi tof Internal Control Over Financial Reporting Performed in Conjunction with An Audit of Financial Statements. 翻译为：《与财务报表审计结合进行的财务报告内部控制审计》2 号准则。

② Auditing Standard No. 5 - An Audit of Internal Control Over Financial Reporting that is Integrated with An Audit Of Financial Statements. 翻译为：《与财务报表审计结合进行的财务报告内部控制审计》5 号准则。

印发《企业内部控制规范——基本规范》，才真正意义上构建了内部控制独立审计的制度，使对财务报告的内部控制有效性进行审计成为必然。2010 年五部委又联合发布了《企业内部控制审计指引》，连同之前发布的基本规范自 2011 年 1 月 1 日起首先在境内外同时上市的公司施行，该指引确立了我国内部控制审计制度，基本构建了我国内部控制评价体系，使内部控制审计业务转变为像财务报表审计一样的经常性业务，该规范以及指引也为内部控制审计提供了统一的评价标准，增加了内部控制审计实施的可行性，有力地推动了内部控制审计的发展。国内外内部控制评价规定汇总如表 3－2 所示。

表 3－2　　国内外内部控制评价规定汇总

美国关于内部控制评价的规定汇总			
颁布年份	颁布机构	内容	主要贡献
1939 年	AICPA	《审计程序公告》NO. 1	首次提出要对内部控制进行评价
1977 年	美国证券交易委员会（SEC）	《反国外贿赂法案》	要求上市公司要建立一套合理的内部控制制度保证会计信息的真实
1993 年	AICPA	SSAE《财务报告内部控制审核》No. 2	内部控制评价成为独立的审核业务
2000 年	美国国会	萨班斯法案（SOX 法案）	要求强制披露内部控制评价报告
2004 年	PCAOB	《与财务报表审计结合进行的财务报告内部控制审计》AS. 2	对内部控制审计进行详细定义
2004 年	PCAOB	《与财务报表审计结合进行的财务报告内部控制审计》AS. 5	为了节约审计成本，引导审计师将内部控制审计资源集中在企业的高风险领域
我国内部控制评价的相关规定汇总			
颁布年份	出具机构	内容	主要贡献
1996 年	财政部	《独立审计具体准则第 9 号——内部控制和审计风险》	我国最早提出内部控制概念的文件
2001 年	财政部	《内部会计控制规范》	初步尝试对公司内部控制执进行评价，要求公司披露内部控制缺陷并提出改进意见
2001 年	中国证监会	《证券公司内部控制指引》	要求上市公司聘请有证券执业资格的会计师事务所对内部控制进行评审，并提供评审报告
2002 年	中国注册会计师协会	《内部控制审核指导意见》	规范独立审计人员执行内部控制审核业务
2006 年	深交所和上交所	《上市公司内部控制指引》和《上海证券交易所上市公司内部控制指引》	要求上市公司披露内部控制评价报告，拉开了中国上市公司内部控制体系制度建设的序幕
2008 年	财政部等五部委	《企业内部控制基本规范》	构建了内部控制独立审计的制度，使对财务报告的内部控制有效性进行审计成为必然
2010 年	财政部等五部委	《企业内部控制配套指引》，包括《企业内部控制应用指引》《企业内部控制评价指引》和《企业内部控制审计指引》等	标志着我国内部控制评价体系的初步建立

对于外部审计师来说，财务报告内部控制审计是其新的业务增长点。对于资本市场来说，财务报告内部控制审计强化了上市公司信息披露，提高了财务信息质量。虽然有人指出其成本过高、在具体的执行过程中也碰到了诸如评价标准不明确等问题，但我们依然可以预见，在完善公司治理、加强内部控制建设的道路上，财务报告内部控制审计会走得很远。

财务审计、内部控制自我评价以及内部控制审计组成了对公司财务状况以及内部控制运行的评价系统。通过以上分析可以看出，他们紧密联系所处的经济环境，在人们对外部审计的不断认识中完善，构建了我们现有的外部审计评价体系。可以判定，随着时间的推移，相关评价意识和评价手段还在不断地发展中，尤其是对内部控制评价，越来越得到理论与实务界的广泛关注。由于出具审计报告的对象以及审计范围的不同，财务审计、内部控制审计和内部控制自我评价既相互关联又有区别，本章以 2009—2013 年相关审计意见为基本数据，对财务审计意见、内部控制审计意见以及内部控制自我评价意见进行统计分析，并对三者进行了对比分析。通过统计分析，对相关审计意见类型进行汇总，了解近年来审计意见分布的趋势；通过对比分析，尤其是以非标准审计意见为角度，分析财务审计和内部控制审计的不同、内部控制审计与内部控制自我评价的不同，从而反映财务审计与内部控制审计以及内部控制自我评价的实施效果和效率。

3.2　上市公司相关审计与评价报告意见总体情况分析

3.2.1　财务审计报告意见统计分析

财务审计意见类型包括标准无保留意见和非标准无保留意见，其中，非标准无保留意见包括带强调事项段的审计意见、保留意见、否定意见、无法表示意见。根据《中国注册会计师审计准则第 1501 号——对财务报表形成审计意见和出具审计报告》的要求，注册会计师应当就财务报表是否在所有重大方面按照适用的财务报告编制基础编制并实现公允反映形成审计意见。如果注册会计师根据获取的审计证据，得出财务报表整体存在重大错报的结论，或者无法获取充分、适当的审计证据，不能得出财务报表整体不存在重大错报的结论，注册会计师应当在审计报告中发表非无保留意见。对上市公司财务状况发表财务审计意见是注册会计师的主要工作，根据 2009—2017 年财务审计意见分析，可以看出，标准无保留意见的比例占总审计意见的 90% 以上，且数量在逐步增加，绝对数量从 2009 年 1656 份增加为 2017 年 3383 份，主要是由于随着相关部门的对信息披露的监管力度增大，促使上市公司不断提高其经营管理能力，也提高了其财务信息披露质量，出具标准审计意见的数量随之增加。可以肯定，我国注册会计师审计的质量在不断地提高，主要原因有：

（1）公司治理与内部控制的不断完善。随着上市公司经营的完善，公司更加重视企业的内部控制整体运行状况，而且上市公司通过设立独立董事与审计委员会制度，加强了公司风险管理意识，改善了公司治理结构，也通过各项举措提高了了内部控制执行效果，这是外部审计出具越来越多标准审计意见的最本质原因。

（2）审计师的独立性与风险意识的增强。随着注册会计师行业的规范化和专业化，审计师的素质有了明显的提高，审计过程中的独立性能够充分体现，尤其是行业的惩罚力度的加大，也一定程度上避免了审计失败的发生。而且，审计师在审计过程中对风险的意识明显增强，对敏感事项的判断处理更加稳健，能够公平公正的反映被审计公司的财务状况，直接地反映在审计意见中。

非标准审计意见除了2012年有所增加之外，基本呈现下降趋势，其中带强调事项段的审计意见占非标意见的绝对比例，说明审计师更容易出具带强调事项段的审计意见，一方面反映了审计师的谨慎态度，另一方面反映了审计师更愿意出具较轻的带强调事项段来替代出具保留意见和否定意见。2009—2017年审计师没有出具过否定意见，说明上市公司还没有较明显的会计政策运用的不合理与明显的舞弊行为，但是无法表示意见的数量绝对值没有下降，说明外部审计遇到的无法出具审计意见的事项在不断的变化，也说明整个审计工作的开展遇到一些新问题。统计表如表3-3和图3-1所示。

表3-3　2009—2017年财务审计意见统计表

财务审计意见类型 \ 年份		2009	2010	2011	2012	2013	2014	2015	2016	2017
标准无保留意见	数量	1656	2011	2247	2382	2450	2569	2740	3031	3383
	比例	93.34%	94.45%	95.13%	96.39%	96.68%	96.33%	96.41%	96.68%	96.35%
非标准审计意见	数量	118	117	115	152	84	98	102	104	128
	比例	6.65%	5.54%	4.87%	6%	3.31%	3.67%	3.59%	3.32%	3.65%
带强调事项段	数量	86	86	92	71	57	71	81	74	71
保留意见	数量	13	25	19	15	22	18	15	20	36
否定意见	数量	0	0	0	0	0	0	0	0	0
无法表示意见	数量	19	7	4	3	5	9	6	10	21

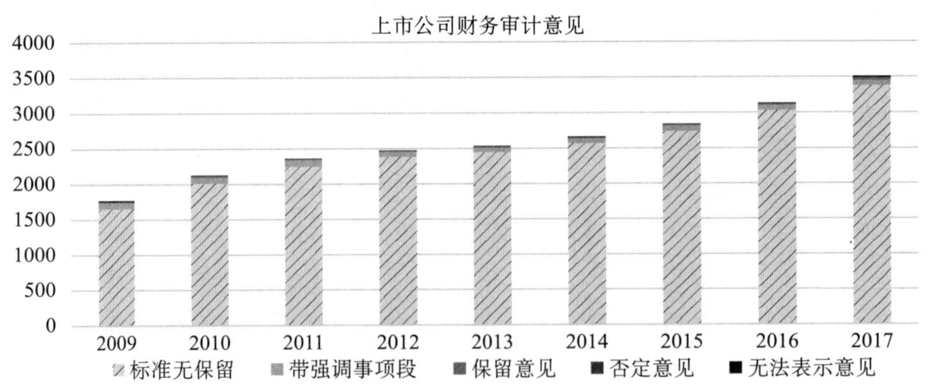

图3-1　2009—2017年上市公司财务审计意见趋势图

数据来源：中国注册会计师协会网站《年报审计快报》

3.2.2　上市公司内部控制审计报告意见分析

内部控制审计意见类型包括保准无保留意见和非标准无保留意见，其中非标准无保留意见无保留意见具体有带强调事项段、否定意见和无法表示意见。根据《审计指引》的要求，审计师应当就内部控制是否存在重大缺陷发表审计意见。如果审计师根据收集的审计证据得出结论认为内部控制存在重大缺陷，或者难以就内部控制是否存在重大缺陷收集充分适当的证据，那么审计师应当在内部控制审计报告中发表非无保留审计意见。由于 2009 年和 2010 年没有强制要求披露内部控制审计报告，所以严格意义上来说，2009 年和 2010 年对内部控制的评价报告叫做内部控制鉴证报告。

根据 2009—2017 年内部控制审计意见分析，我们可以看出，近五年公开披露出具内部控制审计报告的公司数逐年上升，从 2009 年的 627 家逐年上升为 2579 家，比例呈现直线上升趋势，这与我国政策要求的逐步分批对内部控制进行评价的要求有关，但是也反映了上市公司对内部控制评价的重视程度在逐步的增加。其中，出具标准无保留意见的数量仍呈现绝对比例，占 96% 以上。但是，我们发现，随着内部控制披露的不断成熟，标准无保留意见比例在不断的下降，从 2009 年的 99.06% 下降为 2017 年的 96.08%，说明会计师事务所对内部控制的评价越来越严格，对上市公司内部控制的缺陷与不足予以充分披露。与此同时，不仅非标准意见的内部控制审计意见绝对数量在逐步增加，从 2009 年的 3 份上升为 2017 年的 101 份，而且非标意见的内部控制审计意见的比例也从 2009 年的 0.48% 上升为 2017 年的 3.92%。综合来分析，非标准内部控制审计意见增加的原因有：

（1）内部控制评价更加的专业化与规范化。近年来内部控制的相关法规细则不断颁布出来，从框架结构到具体内容不断细化。尤其是在 2014 年最新发布的《公开发行证券的公司信息披露编报规则第 21 号——年度内部控制评价报告的一般规定》，明确了内部控制评价报告构成要素，说明了需披露的内容及要求，并且还提供了标准的内部控制审计报告模板。因此，内部控制评价向着更加规范化、标准化的方向发展。

（2）审计师更敢于对内部控制缺陷发表非标准审计意见。注册会计师在内部控制审计方面的专业性越来越高，经验越来越丰富，同时职业道德也有所提高，敢于针对被审计单位内部控制的缺陷，发表非标准的审计意见。

（3）企业内部控制重视程度提高。认识到内部控制对于企业发展的重要性，积极接受注册会计师出具的内部控制审计意见，并在内部控制自我评价报告中披露，提出解决问题的可行性计划和方案。

在内部控制审计的非标意见中，审计是更加倾向于出具带强调事项段的无保留意见，其数量占非标意见的绝对比例。这是由于审计师在评判内部控制评价中，更愿意采用强调事项段来提醒使用者关注企业的内部控制评价效果，这种方式既能够保持足够的严谨性，也不至于使被审计的上市公司难以接受。在非标意见中，审计师出具的否定意见仅次于带强调事项段的审计意见。由于内部控制的评价本身不存在无法获取审计证据的情况，出具保留意见和无法表示意见的情况很少，如果发现内部控制存在着一定的缺陷，可以直接对其持否定意见。从数据中可以看出，2017 年内部控制审计意见为否定意见从 2012 年的 4 份增加为 44 份，说明审计师对内部控制评价标准越来越严格。统计信息如表 3－4 和图 3－2 所示。

表 3－4　2009—2013 年内部控制审计意见统计表

内部控制审计类型		2009	2010	2011	2012	2013	2014	2015	2016	2017
	审计意见总数	627	875	941	1504	1802	2070	2267	2270	2579
标准无保留意见	数量	316	874	936	1479	1748	1986	2169	2171	2579
	比例	99.06%	99.77%	99.47%	98.34%	97%	95.94%	95.68%	95.64%	96.08%
带强调事项段无保留意见	数量	2	0	4	21	40	58	78	74	54
保留意见	数量	0	0	0	0	2	2	2	3	2
否定意见	数量	1	1	1	4	13	21	18	22	44
无法表示意见	数量	0	0	0	0	1	3	0	0	1
非标意见	数量	3	1	5	25	54	82	98	99	101

数据来源：迪博公司（DIB）内部控制与风险管理数据库

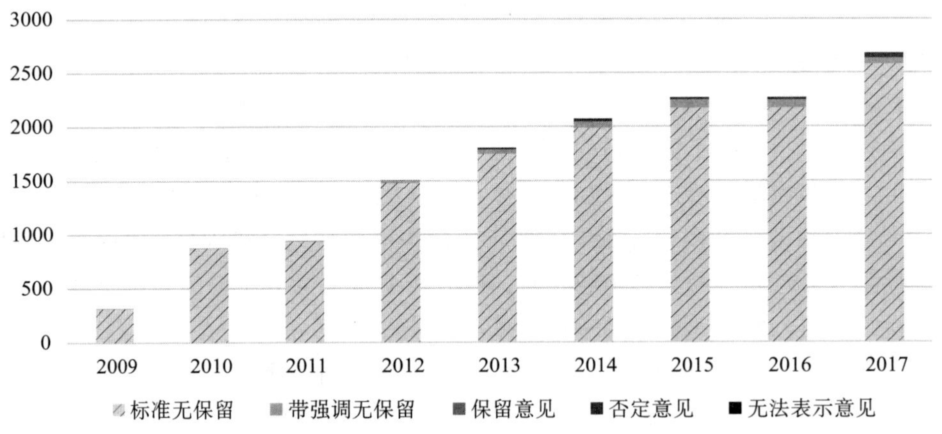

图 3－2　2009—2017 年上市公司内部控制审计意见趋势图

3.2.3　内部控制自我评价报告分析

财政部等五部委在 2008 年联合颁布了《企业内部控制基本规范》，在 2010 年又颁布了《关于印发企业内部控制配套指引》，至此我国企业内部控制规范体系基本形成。在

《关于 2012 年主板上市公司分类分批实施企业内部控制规范体系的通知》中明确指出了中央和地方国有控股上市公司应在披露 2012 年公司年报的同时披露公司内部控制的自我评价报告，其他上市公司也要根据自身情况在以后年度披露内控自评报告。内部控制自我评价是企业董事会对内控有效性进行全面评价的过程。通过内控自评报告的披露，使外部利益相关者充分了解内控信息，满足投资决策的需要。随着 2008 年《内部控制基本规范》以及相关指引的陆续颁布，要求上市公司必须要对本公司的内部控制效果进行自我评价，2009 年内部控制自我评价才开始规范化，随着近几年职能部门对公司内部控制评价要求的不断深入，2009—2017 年内部控制自我评价也在不断的趋于完善与成熟。

从表 3 - 5 中可以看出，整体来说，2009—2017 年内部控制自我评价从简单公布披露数量到披露内部控制缺陷类型，上市公司对内部控制的评价有了质的飞跃。2009—2017 年披露内部控制自我评价披露总数从 2009 年的 1108 家上升 2017 年的 3245 家，披露比例从 62.85% 上升为 98.01%，上升了 35.16%，披露比例直线上升。综合分析可以看出：

（1）随着我国内部控制评价体系的建立，内部控制自我评价逐步完善，上市公司能够积极响应国家政策的要求，公开披露内部控制运行效果，也不断的促使上市公司完善内部控制运行的合理性。

（2）由于 2009 年 7 月 1 日才开始执行内部控制评价制度，2009—2017 年内部控制自我评价经历了一个非常明显的变化。这也说明了国家政策的强制要求对上市公司有了威慑作用，但是我们还发现，截至 2017 年，还是有 66 家上市公司未披露内部控制自我评价报告，排除一些重组、兼并等客观原因以外，还没有完全达到 100% 的披露。统计信息如表 3 - 5 和图 3 - 3 所示。

由于 2009 年上市公司对内部控制自我评价中并没有进行整体的评价，所以图 3 - 4 列示了 2010—2017 年我国上市公司内部控制自我评价对自身所出具的整体评价结论。从披露的有效性来看，大多数上市公司都认为自身的内部控制是有效的，平均占 98% 以上，说明大多数上市公司比较认可其内部控制运行体系。但是我们发现，上市公司披露内部控制无效的数量在逐步增加，从 2010 年的 2 家增加为 2017 年的 58 家，比例也从 0.12% 上升为 1.79%，这说明一方面上市公司越来越严格执行内部控制评价标准，对内部控制运行效果的要求也越来越高，也越来越客观地反映其内部控制执行效果。另一方面随着 2010 年《内部控制评价指引》的颁布，对内部控制评价的标准、格式等有了明确的规定，这也促使上市公司更加严格的执行相关评价标准，也就增加了对内部控制评价的无效性。

在披露内部控制评价报告的上市公司中，自 2011 年起也开始披露了内部控制缺陷的具体内容。从图 3 - 5 中可以看出，大多数上市公司没有披露具体的内部控制缺陷内容，他们认为自身不存在较明显的内部控制缺陷。但是披露内部控制缺陷的数量也呈上升趋势，从 2011 年的 156 家上升为 2016 年的 405 家，而且 2012 年披露的内部控制缺陷的上市公司数量较多，为 503 家，说明上市公司在《内部控制评价指引》的要求下，对内部控制的评价越来越细化。

表 3－5　2009—2017 年度内部控制自我评价汇总

自我评价报告	2009		2010		2011		2012		2013		2014		2015		2016		2017	
	数量	比例	数量	比例	数量	比例	数量	比例	数量	比例	数量	比例	数量	比例	数量	比例	数量	比例
未披露	655	37.15%	487	23.13%	496	21.19%	246	9.96%	176	7.01%	45	1.71%	50	1.78%	48	1.38%	66	1.99%
披露	1108	62.85%	1618	76.87%	1844	78.81%	2223	90.04%	2336	92.99%	2586	98.29%	2757	98.22%	3133	98.62%	3245	98.01%
其中：评价有效			1605	99.20%	1841	99.84%	2219	99.82%	2311	98.93%	2549	98.57%	2725	98.84%	3103	99.04%	3187	98.21%
评价无效			2	0.12%	3	0.11%	4	0.18%	25	1.07%	37	1.43%	32	1.16%	30	0.96%	58	1.79%
未披露内部控制缺陷公司数					2184	93.33%	1720	77.37%	2017	86.34%	2243	86.74%	2414	84.94%	2668	85.16%	2840	87.52%
披露内部控制缺陷公司数					156	6.67%	503	22.63%	319	13.66%	343	13.26%	428	15.06%	465	14.84%	405	12.48%
其中：重大缺陷					3	0.16%	8	0.36%	35	1.50%	42	1.62%	41	1.53	39	1.35	88	2.71%
重要缺陷					11	0.59%	20	0.90%	51	2.18%	48	1.86%	56	1.97%	39	1.35%	49	1.51%
一般缺陷					149	8.08%	409	18.40%	245	10.49%	263	10.17%	350	12.32%	409	14.20%	268	8.25%

注：①由于上市公司没有在年报中披露，2009 年和 2010 年无法统计内部控制缺陷资料。

②披露自我评价报告与披露内部控制缺陷的统计口径有所不同。

数据来源：迪博公司（DIB）内部控制与风险管理数据库

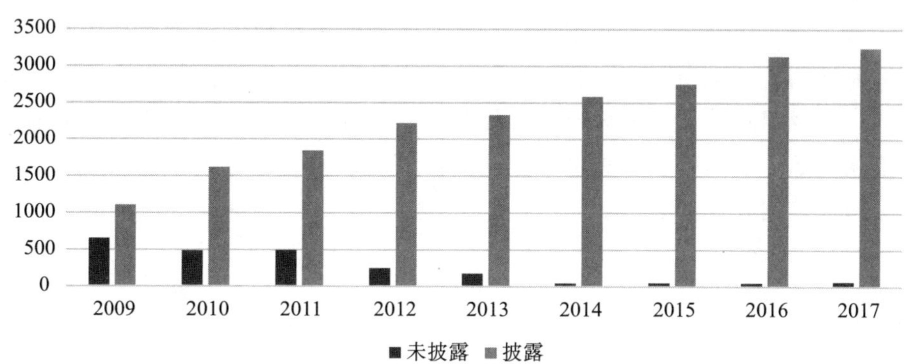

图 3－3　2009—2017 年上市公司内部控制自我评价披露情况

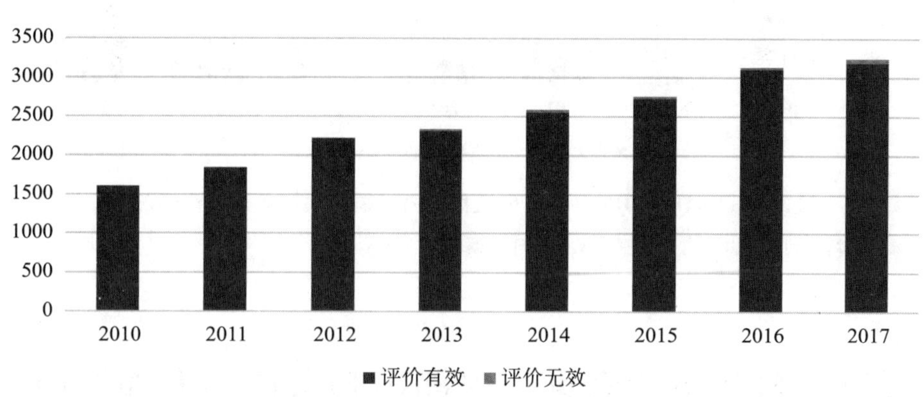

图 3－4　2010—2017 年上市公司内部控制自我评价整体评价情况

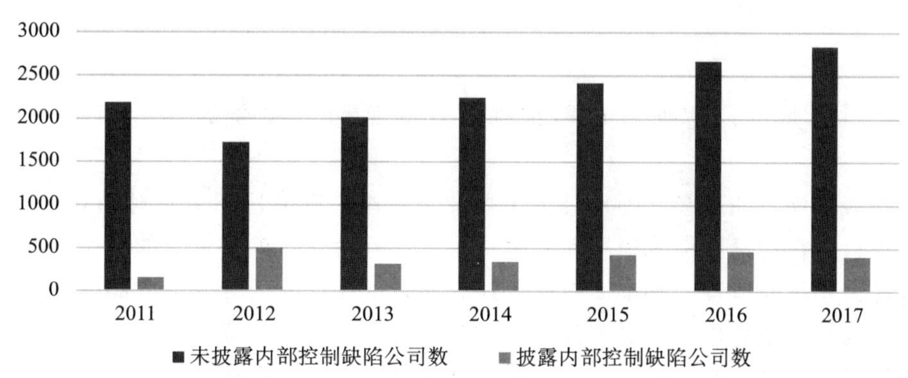

图 3－5　2011—2017 年上市公司披露内部控制缺陷的公司数量

从图 3－6 中可以看出，随着相关政策对披露的内容的强制性披露要求，上市公司对自身内部控制缺陷类型的披露也越来越明晰。总体来看，随着披露内部控制缺陷的公司数量的增加，披露的内部控制缺陷具体类型总体也成直线上升趋势。披露重大缺陷数量从 2011 年的 3 个上升为 2017 年的 88 个；重要缺陷从 2011 年的 11 个上升为 2017 年 49 个。

一般缺陷的绝对数较高，从2011年的149个上升为2017年268个。进一步从披露内部控制缺陷的类型来看，披露为一般缺陷的比例最高，说明大多数上市公司认为其内部控制缺陷还只是一般缺陷；其次为重要缺陷，最后为重大缺陷，不过近两年重大缺陷有超过重要缺陷的趋势。这说明随着上市公司对内部控制的评价标准的统一和细化，越来越多的上市公司开始重视内部控制的建设，也愿意正视内部控制缺陷，通过公开披露的形式促使自身不断的改进内部控制设计和运行。

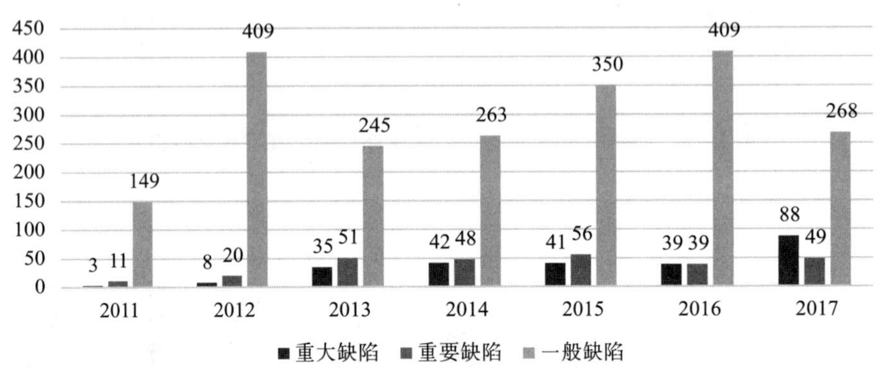

图3-6 2011—2017年上市公司披露内部控制缺陷具体类型情况图

数据来源：迪博公司（DIB）内部控制与风险管理数据库

3.3 财务审计意见、内部控制审计与内部控制自我评价的比较分析

3.3.1 财务审计意见与内部控制审计意见的比较分析

财务报表审计是注册会计师审计的主要业务范围，随着注册会计师行业的不断发展，财务报表审计也在理论与实践中不断完善，尤其是风险导向审计概念的产生，财务报表审计也在关注公司风险管理的基础上对财务报表发表审计意见。所谓的内部控制审计严格意义上我们称为财务报告内部控制审计，因为针对内部控制审计范围太大，目前外部审计还无法全面的进行内部控制审计，故我们只是针对财务报告的内部控制发表审计意见。这种审计形式源于美国的SOX法案要求强制披露内部控制评价报告，是一种新兴的外部审计模式，主要针对内部控制的有效性发表相应的审计意见，随着《企业内部控制审计指引》的发布，内部控制审计在我国也逐步开展。关于财务报告审计与内部控制审计的比较也逐渐引起学者的关注，在目前的研究中，大多数学者将两者进行了简单了比较分析，主要认为财务报表审计与内部控制审计在审计对象、审计目标、审计师的职业责任和审计报告类

型等方面存在不同，而在审计程序、审计取证方法等方面又相互关联（张龙平等，2009；谢晓燕等，2009；周曙光，2011；唐建华，2011），正因为二者既有区别又有联系，相关准则和政策也都在提倡两者的整合审计，2007 年 PCAOB 在其颁布的 AS5 中以及 2010 年我国《企业内部控制审计指引》中均明确表示，内部控制审计与财务报表审计可以进行整合，一方面是整合资源的需要，另一方面也是为了节约审计成本，降低审计费用的客观选择。整合审计似乎成为了一种外部审计的新选择，也为财务报表审计与内部控制审计的具体操作提供了新的思路。2007 年 PCAOB 在 AS. 5 中第一次详细阐述了整合审计的概念，并期望注册会计师将审计资源集中于高风险的领域，以减少审计成本。AbrahamD. Akresh（2009）认为现代审计处于风险导向审计阶段，无论是财务报告审计还是内部控制审计均以风险为基础，因此两种审计的目标、计划、程序和方法等具有内在的统一性。美国审计质量中心（CAQ，2009）指出，如果同时进行内部控制审计和财务报告审计，那么必将提高注册会计师审计的效率和效果。同时，会计师事务所需要对两个审计意见都承担责任，因此整合审计不会影响审计的独立性。谢晓燕，张龙平，李晓红（2009）认为整合审计必将提高审计效率，发挥审计的协同效应，进而提高财务报告的可信性。我国在审计实践中已经初步对整合审计进行摸索，取得一定的成效。但是，在整合审计过程中，他们也存在这一定的区别，对于同时审计财务报告与内部控制制度的外部审计来说，要重点关注两者的不同，促使财务审计与内部控制审计发挥各自的效果，避免出现千篇一律或者审计寻租的情况发生。我们试图从审计意见的角度针对相关数据来对财务报告审计与内部控制审计进行对比分析。

1. 审计目标的不同，导致出具审计意见的标准不同

国际审计准则（International Standards on Auditing，ISA）200“财务报表的目标和一般原则”第 2 条规定，财务报表审计的目标是审计人员对财务报表是否在所有重大方面按适用的财务报告框架编制发表意见；美国审计准则公告（Statements on Auditing Standards，简称 SAS）No. 1“独立审计人员的职责和职能”第 1 段明确规定：财务报表审计的一般目标是财务报表在所有重大方面是否按照公认会计原则公允反映（expression of an opinion on the fairness）了公司财务状况、经营成果和现金流量。这可以看出，财务报表审计目标在于对财务信息是否存在重大错报发表审计意见。同时，ISA700“整套一般目的财务报表的独立审计人员报告”第 6 条强调，审计意见用词必须包含“给出真实公允印象”（give a true and fair view）或“公允反映”（are presented fairly）。所以，财务报表审计意见的发表，主要是对“公允性”进行评价，审计的标准的重点放在“重大错报”上。

然而，内部控制审计的审计目标有所不同。PCAOB 在 AS5 第 3 段中规定，财务报告内部控制审计的目标是对公司财务报告内部控制的有效性发表意见。由此可见，财务报告内部控制审计的目标是“有效性”。PCAOB 在 AS5 第 3 段同时进行了说明，如果存在重大漏洞（material weakness），公司财务报告内部控制是无效的。因此，注册会计师必须计划并执行审计，以取得在管理层评估日被审计单位内部控制是否存在重大缺陷的证据。由此可见，判断财务报告内部控制是否有效的重要依据是“重大缺陷”。

正是由于财务报表审计目标体现为“公允性”，而内部控制审计目标体现为“有效

性”，所以导致审计的标准从关注“重大错报”到“重大缺陷”。财务报表审计意见的出具依据公允性，对财务信息的重大错报进行程度分类，从而出具相应的审计意见。而内部控制审计通过对有效性的判断发现内部控制的缺陷程度，从而反映内部控制的运行状况。所以导致其审计意见的内涵有较大差别。值的注意的是，当审计师认为内部控制有效时，财务报表审计中也要对内部控制有效性进行评价，从而开展风险评估程序，这种对内部控制有效性的评价，与内部控制审计的内容有所重叠，但是财务报表审计并不对内部控制进行评价。这也说明，二者虽然存在在审计目标以及标准中存在差异，但是在具体审计过程中，也会有一定的交叉，不能把两者明确的分开。

虽然财务审计和内部控制审计在审计目标和审计范围上有所不同，但是由于在进行财务审计时，必须要对公司的内部控制进行风险评估，作为是否合理保证财务信息质量的一种标准，如果内部控制出现重大缺陷，内部控制审计有可能出具非标准的审计意见，这也表示在实施财务审计时，并不能依赖公司的内部控制所提供财务信息，其财务信息的可靠性较弱，从而有很大机率也出具非标准财务审计意见。但是，通过 2009—2017 年非标准的财务审计意见和内部控制审计意见数量进行对比可以看出，在统计的非标意见中，同时出具非标财务审计意见和内部控制审计意见共有 124 家，出具了非标准内部控制审计意见的而出具了标准的财务审计意见的为 58 家。

通过 2009 年—2017 年非标的财务报表审计与非标的内部控制审计的数据分析可以看出，在 123 份非标准内部控制审计意见中，有 120 份也同时出具了非标准财务审计意见，说明这 120 家公司的内部控制运行的问题与财务报告相关的内部控制相关，直接影响审计师对内部控制的信任程度，在该内部控制状况较差情况下直接影响了相关财务信息的真实可靠性，根据谨慎性以及合理保证的要求，审计师也出具了非标准的财务审计意见。

如表 3－6 所示，在同时被出具非标准财务审计意见和内部控制审计意见的 123 家上市公司中，93 家出具非标准的内部控制审计意见的上市公司中，由于存在与财务报告相关的内部控制缺陷从而导致也出具了非标准的财务审计意见。这些缺陷大多数为内部控制重大缺陷，可能造成了财务信息的不真实，公司整个财务运营受到严重影响。还有 44 家出具非标准内控审计意见的上市公司，也被出具了非标准的财务审计意见，但是并不是由于财务报告的内部控制缺陷所导致的，主要涉及到信息披露出现违规、未建立完善的内部控制制度、有重大诉讼案件、持续经营能力有重大不确定性等因素，这些因素也会间接地影响财务信息的真实性，也引起了审计师的广泛关注。值得注意的是，在内控审计意见为否定意见的 99 家上市公司中，其内部控制缺陷类型均为财务缺陷，20 家财务审计意见均为保留意见，6 家财务审计意见为无法发表意见，说明当内部控制出现重大缺陷的财报缺陷时，对财务审计意见影响较大，会影响审计师的相关财务审计程序，使审计师在风险评估以及实质性程序中广泛关注内部控制的运行缺陷，从而增加了出具非标准财务审计意见的机率。但是并不是由于财务报告的内部控制缺陷所导致的，主要涉及到信息披露出现违规、未建立完善的内部控制制度、有重大诉讼案件、持续经营能力有重大不确定性等因素，这些因素也会间接地影响财务信息的真实性，也引起了审计师的广泛关注。值得注意的是，在内控审计意见为否定意见的 55 家上市公司中，其内部控制缺陷类型均为财务缺陷，14 家财务审计意见均为保留意见，4 家财务审计意见为无法发表意见，说明当内部控制出现重大缺陷的财报缺陷时，对财务审计意见影响较大，会影响审计师的相关财务审计程序，使审计师在风险评估以及实质性程序中广泛关注内部控制的运行缺陷，从而增加了出具非标准财务审计意见的机率。在 2013 年内控审计被出具否定意见的 * ST 超日（002506）的内部控制缺陷内容中看出，公司销售业务控制存在重大缺陷，未能有效执行客户信用管理，在应收账款逾期后未能采取措施催收，导致巨额应收账款长期无法收回。其次，公司资产管理控制存在重大缺陷，包括重大资产的建造、运营管理和处置缺乏有效的控制措施，难以确保资产的安全及效益。而且公司财务报告控制也存在重大缺陷，2012 年度、2013 年度财务报告连续发生重大前期差错更正，同时近两年皆因未能提供相应的审计条件。公司部分重要事项决策程序及信息披露存在重大缺陷，导致诉讼事项、关联交易、对外担保等多项信息未能及时披露，并因涉嫌未按规定披露信息被中国证券监督管理委员会上海稽查局立案调查。这些缺陷较为典型，基本囊括了内部控制缺陷的内容，在内部控制的主要环节中出现重大缺陷，严重影响了财务信息的真实有效性。

表 3-6　　同时出具非标准财务审计意见与内部控制审计意见统计表

年份	股票名称	内部控制审计意见	财务审计意见	内部控制缺陷内容分析
2009	ST 古汉	否定意见	保留意见	授权审批存在缺陷（财报缺陷）
2010	绿大地	否定意见	无法发表意见	内控制度实施存在缺陷（财报缺陷）
2012	康达尔	带强调事项段无保留意见	保留意见	关联方交易的缺陷（财报缺陷）
	勤上光电	带强调事项段无保留意见	带强调事项段无保留意见	关联方交易的缺陷（财报缺陷）
	海联讯	否定意见	保留意见	重大前期差错更正（财报缺陷）
	* ST 长油	带强调事项段无保留意见	保留意见	未建立供应商信息（非财报缺陷）
	* ST 国通	带强调事项段无保留意见	带强调事项段无保留意见	未合理预计资产减值损失（财报缺陷）
	* ST 狮头	带强调事项段无保留意见	带强调事项段无保留意见	未设立审计部门（非财报缺陷）
	北大荒	否定意见	保留意见	越权审批资金、在资产减值测试、定期核对往来款项、依法取得涉税凭证和准确计缴税金等方面存在缺陷（财报缺陷）
	天津磁卡	否定意见	带强调事项段无保留意见	缺乏相关的会计制度设计，在资产减值、固定资产盘点中存在问题（财报缺陷）
	深天地 A	带强调事项段无保留意见	带强调事项段无保留意见	营业资质到期（非财报缺陷）
	* ST 凤凰	带强调事项段无保留意见	带强调事项段无保留意见	持续经营能力存在不确定性（财报缺陷）

续表

年份	股票名称	内部控制审计意见	财务审计意见	内部控制缺陷内容分析
2013	* ST 超日	否定意见	无法发表意见	销售业务、资产管理、财务报告控制均存在缺陷（财报缺陷）
	亚星化学	带强调事项段无保留意见	带强调事项段无保留意见	存货管理不到位（财报缺陷）
	* ST 狮头	带强调事项段无保留意见	带强调事项段无保留意见	生产经营活动基本处于停滞期，未进行内控评价（非财务缺陷）
	北大荒	否定意见	保留意见	未对存货、固定资产等实物资产实施有效控制；未定期核对往来款项（财报缺陷）
	华锐风电	否定意见	保留意见	未对存货等实物资产实施有效控制（财报缺陷）
	康达尔	带强调事项段无保留意见	保留意见	项目工程现场管控存在缺陷、关联方交易（非财务缺陷）
	钱江摩托	带强调事项段无保留意见	保留意见	子公司非财务报告内部控制存在缺陷（非财务缺陷）
	科伦药业	否定意见	保留意见	未识别关联方交易导致前期会计差错更正（财务缺陷）
	迪威视讯	否定意见	保留意见	涉嫌信息披露违规被调查，部分关键环节缺乏会计控制（财报缺陷）
	海联讯	带强调事项段无保留意见	带强调事项段无保留意见	存货管理的设计存在缺陷（财报缺陷）
	五洲交通	否定意见	带强调事项段无保留意见	相关授权制度未执行（财报缺陷）
	大有能源	否定意见	保留意见	涉嫌违反证券法律法规，未及时确认关联方交易等（财报缺陷）
	上海三毛	带强调事项段无保留意见	带强调事项段无保留意见	诉讼案件导致无法持续经营；对海外客户的管控不够（财报缺陷）
	天津磁卡	否定意见	带强调事项段无保留意见	投资业务、销售业务等未建立有效的会计制度（财报缺陷）
	博汇纸业	否定意见	保留意见	货币资金收付不及时；成本费用核算不规范（财报缺陷）
	美利纸业	带强调事项段无保留意见	带强调事项段无保留意见	战略决策失误导致连年亏损（财报缺陷）
	中银绒业	带强调事项段无保留意见	保留意见	给个人提供商业担保可能造成风险（非财报缺陷）
	莲花味精	带强调事项段无保留意见	保留意见	涉嫌虚增会计利润，重大诉讼未披露等被调查（财报缺陷）

续表

年份	股票名称	内部控制审计意见	财务审计意见	内部控制缺陷内容分析
2013	昌九生化	带强调事项段无保留意见	带强调事项段无保留意见	持续经营能力重大不确定（非财报缺陷）
	＊ST 南化	带强调事项段无保留意见	带强调事项段无保留意见	政策性停产和股权变更（非财报缺陷）
	＊ST 阳化	带强调事项段无保留意见	带强调事项段无保留意见	进行前期差错更正（财报缺陷）
	上海物贸	带强调事项段无保留意见	带强调事项段无保留意见	涉嫌信息披露违规被立案侦查（非财报缺陷）
2014	＊ST 康达	带强调事项段无保留意见	无保留意见加事项段	工程现场缺陷（非财报缺陷）
	川化股份	带强调事项段无保留意见	无保留意见加事项段	高管薪酬错乱（非财报缺陷）
	钱江摩托	带强调事项段无保留意见	保留意见	政治风险（非财报缺陷）
	＊ST 众和	带强调事项段无保留意见	保留意见	挪用募集资金（非财报缺陷）
	康欣新材	无法表示意见	无保留意见加事项段	识别关联方不完整（财报缺陷）
	亚星化学	带强调事项段无保留意见	无保留意见加事项段	内部控制运行失效（财报缺陷）
	五洲交通	否定意见	保留意见	授权控制方面存在重大缺陷（财报缺陷）
	大有能源	否定意见	保留意见	转让矿产未履行相关决策程序，未及时披露（财报缺陷）
	＊ST 狮头	带强调事项段无保留意见	无法发表意见	生产经营活动停滞，未进行内控评价（非财报缺陷）
	天津磁卡	否定意见	无保留意见加事项段	不能准确核算投资收益；收入成本控制存在缺陷；报表进行监督不当（财报缺陷）
	ST 锐电	否定意见	无保留意见加事项段	实物资产控制缺陷（财报缺陷）
	＊ST 新都	否定意见	无保留意见加事项段	内部监督无效（财报缺陷）
2015	川化股份	带强调事项段无保留意见	无法发表意见	缺少内部审计（非财报缺陷）
	ST 生化	否定意见	无保留意见加事项段	重大前期差错更正；未设立内部审计机构（财报缺陷）
	南华生物	带强调事项段无保留意见	无保留意见加事项段	涉嫌信息披露违法违规立案稽查（非财报缺陷）
	烯碳退	否定意见	无法发表意见	减值测试缺失、成本结转跨期、税金计提不准确（财报缺陷）
	北大医药	带强调事项段无保留意见	无保留意见加事项段	涉嫌违反证券法律法规立案调查（财报缺陷）
	神雾节能	带强调事项段无保留意见	无保留意见加事项段	在建工程管理存在缺陷，全面预算未有效实行（财报缺陷）
	＊ST 中绒	带强调事项段无保留意见	无保留意见加事项段	因涉嫌信息披露违法违规（非财报缺陷）

续表

年份	股票名称	内部控制审计意见	财务审计意见	内部控制缺陷内容分析
2015	巨人网络	否定意见	保留意见	缺失经营成果识别、获取、汇总的财务管控机制（财报缺陷）
	顾地科技	否定意见	无保留意见加事项段	内部控制运行失效（财报缺陷）
	＊ST 新亿	否定意见	无保留意见加事项段	内部控制失效（财报缺陷）
	商赢环球	带强调事项段无保留意见	无保留意见加事项段	嫌违反证券法律法规立案调查（财报缺陷）
	ST 山水	否定意见	保留意见	信息披露中存在违规事项，重大投资事项不谨慎（财报缺陷）
	＊ST 成城	无法表示意见	保留意见加事项段	公司管理手册存在缺陷，存在诉讼案件（财报缺陷）
	山东金泰	带强调事项段无保留意见	无保留意见加事项段	因经营困难导致薪酬和社保拖欠（非财报缺陷）
	大有能源	否定意见	无保留意见加事项段	子公司部分财报内部控制失效（财报缺陷）
	＊ST 安泰	否定意见	无保留意见加事项段	客户授信额度管理缺陷；关联企业占用资金（财报缺陷）
	ST 仰帆	带强调事项段无保留意见	无保留意见加事项段	证监会立案调查（财报缺陷）
	山煤国际	带强调事项段无保留意见	无保留意见加事项段	子公司对外担保未能执行（非财报缺陷）
	皖江物流	否定意见	无保留意见加事项段	内部控制的执行存在重大缺陷；涉嫌信息披露违法违规被立案调查（财报缺陷）
	天目药业	否定意见	无保留意见加事项段	在建工程管理、存货、减值准备存在缺陷（财报缺陷）
	苏美达	带强调事项段无保留意见	无保留意见加事项段	关联方交易的缺陷（财报缺陷）
	ST 新梅	否定意见	保留意见	非财务报告内部控制重大缺陷；内部审计缺失（财报缺陷）
	上海物贸	带强调事项段无保留意见	无保留意见加事项段	涉嫌信息披露违法违规立案调查（非财报缺陷）
	＊ST 厦华	带强调事项段无保留意见	无保留意见加事项段	主营业务停顿，新的内控体系尚未实行（非财报缺陷）
	ST 锐电	否定意见	无保留意见加事项段	实物资产的出、入库控制存在巨大缺陷（财报缺陷）
	深中华 A	带强调事项段无保留意见	无保留意见加事项段	持续经营能力不确定性（非财报缺陷）
2016	ST 生化	否定意见	无保留意见加事项段	未设内部审计部门；违规使用账户；资产重组违规（财报缺陷）
	烯碳退	否定意见	保留意见	结转不及时，存在跨期（财报缺陷）
	四环生物	带强调事项段无保留意见	无保留意见加事项段	持续经营能力、短期偿债能力存在重大不确定性（非财报缺陷）
	宝塔实业	带强调事项段无保留意见	无保留意见加事项段	存货及营业成本核算不准确（财报缺陷）

续表

年份	股票名称	内部控制审计意见	财务审计意见	内部控制缺陷内容分析
2016	天首发展	带强调事项段无保留意见	无保留意见加事项段	部分子公司审计部未进行审计；部分客户有风险（非财报缺陷）
	盈方微	否定意见	无保留意见加事项段	大额合同变动违规；财务核算不规范，原始业务单据不完整；客户授信重大缺陷（财报风险）
	亚太实业	否定意见	保留意见	资产减值测试缺陷；内部监督未能识别控制缺陷（财报风险）
	*ST 华泽	否定意见	无法发表意见	关联交易，子公司存在重大会计差错更正；内部控制的监督无效；法人治理结构重大缺陷；信息披露存在重大缺陷（财报缺陷）
	北大医药	带强调事项段无保留意见	无保留意见加事项段	涉嫌违反证券法律法规立案调查（财报缺陷）
	中水渔业	否定意见	保留意见	内控存在重大缺陷；标的披露信息存在违规事项（财报缺陷）
	华东数控	带强调事项段无保留意见	无保留意见加事项段	关联企业交易缺陷（财报缺陷）
	仁东控股	带强调事项段无保留意见	保留意见	贸易业务相关控制缺陷（财报缺陷）
	登云股份	否定意见	无保留意见加事项段	三胞索赔条款不清晰（财报缺陷）
	*金亚	否定意见	保留意见	违反证券法律法规立案调查；内部监督失效；（财报缺陷）
	浙江广厦	带强调事项段无保留意见	无保留意见加事项段	关联方交易的缺陷（财报缺陷）
	澄星股份	带强调事项段无保留意见	无保留意见加事项段	涉嫌披露违法违规（非财报缺陷）
	太化股份	否定意见	无保留意见加事项段	入库核算、单据、收货时间存在问题；对停产资产未进行计提减值（财报缺陷）
	宏达股份	带强调事项段无保留意见	无保留意见加事项段	会计差错更正追溯调整（财报缺陷）
	大有能源	否定意见	无保留意见加事项段	子公司决策程序失效；职务侵占；未取得采矿资质（财报缺陷）
	ST 仰帆	带强调事项段无保留意见	无保留意见加事项段	涉嫌信息披露违法违规（非财报缺陷）
	*ST 柳化	否定意见	无保留意见加事项段	关联方交易的缺陷（财报缺陷）
	山煤国际	带强调事项段无保留意见	无保留意见加事项段	子公司违规担保（财报缺陷）
	恒生电子	带强调事项段无保留意见	无保留意见加事项段	非法经营证券业务进行行政处罚（非财报缺陷）
	*ST 毅达	带强调事项段无保留意见	无保留意见加事项段	内部审计部门失效（非财报缺陷）
	ST 岩石	带强调事项段无保留意见	保留意见	子公司经营困难，存货应计提的跌价损失、预计担保损失存在缺陷（财报缺陷）
	ST 大控	带强调事项段无保留意见	无法发表意见	违规担保，募集资金挪用、资金混淆（财报缺陷）

续表

年份	股票名称	内部控制审计意见	财务审计意见	内部控制缺陷内容分析
2016	ST 嘉陵	带强调事项段无保留意见	无保留意见加事项段	关联交易金额超出授权（非财报缺陷）
	秋林集团	否定意见	保留意见	关联方交易缺陷；违规使用个人账户（财报缺陷）
	ST 锐电	带强调事项段无保留意见	无保留意见加事项段	人员流失（非财报缺陷）
	美丽生态	带强调事项段无保留意见	无保留意见加事项段	涉嫌违反证券法律法规立案稽查（财报缺陷）
2017	*ST 康达	带强调事项段无保留意见	无法表示意见	股东权利纠纷诉讼；入账、盘点存在缺陷（财报缺陷）
	ST 生化	否定意见	无保留意见加事项段	违规使用账户（财报缺陷）
	中润资源	否定意见	保留意见	其他应收款管理缺陷（财报缺陷）
	亚太实业	否定意见	无保留意见加事项段	重大前期差错更正；成本核算缺陷（财报缺陷）
	*ST 华泽	否定意见	无法发表意见	关联方资金占用、收入确认及税款申报、资金拆借、固定资产报废等出现问题；（财报缺陷）
	*ST 南风	带强调事项段无保留意见	无保留意见加事项段	投资管理缺陷（财报丢失）
	*ST 天化	带强调事项段无保留意见	保留意见	资产管理内部控制存在重要缺陷（财报缺陷）
	*ST 凯迪	带强调事项段无保留意见	无法发表意见	融资缺陷、总裁职务侵占（财报缺陷）
	*ST 中绒	带强调事项段无保留意见	无保留意见加事项段	涉嫌信息披露违法违规（财报缺陷）
	云投生态	带强调事项段无保留意见	保留意见	拖欠工程款诉讼（财报缺陷）
	*ST 准油	否定意见	保留意见	印章管理缺陷（财报缺陷）
	*ST 海润	否定意见	无法发表意见	关联方交易缺陷；资产减值、会计核算出现问题（财报缺陷）
	*ST 安泰	否定意见	无保留意见加事项段	关联方交易缺陷（财报缺陷）
	ST 仰帆	带强调事项段无保留意见	无保留意见加事项段	证监会正在立案调查（非财报缺陷）
	山煤国际	带强调事项段无保留意见	无保留意见加事项段	违规担保（财报缺陷）
	*ST 毅达	带强调事项段无保留意见	无法发表意见	内部审计存在缺陷（财报缺陷）
	ST 中安	否定意见	无保留意见加事项段	客户资质不明；工程管理存在缺陷（财报缺陷）
	*ST 上普	否定意见	无保留意见加事项段	挪用募集资金；被证监会立案调查（财报缺陷）
	ST 大控	否定意见	保留意见	违规担保、披露不及时、涉嫌违规披露被立案调查（财报缺陷）
	天津磁卡	否定意见	无保留意见加事项段	对外投资、项目管理缺陷（财报缺陷）
	退市昆机	否定意见	无保留意见加事项段	信息披露重大遗漏、重大差错调整、子公司股权问题（财报缺陷）
	ST 锐电	带强调事项段无保留意见	无保留意见加事项段	大股东变更、关键人员离职（非财报缺陷）

从表 3－7 中可以看出，有 182 家上市公被出具了非标准的内部控制审计意见，但并没有被出具非标准的财务审计意见，而是出具了标准无保留意见的财务审计意见。在 182 家上市公司中，有 138 家内控审计意见为带强调事项段的无保留意见，财务审计意见为标准无保留意见，占绝对比例。进一步分析审计意见出具依据可以看出，大多数为非财报缺陷导致出具了带强调事项段的无保留意见，以并购或者重组可以不对内部控制进行评价最为典型（北部港湾、云煤能源等），审计师通过提醒广大信息使用者注意，由于一些非财务事项可能会对内部控制产生影响，为了谨慎起见，出具了带强调事项段的无保留意见，但是这些事项并没有对财务审计产生重大影响，内部控制的整体运行不影响财务信息的使用，所以出具了标准的无保留的财务审计意见。但是，值得注意的是，共有 39 家内控审计意见被出具了否定意见，而且均存在着与财务报告相关联的内控缺陷，但是财务审计意见却为标准无保留意见，这也值得我们予以高度关注。从泰达股份（000652）的内部控制审计报告来看，由于其子公司对外提供担保，该担保均未按照公司内部控制制度的规定履行授权审批、信息披露等程序，与之相关的财务报告内部控制执行失效，该重大缺陷可能导致公司因履行担保责任而承担损失的风险。由于该公司在编制财务报表时，已经对该项担保可能产生的会计差错予以关注、避免和纠正，审计师也认为这项重大缺陷并不会对财务审计意见产生影响，针对这种情况，对所出具的财务审计意见也值得我们怀疑。

表 3－7　　出具非标内控审计意见与标准财务审计意见统计表

年份	股票名称	内部控制审计意见	财务审计意见	内部控制缺陷内容分析
2009	国恒铁路	带强调事项段无保留意见	标准无保留意见	非财报缺陷
	久联发展	带强调事项段无保留意见	标准无保留意见	非财报缺陷
2011	深振业 A	带强调事项段无保留意见	标准无保留意见	财报缺陷/非财报缺陷
	新华制药	否定意见	标准无保留意见	财报缺陷
	华孚色纺	带强调事项段无保留意见	标准无保留意见	非财报缺陷
	香江控股	带强调事项段无保留意见	标准无保留意见	财报缺陷
	徐工机械	带强调事项段无保留意见	标准无保留意见	非财报缺陷
2012	大地传媒	带强调事项段无保留意见	保准无保留意见	非财报缺陷
	贵糖股份	否定意见	标准无保留意见	财报缺陷
	海南椰岛	带强调事项段无保留意见	标准无保留意见	非财报缺陷
	西藏天路	带强调事项段无保留意见	标准无保留意见	非财报缺陷
	香梨股份	带强调事项段无保留意见	标准无保留意见	非财报缺陷
	上海三毛	带强调事项段无保留意见	标准无保留意见	非财报缺陷
	南京医药	带强调事项段无保留意见	标准无保留意见	财报缺陷/非财报缺陷
	华银电力	带强调事项段无保留意见	标准无保留意见	非财报缺陷/非财报缺陷
	马钢股份	带强调事项段无保留意见	标准无保留意见	非财报缺陷
	恒源煤电	带强调事项段无保留意见	标准无保留意见	财报缺陷/非财报缺陷
	江淮汽车	带强调事项段无保留意见	标准无保留意见	非财报缺陷
	*ST 宜纸	带强调事项段无保留意见	标准无保留意见	非财报缺陷

续表

年份	股票名称	内部控制审计意见	财务审计意见	内部控制缺陷内容分析
2012	上海机电	带强调事项段无保留意见	标准无保留意见	非财报缺陷
	工大高新	带强调事项段无保留意见	标准无保留意见	非财报缺陷
	*ST 光学	带强调事项段无保留意见	标准无保留意见	非财报缺陷
2013	*ST 川化	带强调事项段无保留意见	标准无保留意见	非财报缺陷
	泰达股份	否定意见	标准无保留意见	财报缺陷
	*ST 酒鬼	带强调事项段无保留意见	标准无保留意见	非财报缺陷
	*ST 天化	带强调事项段无保留意见	标准无保留意见	非财报缺陷
	江苏三友	带强调事项段无保留意见	标准无保留意见	财报缺陷
	众和股份	带强调事项段无保留意见	标准无保留意见	非财报缺陷
	康得新	带强调事项段无保留意见	标准无保留意见	财务缺陷/非财报缺陷
	上海家化	否定意见	标准无保留意见	财报缺陷
	风神股份	否定意见	标准无保留意见	财报缺陷
	华银电力	带强调事项段无保留意见	标准无保留意见	非财报缺陷
	恒源煤电	带强调事项段无保留意见	标准无保留意见	非财报缺陷
	西部矿业	否定意见	标准无保留意见	财报缺陷
	深物业 A	带强调事项段无保留意见	标准无保留意见	财报缺陷
	*ST 传媒	带强调事项段无保留意见	标准无保留意见	财报缺陷
	*ST 凤凰	带强调事项段无保留意见	标准无保留意见	财报缺陷
	北部港湾	带强调事项段无保留意见	标准无保留意见	非财报缺陷
	酒鬼酒	带强调事项段无保留意见	标准无保留意见	财报缺陷
	凯迪电力	带强调事项段无保留意见	标准无保留意见	非财报缺陷
	青鸟华光	无法表示意见	标准无保留意见	非财报缺陷
	武汉控股	带强调事项段无保留意见	标准无保留意见	非财报缺陷
	桂冠电力	带强调事项段无保留意见	标准无保留意见	非财报缺陷
	标准股份	带强调事项段无保留意见	标准无保留意见	非财报缺陷
	西藏天路	带强调事项段无保留意见	标准无保留意见	非财报缺陷
	方大炭素	带强调事项段无保留意见	标准无保留意见	非财报缺陷
	保变电气	带强调事项段无保留意见	标准无保留意见	非财报缺陷
	百视通	带强调事项段无保留意见	标准无保留意见	非财报缺陷
	大连热电	带强调事项段无保留意见	标准无保留意见	非财报缺陷
	云媒能源	带强调事项段无保留意见	标准无保留意见	非财报缺陷
	*ST 宜纸	带强调事项段无保留意见	标准无保留意见	非财报缺陷
	*ST 二重	带强调事项段无保留意见	标准无保留意见	非财报缺陷
2014	中国天楹	带强调事项段无保留意见	标准无保留意见	财报缺陷
	深大通	带强调事项段无保留意见	标准无保留意见	非财报缺陷
	烯碳退	否定意见	标准无保留意见	财报缺陷

续表

年份	股票名称	内部控制审计意见	财务审计意见	内部控制缺陷内容分析
2014	泰达股份	否定意见	标准无保留意见	财报缺陷
	亚太实业	带强调事项段无保留意见	标准无保留意见	非财报缺陷
	罗牛山	带强调事项段无保留意见	标准无保留意见	财报缺陷
	神雾节能	带强调事项段无保留意见	标准无保留意见	非财报缺陷
	*ST 天化	带强调事项段无保留意见	标准无保留意见	非财报缺陷
	天邦股份	带强调事项段无保留意见	标准无保留意见	财报缺陷
	超华科技	带强调事项段无保留意见	标准无保留意见	财报缺陷
	宇顺电子	保留意见	标准无保留意见	财报缺陷
	林州重机	带强调事项段无保留意见	标准无保留意见	财报缺陷
	巨人网络	否定意见	标准无保留意见	财报缺陷
	顺灏股份	带强调事项段无保留意见	标准无保留意见	非财报缺陷
	勤上股份	带强调事项段无保留意见	标准无保留意见	财报缺陷
	西藏药业	带强调事项段无保留意见	标准无保留意见	非财报缺陷
	天津松江	带强调事项段无保留意见	标准无保留意见	财报缺陷
	桂冠电力	带强调事项段无保留意见	标准无保留意见	非财报缺陷
	中央商场	带强调事项段无保留意见	标准无保留意见	非财报缺陷
	*ST 柳化	否定意见	标准无保留意见	财报缺陷
	金枫酒业	带强调事项段无保留意见	标准无保留意见	非财报缺陷
	航天通信	否定意见	标准无保留意见	财报缺陷
	百花村	带强调事项段无保留意见	标准无保留意见	非财报缺陷
	ST 新梅	否定意见	标准无保留意见	财报缺陷/非财报缺陷
	华银电力	带强调事项段无保留意见	标准无保留意见	非财报缺陷
	ST 大控	带强调事项段无保留意见	标准无保留意见	财报缺陷
	退市昆机	否定意见	标准无保留意见	财报缺陷
	恒源煤电	带强调事项段无保留意见	标准无保留意见	财报缺陷
	柳钢股份	否定意见	标准无保留意见	财报缺陷
	中国化学	带强调事项段无保留意见	标准无保留意见	非财报缺陷
	明星电缆	带强调事项段无保留意见	标准无保留意见	财报缺陷
2015	深圳能源	带强调事项段无保留意见	标准无保留意见	财报缺陷
	*ST 康达	带强调事项段无保留意见	标准无保留意见	非财报缺陷
	冀东水泥	带强调事项段无保留意见	标准无保留意见	财报缺陷
	襄阳轴承	带强调事项段无保留意见	标准无保留意见	非财报缺陷
	亚太实业	否定意见	标准无保留意见	财报缺陷
	美利云	带强调事项段无保留意见	标准无保留意见	非财报缺陷
	华东数控	带强调事项段无保留意见	标准无保留意见	财报缺陷
	唐人神	保留意见	标准无保留意见	财报缺陷

续表

年份	股票名称	内部控制审计意见	财务审计意见	内部控制缺陷内容分析
2015	光洋股份	带强调事项段无保留意见	标准无保留意见	财报缺陷
	登云股份	否定意见	标准无保留意见	财报缺陷
	华虹计通	带强调事项段无保留意见	标准无保留意见	财报缺陷
	京天利	否定意见	标准无保留意见	财报缺陷
	武钢股份	带强调事项段无保留意见	标准无保留意见	财报缺陷
	浙江广厦	带强调事项段无保留意见	标准无保留意见	非财报缺陷
	上海梅林	带强调事项段无保留意见	标准无保留意见	财报缺陷
	易见股份	否定意见	标准无保留意见	财报缺陷
	兰花科创	带强调事项段无保留意见	标准无保留意见	财报缺陷
	桂冠电力	带强调事项段无保留意见	标准无保留意见	非财报缺陷
	*ST 正源	带强调事项段无保留意见	标准无保留意见	非财报缺陷
	亚宝药业	带强调事项段无保留意见	标准无保留意见	财报缺陷
	现代制药	带强调事项段无保留意见	标准无保留意见	财报缺陷
	*ST 柳化	否定意见	标准无保留意见	财报缺陷
	六国化工	带强调事项段无保留意见	标准无保留意见	财报缺陷
	宏达矿业	带强调事项段无保留意见	标准无保留意见	非财报缺陷
	*ST 毅达	带强调事项段无保留意见	标准无保留意见	非财报缺陷
	ST 岩石	带强调事项段无保留意见	标准无保留意见	财报缺陷/非财报缺陷
	一汽富维	否定意见	标准无保留意见	财报缺陷
	华银电力	带强调事项段无保留意见	标准无保留意见	非财报缺陷
	ST 大控	带强调事项段无保留意见	标准无保留意见	财报缺陷
	ST 嘉陵	带强调事项段无保留意见	标准无保留意见	非财报缺陷
	秋林集团	否定意见	标准无保留意见	财报缺陷
	重庆钢铁	带强调事项段无保留意见	标准无保留意见	财报缺陷
	中国一重	带强调事项段无保留意见	标准无保留意见	非财报缺陷
	海南橡胶	否定意见	标准无保留意见	财报缺陷
	滨化股份	带强调事项段无保留意见	标准无保留意见	非财报缺陷
2016	*ST 康达	带强调事项段无保留意见	标准无保留意见	财报缺陷/非财报缺陷
	川化股份	带强调事项段无保留意见	标准无保留意见	非财报缺陷
	襄阳轴承	带强调事项段无保留意见	标准无保留意见	非财报缺陷
	*ST 南风	带强调事项段无保留意见	标准无保留意见	财报缺陷
	国海证券	带强调事项段无保留意见	标准无保留意见	财报缺陷
	万年青	否定意见	标准无保留意见	财报缺陷
	*ST 天化	带强调事项段无保留意见	标准无保留意见	财报缺陷
	*ST 凯迪	带强调事项段无保留意见	标准无保留意见	财报缺陷/非财报缺陷
	超华科技	保留意见	标准无保留意见	财报缺陷

续表

年份	股票名称	内部控制审计意见	财务审计意见	内部控制缺陷内容分析
2016	得利斯	带强调事项段无保留意见	标准无保留意见	财报缺陷
	赣锋锂业	带强调事项段无保留意见	标准无保留意见	非财报缺陷
	勤上股份	带强调事项段无保留意见	标准无保留意见	财报缺陷
	克明面业	带强调事项段无保留意见	标准无保留意见	财报缺陷
	和佳股份	保留意见	标准无保留意见	财报缺陷
	西部资源	带强调事项段无保留意见	标准无保留意见	财报缺陷
	江苏吴中	带强调事项段无保留意见	标准无保留意见	财报缺陷/非财报缺陷
	*ST 椰岛	带强调事项段无保留意见	标准无保留意见	非财报缺陷
	海正药业	带强调事项段无保留意见	标准无保留意见	财报缺陷
	西南证券	带强调事项段无保留意见	标准无保留意见	非财报缺陷
	三房巷	带强调事项段无保留意见	标准无保留意见	财报缺陷
	宝光股份	带强调事项段无保留意见	标准无保留意见	非财报缺陷
	海航基础	带强调事项段无保留意见	标准无保留意见	财报缺陷
	ST 慧球	否定意见	标准无保留意见	财报缺陷/非财报缺陷
	康恩贝	带强调事项段无保留意见	标准无保留意见	财报缺陷
	新华医疗	带强调事项段无保留意见	标准无保留意见	财报缺陷
	东方明珠	带强调事项段无保留意见	标准无保留意见	财报缺陷
	金龙汽车	带强调事项段无保留意见	标准无保留意见	财报缺陷
	重庆百货	带强调事项段无保留意见	标准无保留意见	财报缺陷
	中国高科	否定意见	标准无保留意见	财报缺陷
	华银电力	带强调事项段无保留意见	标准无保留意见	非财报缺陷
	长江传媒	带强调事项段无保留意见	标准无保留意见	非财报缺陷
	大晟文化	否定意见	标准无保留意见	财报缺陷
	恒源煤电	带强调事项段无保留意见	标准无保留意见	财报缺陷
	力帆股份	带强调事项段无保留意见	标准无保留意见	财报缺陷
	龙宇燃油	带强调事项段无保留意见	标准无保留意见	财报缺陷
	明星电缆	带强调事项段无保留意见	标准无保留意见	财报缺陷
	道森股份	带强调事项段无保留意见	标准无保留意见	非财报缺陷
2017	西南证券	带强调事项段无保留意见	标准无保留意见	非财报缺陷
	大连港	否定意见	标准无保留意见	财报缺陷
	新力金融	带强调事项段无保留意见	标准无保留意见	财报缺陷
	云煤能源	否定意见	标准无保留意见	财报缺陷
	菲达环保	否定意见	标准无保留意见	财报缺陷
	风华高科	否定意见	标准无保留意见	财报缺陷
	飞乐音响	否定意见	标准无保留意见	财报缺陷/非财报缺陷
	雏鹰农牧	否定意见	标准无保留意见	财报缺陷

续表

年份	股票名称	内部控制审计意见	财务审计意见	内部控制缺陷内容分析
2017	东方网络	否定意见	标准无保留意见	财报缺陷
	睿康股份	否定意见	标准无保留意见	财报缺陷
	凯撒旅游	带强调事项段无保留意见	标准无保留意见	财报缺陷/非财报缺陷
	*ST 因美	否定意见	标准无保留意见	财报缺陷
	*ST 椰岛	否定意见	标准无保留意见	财报缺陷/非财报缺陷
	神州长城	否定意见	标准无保留意见	财报缺陷
	*ST 蓝科	否定意见	标准无保留意见	财报缺陷
	雪峰科技	带强调事项段无保留意见	标准无保留意见	非财报缺陷
	圣济堂	带强调事项段无保留意见	标准无保留意见	非财报缺陷
	中国高科	带强调事项段无保留意见	标准无保留意见	非财报缺陷
	远大控股	带强调事项段无保留意见	标准无保留意见	非财报缺陷
	海南海药	带强调事项段无保留意见	标准无保留意见	非财报缺陷
	华银电力	带强调事项段无保留意见	标准无保留意见	非财报缺陷
	桂冠电力	带强调事项段无保留意见	标准无保留意见	非财报缺陷
	亿晶光电	带强调事项段无保留意见	标准无保留意见	非财报缺陷
	海航基础	带强调事项段无保留意见	标准无保留意见	非财报缺陷
	中关村	带强调事项段无保留意见	标准无保留意见	财报缺陷
	闻泰科技	带强调事项段无保留意见	标准无保留意见	非财报缺陷
	合肥百货	否定意见	标准无保留意见	财报缺陷

2. 对财务报告内部控制评价的不一致，导致出具非标准审计意见的差异

财务报表审计意见划分为五种类型，分别为：标准无保留意见、带强调事项段的无保留意见、保留意见、否定意见以及无法表示意见。而内部控制审计意见只有四种，分别为：标准无保留意见、带强调事项段的无保留意见、否定意见以及无法表示意见，比财务报表审计少了一个保留意见。注册会计师不能出具“保留意见”的内部控制审计报告，主要是因为内部控制审计在对内部控制的有效性评价时，会存在一定的主观性从而难以评估，因此不能对内部控制的有效性做出过于乐观的评价，否则会增加审计风险。这里值得注意的是，由于《审计指引》中明确规定内部控制审计意见中没有保留意见类型，但是我们还是发现 2013 年有两家上市公司被出具了保留意见，分别为 ST 霞客（002015）和宏磊股份（002647），这也说明了随着《审计指引》的颁布，上市公司在贯彻内部控制评价指引体系的过程中还存着不足，没有完全遵守指引的规定。由于财务审计开展得较早，且实践过程较为成熟，相对于刚刚强制实施不久的内部控制审计，由于相关规定的贯彻与实施的不同，也成为了审计师在出具财务审计和内部控制审计意见的区别。

3.3.2 内部控制审计意见与内部控制自我评价结论的比较分析

内部控制自我评价针对公司自愿披露内部控制运行情况，能够释放公司内部控制有效性的信息，不仅使公司管理层认清楚公司内部管理现状，也能够为信息使用者提供可靠的投资信息。随着内部控制审计的发展，内部控制自我评价与内部控制的外部评价（也就是内部控制审计）的结合，对于更加深入地了解公司的内部控提供了丰富的信息。一般来讲，内部控制自我评价是上市公司董事会对公司的内部控制执行进行评价，并针对其内部控制有效性发表结论；而内部控制是注册会计师事务所针对公司报告的内部控制有效性发表审计意见，两者虽然都是针对公司的内部控制有效性发表意见，但是在某些方面还是存在着不同，这种差异也促使内外部审计方式相结合，全方位地评价内部控制真实状况。两者的差异总结为以下几个方面：

1. 评价范围以及对象有所不同

内部控制自评结论是针对企业所有内部控制运行进行的评价，关注公司的管理层、人力资源部门、销售与采购部门、财务部门等一系列流程部门内部控制系统的建立与运行状况。为了能更详细地了解内部控制自我评价报告披露的情况，根据上海、深圳证券交易所发布的《上市公司内部控制指引》《企业内部控制基本规范》及其三大指引和内部控制自我评价报告的质量特征要求，上市公司披露的年度内部控制自我评价报告应该包括以下内容：①内部控制的目标和原则；②内部环境等内部控制体系描述；③主要业务流程的内部控制；④内部控制中存在的不足及整改情况；⑤主要内部控制制度的执行情况；⑥内部控制制度的执行过程中存在的问题及改善措施；⑦建立和完善内部控制所进行的重要活动、工作及成效；⑧未来会计年度内部控制计划；⑨内部控制制度的建立健全情况；⑩内部控制制度实施的有效性。而内部控制审计的对象则是企业财务报告层次的内部控制，侧重于对外报告范围内的内部控制运行状况，由于自评报告针对的是企业所有的内部控制，而内部控制审计针对企业财务报告内部控制，同时如果审计师注意到企业非财务报告内部控制存在重大缺陷，也需要在审计报告中予以说明。虽然两者都是对内部控制的有效性发表意见，但内部控制自我评价的评价范围要比内部控制审计的范围广泛，其本身还是通过评价过程来完善内部控制运行机制，提高内部控制运行效果。

2. 评价主体的不同导致评价结论的不一致

从两者的涵义可以看出，内部控制自我评价报告的主体为公司的董事会，由董事会根据内部控制运行状况出具评价结论，一般分为有效和无效两种。随着对内部控制自我评价的改善，如果认为自身内部控制存在着缺陷，《企业内部控制评价指引》也要求董事会披露内部控制缺陷的内容，使内部控制评价更加细化。内部控制审计意见是是审计师对财务报告内部控制有效性的判断，主体为外部的注册会计师事务所，由聘请的审计师出具相应的审计意见，根据内部控制的实际运行状况进行风险评估，识别公司内部控制缺陷的影响程度，从而出具四种类型的审计意见。不同类型内部控制审计意见的判断标准是财务报告内部控制是否存在重大缺陷和审计范围是否受到限制。内部控制自评结论类型包括有效和无效两种情况，判断标准是内部控制是否存在重大缺陷。根据《评价指引》的规定，董事会的内部控制自我评价结论是对内部控制是否存在重大缺陷的判断，对不存在重大缺陷的情形，出具评价期末内部控制有效的结论；而对存在重大缺陷的情形，不得作出内部控制有效的结论，并需描述该重大缺陷的性质及其对实现相关控制目标的影响程度，以及可能给公司未来生产经营带来相关风险。

因此，内部控制审计和自我评价的判断标准具有较强的一致性，只是内部控制审计意见仅针对财务报告内部控制，而内部控制自我评价结论则针对企业内部控制，范围更广，区分内部控制审计意见与内部控制自评结论的关键是比较财务报告内部控制与非财务报告内部控制的差异。根据《基本规范》和《审计指引》的规定，内部控制的目标是"合理保证企业经营管理合法合规、资产安全、财务报告及相关信息真实完整，提高经营效率和效果，促进企业实现发展战略"。而财务报告内部控制的目标则是"合理保证财务报告及相关信息真实完整、资产安全"。同时，《审计指引》还进一步提出，"用以合理保证资产安全的内部控制，可能涉及合理保证经营效率和效果、经营管理合法合规的内部控制，"即财务报告内部控制与非财务报告内部控制存在一定程度的交叉，两者如何区分并没有相应的准则予以明确界定，而主要是依靠审计人员的职业判断。下表为 2009—2017 年内部控制自我评价结论与内部控制审计意见不一致的情况进行汇总。如表 3－8 所示。

表 3－8　　内部控制自我评价结论与内部控制审计意见不一致统计表

年份	股票名称	内部控制审计意见	内部控制自我评价结论
2009	国恒铁路	带强调事项段无保留意见	整体有效
	久联发展	带强调事项段无保留意见	整体有效
	ST 古汉	否定意见	整体有效
	*ST 丹化	标准无保留意见	整体无效
	光明乳业	标准无保留意见	整体无效
2010	S*ST 恒立	标准无保留意见	整体无效
	紫金矿业	标准无保留意见	整体无效
2011	深振业 A	带强调事项段无保留意见	整体有效
	华孚色纺	带强调事项段无保留意见	整体有效
	香江控股	带强调事项段无保留意见	整体有效
	徐工机械	带强调事项段无保留意见	整体有效
	中恒集团	标准无保留意见	整体无效
2012	康达尔	带强调事项段无保留意见	整体有效
	勤上光电	带强调事项段无保留意见	整体有效
	*ST 长油	带强调事项段无保留意见	整体有效
	*ST 国通	带强调事项段无保留意见	整体有效
	*ST 狮头	带强调事项段无保留意见	整体有效
	天津磁卡	否定意见	整体有效

续表

年份	股票名称	内部控制审计意见	内部控制自我评价结论
2012	深天地 A	带强调事项段无保留意见	整体有效
	*ST 凤凰	带强调事项段无保留意见	整体有效
	大地传媒	带强调事项段无保留意见	整体有效
	贵糖股份	否定意见	整体有效
	海南椰岛	带强调事项段无保留意见	整体有效
	西藏天路	带强调事项段无保留意见	整体有效
	香梨股份	带强调事项段无保留意见	整体有效
	上海三毛	带强调事项段无保留意见	整体有效
	南京医药	带强调事项段无保留意见	整体有效
	华银电力	带强调事项段无保留意见	整体有效
	马钢股份	带强调事项段无保留意见	整体有效
	恒源煤电	带强调事项段无保留意见	整体有效
	江淮汽车	带强调事项段无保留意见	整体有效
	*ST 宜纸	带强调事项段无保留意见	整体有效
	上海机电	带强调事项段无保留意见	整体有效
	工大高新	带强调事项段无保留意见	整体有效
	*ST 光学	带强调事项段无保留意见	整体有效
	万福生科	标准无保留意见	整体无效
	长春经开	标准无保留意见	整体无效
2013	亚星化学	带强调事项段无保留意见	财报内控有效，非财报内控无效
	*ST 狮头	带强调事项段无保留意见	整体有效
	北大荒	否定意见	整体有效
	华锐风电	否定意见	财报内控无效，非财报内控有效
	康达尔	带强调事项段无保留意见	财报内控有效，非财报内控无效
	钱江摩托	带强调事项段无保留意见	整体有效
	科伦药业	否定意见	财报内控无效，非财报内控有效
	海联讯	带强调事项段无保留意见	整体有效
	五洲交通	否定意见	财报内控无效，非财报内控有效
	上海三毛	带强调事项段无保留意见	财报内控有效，非财报内控无效
	博汇纸业	否定意见	财报内控无效，非财报内控有效
	美利纸业	带强调事项段无保留意见	整体有效
	中银绒业	带强调事项段无保留意见	整体有效
	莲花味精	带强调事项段无保留意见	整体有效
	昌九生化	带强调事项段无保留意见	整体有效
	*ST 南化	带强调事项段无保留意见	整体有效
	*ST 阳化	带强调事项段无保留意见	整体有效

续表

年份	股票名称	内部控制审计意见	内部控制自我评价结论
2013	上海物贸	带强调事项段无保留意见	整体有效
	＊ST 川化	带强调事项段无保留意见	财报内控有效，非财报内控无效
	泰达股份	否定意见	整体有效
	＊ST 酒鬼	带强调事项段无保留意见	整体有效
	＊ST 天化	带强调事项段无保留意见	财报内控有效，非财报内控无效
	江苏三友	带强调事项段无保留意见	整体有效
	众和股份	带强调事项段无保留意见	整体有效
	康得新	带强调事项段无保留意见	未出具结论
	上海家化	否定意见	财报内控无效，非财报内控有效
	风神股份	否定意见	财报内控无效，非财报内控有效
	华银电力	带强调事项段无保留意见	整体有效
	恒源煤电	带强调事项段无保留意见	整体有效
	西部矿业	否定意见	财报内控无效，非财报内控有效
	深物业 A	带强调事项段无保留意见	整体有效
	＊ST 传媒	带强调事项段无保留意见	整体有效
	＊ST 凤凰	带强调事项段无保留意见	整体有效
	北部港湾	带强调事项段无保留意见	整体有效
	酒鬼酒	带强调事项段无保留意见	整体有效
	凯迪电力	带强调事项段无保留意见	整体有效
	青鸟华光	无法表示意见	整体有效
	武汉控股	带强调事项段无保留意见	整体有效
	桂冠电力	带强调事项段无保留意见	整体有效
	标准股份	带强调事项段无保留意见	整体有效
	西藏天路	带强调事项段无保留意见	整体有效
	方大炭素	带强调事项段无保留意见	整体有效
	保变电气	带强调事项段无保留意见	整体有效
	百视通	带强调事项段无保留意见	整体有效
	大连热电	带强调事项段无保留意见	整体有效
	云媒能源	带强调事项段无保留意见	整体有效
	＊ST 宜纸	带强调事项段无保留意见	整体有效
	＊ST 二重	带强调事项段无保留意见	整体有效
	＊ST 国恒	标准无保留意见	整体无效
	四海股份	标准无保留意见	整体无效
	键桥通讯	标准无保留意见	整体无效
	农产品	标准无保留意见	财报内控有效，非财报内控无效
	康芝药业	标准无保留意见	财报内控无效，非财报内控有效
	广汇能源	标准无保留意见	财报内控有效，非财报内控无效
	金晶科技	标准无保留意见	财报内控有效，非财报内控无效
	光大证券	标准无保留意见	财报内控有效，非财报内控无效

续表

年份	股票名称	内部控制审计意见	内部控制自我评价结论
2014	世纪星源	带强调事项段无保留意见	整体有效
	全新好	带强调事项段无保留意见	整体有效
	深中华 A	带强调事项段无保留意见	整体有效
	神州长城	带强调事项段无保留意见	整体有效
	＊ST 新都	无法发表意见	财报内控无效，非财报内控有效
	＊ST 康达	带强调事项段无保留意见	整体有效
	华数传媒	带强调事项段无保留意见	整体有效
	长虹华意	带强调事项段无保留意见	整体有效
	京粮控股	带强调事项段无保留意见	整体有效
	柳工	带强调事项段无保留意见	整体有效
	莱茵体育	带强调事项段无保留意见	整体有效
	苏常柴 A	带强调事项段无保留意见	整体有效
	宝塔实业	无法发表意见	整体有效
	京汉股份	无法发表意见	整体有效
	三木集团	带强调事项段无保留意见	整体有效
	永安林业	无法发表意见	整体有效
	阳光城	带强调事项段无保留意见	整体有效
	襄阳轴承	带强调事项段无保留意见	整体有效
	甘肃电投	带强调事项段无保留意见	整体有效
	岳阳兴长	带强调事项段无保留意见	整体有效
	津滨发展	无法发表意见	整体有效
	嘉凯城	保留意见	整体有效
	华菱钢铁	带强调事项段无保留意见	整体有效
	桂林旅游	保留意见	整体有效
	九芝堂	保留意见	整体有效
	宗申动力	带强调事项段无保留意见	整体有效
	传化智联	保留意见	整体有效
	京新药业	带强调事项段无保留意见	整体有效
	沙钢股份	保留意见	整体有效
	广电运通	保留意见	整体有效
	创新医疗	带强调事项段无保留意见	整体有效
	亚太股份	带强调事项段无保留意见	整体有效
	三泰控股	无法发表意见	整体有效
	巨力索具	带强调事项段无保留意见	整体有效
	联发股份	带强调事项段无保留意见	整体有效
	辉隆股份	保留意见	整体有效
	哈尔斯	无法发表意见	整体有效
	万润科技	保留意见加事项段	整体有效
	奥瑞金	带强调事项段无保留意见	整体有效
	南风股份	带强调事项段无保留意见	整体有效

续表

年份	股票名称	内部控制审计意见	内部控制自我评价结论
2014	超图软件	带强调事项段无保留意见	整体有效
	九洲电气	带强调事项段无保留意见	整体有效
	东方财富	带强调事项段无保留意见	整体有效
	鸿特科技	带强调事项段无保留意见	整体有效
	梅安森	带强调事项段无保留意见	整体有效
	中葡股份	带强调事项段无保留意见	整体有效
	同方股份	带强调事项段无保留意见	整体有效
	乐凯胶片	带强调事项段无保留意见	整体有效
	华创阳安	保留意见加事项段	整体有效
	华升股份	带强调事项段无保留意见	整体有效
	兖州煤业	带强调事项段无保留意见	整体有效
	中牧股份	带强调事项段无保留意见	整体有效
	*ST 哈空	带强调事项段无保留意见	整体有效
	海航控股	带强调事项段无保留意见	整体有效
	桂冠电力	带强调事项段无保留意见	整体有效
	中昌数据	保留意见	整体有效
	大湖股份	保留意见	整体有效
	恒瑞医药	带强调事项段无保留意见	整体有效
	江苏舜天	带强调事项段无保留意见	整体有效
	三峡新材	带强调事项段无保留意见	整体有效
	农发种业	带强调事项段无保留意见	整体有效
	白云山	带强调事项段无保留意见	整体有效
	阳泉煤业	带强调事项段无保留意见	整体有效
	广东明珠	保留意见	整体有效
	金山股份	带强调事项段无保留意见	整体有效
	红豆股份	带强调事项段无保留意见	整体有效
	*ST 柳化	带强调事项段无保留意见	财报内控无效，非财报内控有效
	青松建化	保留意见	整体有效
	三元股份	带强调事项段无保留意见	整体有效
	金证股份	带强调事项段无保留意见	整体有效
	好当家	带强调事项段无保留意见	整体有效
	大西洋	无法发表意见	整体有效
	国睿科技	带强调事项段无保留意见	整体有效
	天地科技	带强调事项段无保留意见	整体有效
	广东榕泰	保留意见	整体有效
	老凤祥	带强调事项段无保留意见	整体有效
	复旦复华	带强调事项段无保留意见	整体有效
	中华企业	无法发表意见	整体有效
	上海石化	带强调事项段无保留意见	整体有效
	金瑞矿业	保留意见	整体有效

续表

年份	股票名称	内部控制审计意见	内部控制自我评价结论
2014	宁波富达	带强调事项段无保留意见	整体有效
	华电能源	保留意见	整体有效
	湖南海利	带强调事项段无保留意见	整体有效
	汉商集团	保留意见	整体有效
	辅仁药业	带强调事项段无保留意见	整体有效
	华新水泥	保留意见	整体有效
	上海物贸	带强调事项段无保留意见	整体有效
	宝信软件	带强调事项段无保留意见	整体有效
	宁波中百	带强调事项段无保留意见	整体有效
	中炬高新	带强调事项段无保留意见	整体有效
	航发动力	带强调事项段无保留意见	整体有效
	宜华生活	带强调事项段无保留意见	整体有效
	广安爱众	带强调事项段无保留意见	整体有效
	南京银行	带强调事项段无保留意见	整体有效
	中信重工	带强调事项段无保留意见	整体有效
	上海电气	带强调事项段无保留意见	整体有效
	光大证券	带强调事项段无保留意见	整体有效
	中科曙光	带强调事项段无保留意见	整体有效
	天首发展	标准无保留意见	整体无效
	江苏国信	标准无保留意见	整体无效
	ST 山水	标准无保留意见	整体无效
	大有能源	标准无保留意见	整体无效
	皖江物流	标准无保留意见	整体无效
	ST 博元	标准无保留意见	整体无效
	ST 岩石	标准无保留意见	整体无效
	ST 新梅	标准无保留意见	整体无效
	欢瑞世纪	标准无保留意见	未出具结论
	迪威迅	标准无保留意见	未出具结论
	*ST 新都	无法发表意见	财报内控无效，非财报内控有效
	*ST 柳化	带强调事项段无保留意见	财报内控无效，非财报内控有效
2015	世纪星源	带强调事项段无保留意见	整体有效
	深中华 A	带强调事项段无保留意见	整体有效
	深科技	保留意见	整体有效
	神州数码	带强调事项段无保留意见	整体有效
	华数传媒	无法发表意见	整体有效
	胜利股份	带强调事项段无保留意见	整体有效

续表

年份	股票名称	内部控制审计意见	内部控制自我评价结论
2015	沈阳机床	带强调事项段无保留意见	整体有效
	中润资源	带强调事项段无保留意见	整体有效
	珠海港	带强调事项段无保留意见	整体有效
	渝开发	无法发表意见	整体有效
	长航凤凰	带强调事项段无保留意见	整体有效
	广弘控股	带强调事项段无保留意见	整体有效
	兴蓉环境	带强调事项段无保留意见	整体有效
	京汉股份	保留意见加事项段	整体有效
	三木集团	带强调事项段无保留意见	整体有效
	当代东方	无法发表意见	整体有效
	模塑科技	保留意见加事项段	整体有效
	西安饮食	带强调事项段无保留意见	整体有效
	盐湖股份	带强调事项段无保留意见	整体有效
	北京文化	保留意见加事项段	整体有效
	太钢不锈	带强调事项段无保留意见	整体有效
	赣能股份	带强调事项段无保留意见	整体有效
	金陵药业	保留意见	整体有效
	华菱钢铁	带强调事项段无保留意见	整体有效
	华西股份	带强调事项段无保留意见	整体有效
	西山煤电	带强调事项段无保留意见	整体有效
	九芝堂	带强调事项段无保留意见	整体有效
	沙钢股份	带强调事项段无保留意见	整体有效
	大港股份	保留意见	整体有效
	石基信息	带强调事项段无保留意见	整体有效
	通产丽星	带强调事项段无保留意见	整体有效
	华明装备	带强调事项段无保留意见	整体有效
	精艺股份	保留意见加事项段	整体有效
	三泰控股	带强调事项段无保留意见	整体有效
	巨力索具	带强调事项段无保留意见	整体有效
	信邦制药	带强调事项段无保留意见	整体有效
	中顺洁柔	带强调事项段无保留意见	整体有效
	天沃科技	保留意见	整体有效
	哈尔斯	带强调事项段无保留意见	整体有效
	万润科技	保留意见	整体有效
	奥瑞金	带强调事项段无保留意见	整体有效
	中科电气	无法发表意见	整体有效
	超图软件	带强调事项段无保留意见	整体有效
	九洲电气	带强调事项段无保留意见	整体有效
	量子生物	保留意见	整体有效
	电科院	带强调事项段无保留意见	整体有效

续表

年份	股票名称	内部控制审计意见	内部控制自我评价结论
2015	梅安森	保留意见加事项段	整体有效
	海联讯	带强调事项段无保留意见	整体有效
	东方通	无法发表意见	整体有效
	哈高科	带强调事项段无保留意见	整体有效
	亚盛集团	带强调事项段无保留意见	整体有效
	*ST 船舶	带强调事项段无保留意见	整体有效
	武汉控股	带强调事项段无保留意见	整体有效
	太原重工	带强调事项段无保留意见	整体有效
	上海贝岭	带强调事项段无保留意见	整体有效
	新湖中宝	带强调事项段无保留意见	整体有效
	万通地产	带强调事项段无保留意见	整体有效
	北京城建	带强调事项段无保留意见	整体有效
	开开实业	保留意见	整体有效
	江苏舜天	保留意见加事项段	整体有效
	恒顺醋业	带强调事项段无保留意见	整体有效
	商业城	带强调事项段无保留意见	整体有效
	营口港	带强调事项段无保留意见	整体有效
	瀚蓝环境	带强调事项段无保留意见	整体有效
	亚宝药业	带强调事项段无保留意见	整体有效
	西南证券	带强调事项段无保留意见	整体有效
	广东明珠	带强调事项段无保留意见	整体有效
	五矿资本	带强调事项段无保留意见	整体有效
	中远海特	带强调事项段无保留意见	整体有效
	博通股份	带强调事项段无保留意见	整体有效
	贵研铂业	带强调事项段无保留意见	整体有效
	中国动力	带强调事项段无保留意见	整体有效
	扬农化工	带强调事项段无保留意见	整体有效
	精工钢构	带强调事项段无保留意见	整体有效
	华丽家族	带强调事项段无保留意见	整体有效
	老凤祥	带强调事项段无保留意见	整体有效
	新黄浦	带强调事项段无保留意见	整体有效
	申能股份	带强调事项段无保留意见	整体有效
	城投控股	带强调事项段无保留意见	整体有效
	中华企业	带强调事项段无保留意见	整体有效
	京投发展	带强调事项段无保留意见	整体有效
	重庆百货	无法发表意见	整体有效
	江苏索普	带强调事项段无保留意见	整体有效
	厦门国贸	带强调事项段无保留意见	整体有效
	鲁抗医药	带强调事项段无保留意见	整体有效

续表

年份	股票名称	内部控制审计意见	内部控制自我评价结论
2015	京能置业	带强调事项段无保留意见	整体有效
	山西汾酒	带强调事项段无保留意见	整体有效
	中路股份	保留意见	整体有效
	上工申贝	带强调事项段无保留意见	整体有效
	春兰股份	带强调事项段无保留意见	整体有效
	内蒙华电	带强调事项段无保留意见	整体有效
	新疆众和	带强调事项段无保留意见	整体有效
	张江高科	带强调事项段无保留意见	整体有效
	岳阳林纸	带强调事项段无保留意见	整体有效
	广安爱众	带强调事项段无保留意见	整体有效
	新城控股	带强调事项段无保留意见	整体有效
	广汽集团	带强调事项段无保留意见	整体有效
	华懋科技	带强调事项段无保留意见	整体有效
	福鞍股份	带强调事项段无保留意见	整体有效
	ST 生化	标准无保留意见	整体无效
	*ST 华泽	标准无保留意见	整体无效
	中水渔业	标准无保留意见	整体无效
	顾地科技	标准无保留意见	整体无效
	沃森生物	带强调事项段无保留意见	整体无效
	大有能源	标准无保留意见	整体无效
	雪峰科技	标准无保留意见	整体无效
	深华发 A	标准无保留意见	财报内控无效，非财报内控有效
	烯碳退	标准无保留意见	财报内控无效，非财报内控有效
	盈方微	标准无保留意见	财报内控无效，非财报内控有效
	粤传媒	标准无保留意见	财报内控无效，非财报内控有效
	恒邦股份	标准无保留意见	财报内控无效，非财报内控有效
	华东数控	标准无保留意见	财报内控无效，非财报内控有效
	唐人神	标准无保留意见	财报内控无效，非财报内控有效
	仁东控股	标准无保留意见	财报内控无效，非财报内控有效
	*金亚	标准无保留意见	财报内控无效，非财报内控有效
	京天利	标准无保留意见	财报内控无效，非财报内控有效
	易见股份	标准无保留意见	财报内控无效，非财报内控有效
	*ST 柳化	标准无保留意见	财报内控无效，非财报内控有效
	秋林集团	标准无保留意见	财报内控无效，非财报内控有效
	海南橡胶	标准无保留意见	财报内控无效，非财报内控有效

续表

年份	股票名称	内部控制审计意见	内部控制自我评价结论
2016	世纪星源	带强调事项段无保留意见	整体有效
	美丽生态	带强调事项段无保留意见	整体有效
	深中华 A	带强调事项段无保留意见	整体有效
	＊ST 新都	带强调事项段无保留意见	整体有效
	京粮控股	带强调事项段无保留意见	整体有效
	珠海港	保留意见	整体有效
	渝开发	保留意见	整体有效
	长虹美菱	带强调事项段无保留意见	整体有效
	青岛双星	带强调事项段无保留意见	整体有效
	海航投资	带强调事项段无保留意见	整体有效
	湖北广电	带强调事项段无保留意见	整体有效
	智度股份	带强调事项段无保留意见	整体有效
	炼石有色	保留意见	整体有效
	模塑科技	无法发表意见	整体有效
	盐湖股份	带强调事项段无保留意见	整体有效
	北京文化	保留意见	整体有效
	银河生物	保留意见	整体有效
	航天科技	带强调事项段无保留意见	整体有效
	神火股份	带强调事项段无保留意见	整体有效
	冀中能源	带强调事项段无保留意见	整体有效
	中南建设	带强调事项段无保留意见	整体有效
	中科三环	带强调事项段无保留意见	整体有效
	众泰汽车	带强调事项段无保留意见	整体有效
	越秀金控	带强调事项段无保留意见	整体有效
	闽东电力	带强调事项段无保留意见	整体有效
	招商蛇口	带强调事项段无保留意见	整体有效
	大港股份	保留意见	整体有效
	苏州固锝	保留意见	整体有效
	利达光电	带强调事项段无保留意见	整体有效
	方正电机	保留意见	整体有效
	合肥城建	带强调事项段无保留意见	整体有效
	诺普信	保留意见	整体有效
	兆新股份	带强调事项段无保留意见	整体有效
	中电兴发	保留意见	整体有效
	南山控股	带强调事项段无保留意见	整体有效
	皖通科技	带强调事项段无保留意见	整体有效
	双塔食品	无法发表意见	整体有效
	汉缆股份	带强调事项段无保留意见	整体有效
	达华智能	无法发表意见	整体有效
	浙江众成	保留意见	整体有效

续表

年份	股票名称	内部控制审计意见	内部控制自我评价结论
2016	金安国纪	带强调事项段无保留意见	整体有效
	赞宇科技	带强调事项段无保留意见	整体有效
	共达电声	保留意见	整体有效
	海洋王	带强调事项段无保留意见	整体有效
	红墙股份	带强调事项段无保留意见	整体有效
	*金亚	带强调事项段无保留意见	整体有效
	超图软件	保留意见	整体有效
	新宙邦	带强调事项段无保留意见	整体有效
	海兰信	无法发表意见	整体有效
	万讯自控	带强调事项段无保留意见	整体有效
	千山药机	带强调事项段无保留意见	整体有效
	三丰智能	保留意见	整体有效
	安硕信息	无法发表意见	整体有效
	劲拓股份	带强调事项段无保留意见	整体有效
	科隆股份	带强调事项段无保留意见	整体有效
	南京高科	带强调事项段无保留意见	整体有效
	哈高科	带强调事项段无保留意见	整体有效
	国金证券	带强调事项段无保留意见	整体有效
	武汉控股	保留意见	整体有效
	上海贝岭	带强调事项段无保留意见	整体有效
	国电南自	带强调事项段无保留意见	整体有效
	恒瑞医药	带强调事项段无保留意见	整体有效
	华仪电气	保留意见	整体有效
	瀚蓝环境	带强调事项段无保留意见	整体有效
	天通股份	带强调事项段无保留意见	整体有效
	华微电子	带强调事项段无保留意见	整体有效
	宝光股份	带强调事项段无保留意见	整体有效
	盛和资源	带强调事项段无保留意见	整体有效
	百利电气	带强调事项段无保留意见	整体有效
	鹏欣资源	带强调事项段无保留意见	整体有效
	凤竹纺织	无法发表意见	整体有效
	晋西车轴	带强调事项段无保留意见	整体有效
	烽火通信	带强调事项段无保留意见	整体有效
	黑牡丹	带强调事项段无保留意见	整体有效
	腾达建设	带强调事项段无保留意见	整体有效
	贵州茅台	无法发表意见	整体有效
	大西洋	带强调事项段无保留意见	整体有效
	龙头股份	带强调事项段无保留意见	整体有效
	豫园股份	带强调事项段无保留意见	整体有效
	强生控股	带强调事项段无保留意见	整体有效

续表

年份	股票名称	内部控制审计意见	内部控制自我评价结论
2016	太极实业	带强调事项段无保留意见	整体有效
	刚泰控股	带强调事项段无保留意见	整体有效
	三安光电	带强调事项段无保留意见	整体有效
	物产中大	带强调事项段无保留意见	整体有效
	海航科技	无法发表意见	整体有效
	ST 运盛	保留意见	整体有效
	西藏城投	保留意见	整体有效
	汉商集团	带强调事项段无保留意见	整体有效
	东方通信	带强调事项段无保留意见	整体有效
	国电电力	保留意见	整体有效
	百联股份	带强调事项段无保留意见	整体有效
	银座股份	无法发表意见	整体有效
	内蒙华电	带强调事项段无保留意见	整体有效
	博瑞传播	带强调事项段无保留意见	整体有效
	江苏有线	带强调事项段无保留意见	整体有效
	中材国际	保留意见	整体有效
	广安爱众	无法发表意见	整体有效
	开滦股份	带强调事项段无保留意见	整体有效
	深圳燃气	带强调事项段无保留意见	整体有效
	吉鑫科技	带强调事项段无保留意见	整体有效
	庞大集团	带强调事项段无保留意见	整体有效
	怡球资源	带强调事项段无保留意见	整体有效
	中国中铁	保留意见	整体有效
	宁波精达	带强调事项段无保留意见	整体有效
	东方时尚	带强调事项段无保留意见	整体有效
	*ST 华泽	标准无保留意见	整体无效
	宝馨科技	标准无保留意见	整体无效
	ST 慧球	标准无保留意见	整体无效
	退市昆机	带强调事项段无保留意见	整体无效
	ST 生化	带强调事项段无保留意见	财报内控无效，非财报内控有效
	中润资源	标准无保留意见	财报内控无效，非财报内控有效
	亚太实业	标准无保留意见	财报内控无效，非财报内控有效
	万年青	标准无保留意见	财报内控无效，非财报内控有效
	中水渔业	标准无保留意见	财报内控无效，非财报内控有效
	融捷股份	标准无保留意见	财报内控无效，非财报内控有效
	*ST 凡谷	标准无保留意见	财报内控无效，非财报内控有效
	山东墨龙	标准无保留意见	财报内控无效，非财报内控有效
	弘高创意	标准无保留意见	财报内控无效，非财报内控有效
	德力股份	标准无保留意见	财报内控无效，非财报内控有效
	欣泰电气	标准无保留意见	财报内控无效，非财报内控有效

续表

年份	股票名称	内部控制审计意见	内部控制自我评价结论
2016	*ST 海润	标准无保留意见	财报内控无效，非财报内控有效
	*ST 安泰	标准无保留意见	财报内控无效，非财报内控有效
	ST 中安	标准无保留意见	财报内控无效，非财报内控有效
	中国高科	标准无保留意见	财报内控无效，非财报内控有效
	天津磁卡	标准无保留意见	财报内控无效，非财报内控有效
	秋林集团	标准无保留意见	财报内控无效，非财报内控有效
	大晟文化	标准无保留意见	财报内控无效，非财报内控有效
2017	国农科技	带强调事项段无保留意见	整体有效
	世纪星源	带强调事项段无保留意见	整体有效
	全新好	保留意见	整体有效
	美丽生态	带强调事项段无保留意见	整体有效
	深中华 A	带强调事项段无保留意见	整体有效
	德赛电池	无法发表意见	整体有效
	长虹华意	带强调事项段无保留意见	整体有效
	英特集团	保留意见	整体有效
	徐工机械	无保留意见加说明段	整体有效
	华塑控股	保留意见	整体有效
	渝开发	无法发表意见	整体有效
	广州浪奇	带强调事项段无保留意见	整体有效
	广东甘化	带强调事项段无保留意见	整体有效
	黔轮胎 A	无保留意见加说明段	整体有效
	京汉股份	无保留意见加说明段	整体有效
	*ST 钒钛	保留意见	整体有效
	当代东方	保留意见加事项段	整体有效
	炼石有色	带强调事项段无保留意见	整体有效
	模塑科技	无法发表意见	整体有效
	锌业股份	带强调事项段无保留意见	整体有效
	漳泽电力	保留意见	整体有效
	太钢不锈	保留意见	整体有效
	法尔胜	带强调事项段无保留意见	整体有效
	鞍钢股份	带强调事项段无保留意见	整体有效
	赣能股份	无法发表意见	整体有效
	嘉凯城	保留意见	整体有效
	中关村	带强调事项段无保留意见	整体有效
	广济药业	无法发表意见	整体有效
	锡业股份	带强调事项段无保留意见	整体有效
	蓝焰控股	带强调事项段无保留意见	整体有效
	大庆华科	保留意见	整体有效
	九芝堂	保留意见	整体有效
	宗申动力	带强调事项段无保留意见	整体有效

续表

年份	股票名称	内部控制审计意见	内部控制自我评价结论
2017	京新药业	带强调事项段无保留意见	整体有效
	海特高新	无法发表意见	整体有效
	山东威达	带强调事项段无保留意见	整体有效
	国轩高科	保留意见	整体有效
	沙钢股份	无法发表意见	整体有效
	大港股份	保留意见	整体有效
	紫鑫药业	带强调事项段无保留意见	整体有效
	南极电商	无法发表意见	整体有效
	广百股份	带强调事项段无保留意见	整体有效
	*ST 凡谷	无法发表意见	整体有效
	海利得	保留意见	整体有效
	特尔佳	保留意见	整体有效
	泰和新材	带强调事项段无保留意见	整体有效
	西仪股份	带强调事项段无保留意见	整体有效
	浙富控股	带强调事项段无保留意见	整体有效
	信立泰	保留意见	整体有效
	三泰控股	带强调事项段无保留意见	整体有效
	太安堂	无法发表意见	整体有效
	松芝股份	保留意见	整体有效
	新筑股份	保留意见	整体有效
	搜于特	带强调事项段无保留意见	整体有效
	日发精机	保留意见	整体有效
	齐峰新材	带强调事项段无保留意见	整体有效
	瑞康医药	保留意见	整体有效
	朗姿股份	无法发表意见	整体有效
	勤上股份	带强调事项段无保留意见	整体有效
	摩登大道	保留意见	整体有效
	凯文教育	保留意见	整体有效
	普邦股份	带强调事项段无保留意见	整体有效
	欧浦智网	带强调事项段无保留意见	整体有效
	南风股份	保留意见	整体有效
	阳普医疗	带强调事项段无保留意见	整体有效
	同花顺	无法发表意见	整体有效
	上海凯宝	带强调事项段无保留意见	整体有效
	当升科技	无法发表意见	整体有效
	双林股份	保留意见	整体有效
	中航电测	无法发表意见	整体有效
	锐奇股份	保留意见	整体有效
	雷曼股份	带强调事项段无保留意见	整体有效
	东方国信	保留意见	整体有效

续表

年份	股票名称	内部控制审计意见	内部控制自我评价结论
2017	美亚柏科	保留意见	整体有效
	高盟新材	带强调事项段无保留意见	整体有效
	金运激光	带强调事项段无保留意见	整体有效
	富瑞特装	无法发表意见	整体有效
	金明精机	保留意见	整体有效
	博济医药	带强调事项段无保留意见	整体有效
	道氏技术	带强调事项段无保留意见	整体有效
	鲁亿通	带强调事项段无保留意见	整体有效
	广州发展	无法发表意见	整体有效
	三峡水利	带强调事项段无保留意见	整体有效
	中国巨石	保留意见	整体有效
	金种子酒	保留意见	整体有效
	新湖中宝	保留意见	整体有效
	凌钢股份	带强调事项段无保留意见	整体有效
	民丰特纸	带强调事项段无保留意见	整体有效
	亿利洁能	带强调事项段无保留意见	整体有效
	西水股份	带强调事项段无保留意见	整体有效
	万华化学	带强调事项段无保留意见	整体有效
	振华重工	带强调事项段无保留意见	整体有效
	兰太实业	带强调事项段无保留意见	整体有效
	美克家居	无法发表意见	整体有效
	浙江龙盛	带强调事项段无保留意见	整体有效
	华联综超	带强调事项段无保留意见	整体有效
	通葡股份	保留意见	整体有效
	三房巷	带强调事项段无保留意见	整体有效
	广东明珠	保留意见	整体有效
	士兰微	带强调事项段无保留意见	整体有效
	中国动力	无法发表意见	整体有效
	亨通光电	无法发表意见	整体有效
	龙元建设	带强调事项段无保留意见	整体有效
	华丽家族	带强调事项段无保留意见	整体有效
	香梨股份	带强调事项段无保留意见	整体有效
	国药股份	保留意见	整体有效
	市北高新	保留意见	整体有效
	氯碱化工	带强调事项段无保留意见	整体有效
	中源协和	带强调事项段无保留意见	整体有效
	东百集团	无法发表意见	整体有效
	大连热电	无法发表意见	整体有效
	山西焦化	带强调事项段无保留意见	整体有效
	园城黄金	带强调事项段无保留意见	整体有效

续表

年份	股票名称	内部控制审计意见	内部控制自我评价结论
2017	云煤能源	无法发表意见	整体有效
	津劝业	带强调事项段无保留意见	整体有效
	华东电脑	保留意见	整体有效
	航天长峰	带强调事项段无保留意见	整体有效
	*ST 厦华	带强调事项段无保留意见	整体有效
	贵州燃气	带强调事项段无保留意见	整体有效
	广西广电	带强调事项段无保留意见	整体有效
	东方证券	无法发表意见	整体有效
	节能风电	带强调事项段无保留意见	整体有效
	四川成渝	带强调事项段无保留意见	整体有效
	小康股份	带强调事项段无保留意见	整体有效
	中国铁建	带强调事项段无保留意见	整体有效
	森特股份	带强调事项段无保留意见	整体有效
	梦百合	保留意见	整体有效
	神州长城	标准无保留意见	整体无效
	*ST 众和	标准无保留意见	整体无效
	东方网络	标准无保留意见	整体无效
	*ST 尤夫	标准无保留意见	整体无效
	晨鑫科技	标准无保留意见	整体无效
	*ST 因美	标准无保留意见	整体无效
	*ST 龙力	标准无保留意见	整体无效
	舜喆 B	标准无保留意见	整体无效
	盛运环保	标准无保留意见	整体无效
	乐视网	标准无保留意见	整体无效
	*ST 保千	标准无保留意见	整体无效
	黄河旋风	标准无保留意见	整体无效
	*ST 椰岛	标准无保留意见	整体无效
	*ST 富控	标准无保留意见	整体无效
	飞乐音响	标准无保留意见	整体无效
	ST 大控	标准无保留意见	整体无效
	*ST 信通	标准无保留意见	整体无效
	ST 生化	标准无保留意见	财报内控无效，非财报内控有效
	合肥百货	标准无保留意见	财报内控无效，非财报内控有效
	中润资源	带强调事项段无保留意见	财报内控无效，非财报内控有效
	烯碳退	标准无保留意见	财报内控无效，非财报内控有效
	风华高科	标准无保留意见	财报内控无效，非财报内控有效
	中弘股份	标准无保留意见	财报内控无效，非财报内控有效
	*ST 中绒	标准无保留意见	财报内控无效，非财报内控有效
	*ST 皇台	标准无保留意见	财报内控无效，非财报内控有效
	*ST 天马	标准无保留意见	财报内控无效，非财报内控有效

续表

年份	股票名称	内部控制审计意见	内部控制自我评价结论
2017	*ST 巴士	标准无保留意见	财报内控无效，非财报内控有效
	成飞集成	标准无保留意见	财报内控无效，非财报内控有效
	升达林业	标准无保留意见	财报内控无效，非财报内控有效
	雏鹰农牧	标准无保留意见	财报内控无效，非财报内控有效
	蓝丰生化	标准无保留意见	财报内控无效，非财报内控有效
	加加食品	标准无保留意见	财报内控无效，非财报内控有效
	睿康股份	标准无保留意见	财报内控无效，非财报内控有效
	新疆浩源	标准无保留意见	财报内控无效，非财报内控有效
	天龙光电	标准无保留意见	财报内控无效，非财报内控有效
	华谊嘉信	标准无保留意见	财报内控无效，非财报内控有效
	梅安森	标准无保留意见	财报内控无效，非财报内控有效
	新日恒力	标准无保留意见	财报内控无效，非财报内控有效
	农发种业	标准无保留意见	财报内控无效，非财报内控有效
	*ST 海润	标准无保留意见	财报内控无效，非财报内控有效
	菲达环保	标准无保留意见	财报内控无效，非财报内控有效
	宏达矿业	标准无保留意见	财报内控无效，非财报内控有效
	*ST 工新	标准无保留意见	财报内控无效，非财报内控有效
	*ST 蓝科	标准无保留意见	财报内控无效，非财报内控有效
	大连港	标准无保留意见	财报内控无效，非财报内控有效
	大连港	标准无保留意见	财报内控无效，非财报内控有效

通过表 3－8 我们可以看出，共有 624 家上市公司内部控制自我评价结论与内部控制审计意见不一致。其中有 492 家上市公司均认为其内部控制整体有效，5 家上市公司认为其财报内控是有效的，而被外部审计师出具了非标准财务审计意见，这说明大多数上市公司对自身内部控制评价过高，并没有完全地披露自身所存在的内部控制缺陷。但是有 110 家上市公司认为自身内部控制整体无效或财报内部控制无效，但是外部审计却出具了标准无保留意见，分析其原因，一方面是公司自身非常重视内部控制建设，对自身内部控制评价要求很严，另一方面也可能反映了外部审计是否认真地参考了公司自身的评价结论，是否广泛关注了相关的内部控制运行缺陷，导致审计质量是否存在问题。

通过数据分析我们可以看出，内部控制自我评估与内部控制审计结论有可能出现不一致，这种不一致也反映了我国上市公司内部控制评价的不健全与不成熟。上市公司对自身内部控制的认识还不全面，内部控制建设也不全面，作为内部控制评价的主体，上市公司和外部审计都应该发挥其应有的作用，通过政策的引导以及机智的建设通过提高上市公司内部控制水平，并敦促管理层对内部控制存在的缺陷加以改进，提高企业财务报告的可靠性。

3.4　本章小结

本章通过对财务审计报告、内部控制审计报告以及内部控制自我评价报告相关政策发展历程的介绍，以2009—2013年的相关数据作为基础数据，对我国上市公司相关审计意见和评价结论进行统计分析，反映了我国上市公司财务审计、内部控制审计以及内部控制自我评价的现状，并重点对财务审计意见与内部控制审计意见、内部控制审计意见与内部控制自我评价结论进行对比分析，也为后续的实证研究提供理论基础。通过相关理论以及统计数据分析，本章得出了以下主要结论：

（1）上市公司财务审计中标准审计意见数量不断增加，一方面说明我国上市公司公司治理与内部控制的不断完善。上市公司通过设立独立董事与审计委员会制度，加强了公司风险管理意识，也提高了内部控制执行效果。另一方面反映了审计师的独立性与风险意识的增强，审计师的素质有了明显的提高。审计师在审计过程中对风险的意识明显增强，对敏感事项的判断处理更加稳健。相反，上市公司内部控制审计意见的非标意见增多，表明内部控制评价更加的专业化与规范化，注册会计师在内部控制审计方面的专业性越来越高，经验越来越丰富，同时职业道德也有所提高，也敢于针对被审计单位内部控制的缺陷发表非标准的审计意见。最后，我们也通过数据看到，随着我国内部控制评价体系的建立，上市公司的内部控制自我评价逐步完善，能够公开披露内部控制运行效果，表明了公司对内部控制重视程度在逐步提高。他们已经意识到内部控制对于企业发展的重要性，积极接受注册会计师出具的内部控制审计意见，并在内部控制自我评价报告中披露，提出解决问题的可行性计划和方案。

（2）由于财务审计与内部控制的整合审计成为一种趋势，外部审计能够依据两者审计目标的不同来进行不同角度全面的审计，这样不仅节约了审计成本，也提高了审计效率。通过对财务审计意见和内部控制审计意见对比分析可以看出，正是由于财务报表审计目标体现为“公允性”，而内部控制审计目标体现为“有效性”，导致两者在出具的审计意见上存在着差异。由于对内部控制的评价是两种审计方式都必须执行的审计程序，我们以被出具非标准内部控制审计意见为对比对象，发现这些被出具非标准内控审计意见的上市公司中，有一部分也被出具了非标准的财务审计意见，这是由于审计师识别出了内部控制中与财务报告相关的重大缺陷，这项缺陷也影响了财务审计程序中的风险评估与实质性程序的执行。还有一部分财务审计却出具了标准的无保留意见，大多数因为已经识别出的内部控制缺陷不属于财务报告缺陷或者该缺陷影响程度很小。这也验证了两种审计目标的差异。

（3）针对内部控制审计与内部控制自我评价的对比分析我们可以看出，两者在判断标准上具有较强的一致性，只是内部控制审计意见仅针对财务报告内部控制，而内部控制自我评价结论则针对企业内部控制，范围更广，区分内部控制审计意见与内部控制自评结论的关键是比较财务报告内部控制与非财务报告内部控制的差异。通过对出具不同结论的上市公司数据来看，大多数公司对内部控制自我评价较为乐观，表现在内部控制审计为非标准意见而自我评价为整体有效。进一步分析发现，只有公司认为其存在严重的与财务报告相关内部控制的重大缺陷时，才会出具内部控制无效的结论，但是也有上市公司被出具了标准的内部控制审计意见，这种不一致也一定程度上反映了我国上市公司内部控制评价的不健全与不成熟。

媒体监督、内部控制与审计意见的机理分析

4.1　媒体监督与内部控制影响机理分析

媒体监督作为公司治理的一种非正式机制，以信息曝光的方式传递有用信息，通过声誉机制、政府干预和市场机制等制约着微观主体的各种行为，它的治理功能也得到了广泛的认可（Dyck and zingales，2002；Fama，1980；李功培、沈艺峰，2010）。通过媒体的曝光，内部控制的实施和有效性将得以体现。内部控制本身源于企业财务舞弊、财务失败事件的不断发生，目的在于控制企业所面临的各种管理风险。由于内部控制的好坏反映了公司治理的效果，媒体通过相关报道解开了公司的神秘面纱，解决了市场信息的不对称，真实地反映公司内部控制效果。这也是媒体监督影响审计师出具审计意见最直接的证据。

媒体监督借助信息传播和外部监督功能能有效降低市场信息不对称水平，进而提升公司治理效率。从媒体产生的本质来说，媒体通过各种传播途径对信息进行传播、制造或挖掘敏感事件，一方面为了吸引眼球，另一方面也给社会传递一种意识形态。媒体的生存就是依靠对信息的传递以获取相应的盈利。媒体为了使大众接受信息，喜欢披露一些公司的负面信息，尤其是公司存在的一些违规事件和重大失误事件，大多数都是通过媒体进行曝光，媒体通过揭露公司丑闻达到一种轰动效应（Stromberg D，2004）。由于过分追求信息的独特性和曝光度，即所谓媒体有偏论（media bias）（Jensen，1979），该理论认为，媒体对企业报道一般较为肤浅，往往为了追求娱乐或轰动效应，不对问题进行深入细致的分析，即媒体往往只是关注那些“明星”企业，而不关注其他企业。所以，我们不能排除媒体在最求自己利益的时候对信息的偏向性导致的信息传播的问题。当然，媒体并不是一味地追求这种轰动效应，而是要考虑成本收益原则，将成本控制在可接受的范围内，来决定是否进行相关报道（Miller，2006）。美国最著名的“安然”事件，中国的“银广夏”事件以及“郑百文”事件等，都是在媒体的持续关注与揭发下公布于众，而且媒体也愿意付出成本来获取有价值的新闻线索，这也是媒体生存最本质的要求，一定程度上发挥了媒体的监督职能。

我国媒体监督的治理作用的发挥离不开特有的背景。在我国，《中国证券报》《证券日报》《证券时报》《中国经营报》《经济观察报》《21世纪经济报道》等主流财经媒体，在政府积极引导下参与治理相关的报道，不仅弥补了政府行政监管的疏漏，也提高整体监管的效率。在现有的证券市场中，政府充分利用媒体对信息进行独家披露，成为我们了解上市公司情况的特殊渠道。这种政府干预的信息传播，一定程度上保证了信息传播的正确性和合理性，缓解了媒体报道的有偏论，但是，随着网络的普及，现有信息的披露途径越来越丰富，只是通过政府的强制引导，已经不能完全的控制信息的传播，政府如何来改变媒体对信息的合理传播也成为有待解决的问题。由于我们国家媒体传播的监督方式与国外不尽相同，这也要求我们在研究媒体监督的问题上要充分考虑中国的特色，这样才能真正地了解我国媒体监督与治理的效果。

委托代理理论的产生，是媒体监督治理职能发挥的外因。由于委托代理关系造成的信息不对称，促使相关利益使用者支持与鼓励媒体的信息传播。委托者可以通过媒体的报道了解公司的发展状况从而约束代理者的行为，媒体报道也成为了股东了解管理层治理效果的一种有效途径（Fama，1980；Hamilton and Zeckhauser，2004）。高管作为企业的经营者主要目的是为了股东创造价值，但这一创造价值的过程作为雇主的股东无法监控，而媒体通过声誉机制给管理层施压，正是可以作为惩罚高管的机会主义行为的方法。信息披露的监督假设的基本观点认为，高质量的信息披露可以使投资者获取重要的信息，从而更好地监督公司的经营，阻止管理层侵占投资者的财富。这种信息披露过程可以消减代理问题，使资本市场的资源配置更高效（Stiglitz and Weiss，2001）。媒体报道还会影响管理层在社会公众心中旳地位，从而通过社会舆论对管理层施加影响。Dyck，Volchkova and Zingales（2008）利用俄罗斯1999—2002年媒体对公司报道的数据为样本，延续了Dyck & Zingales（2002）的研究成果，发现媒体的报道将提高公司改正违规行为的概率，在俄罗斯媒体报道扮演者非常重要的公司治理角色。除以之外，媒体报道的信息也供审计师、独立董事以及中小投资者使用，这些相关利益使用者也非常关注媒体报道的信息，从而影响他们的行为。媒体作为弥补正式机制的一种机制，从自身发展本质要求、政府的鼓励以及相关利益使用者的充分利用角度行使着监督和治理功能。由于现实中各种正式机制运行存在着一定的漏洞，凸显了媒体监督在公司治理的作用，也成为解决信息不对称问题的一种现实选择。

4.1.1 媒体传播理论模型

媒体的传播理论解决了媒体信息传播的基本理论依据。媒体传播效果研究是当今媒体传播理论的核心，通过对媒体传播的途径及机制的研究，寻找媒体监督的治理本质。根据传播学理论来讲，媒体的传播效果可以分为三个层面，即认知层面、情感层面、行为层面。认知层面的效果，体现在改变手中的知识体系和经验储备方面。现代社会里，任何人都离不开大众传播媒介，否则就会感觉与世隔绝，这种隔绝感首先来自对外界信息的隔绝，这从反面也凸显了大众传播对受众认知体系的效果。情感层面的效果，侧重于影响受众的价值体系和心理态度。媒体能够通过对道德、文化等的渗透影响大众的价值观，并引导一种主流舆论。行为层面的效果，体现在影响受众的实践活动和行为趋向。这是大众传播最直接的变现，通过改变认知，影响感情，最终指导受众的行动。我们认为，媒体报道通过认知层面了解信息传播的假说，再结合特定人群的心理需求，最终影响受众人群的行为，这也是媒体发挥监督作用的一般途径。

在整个影响效果过程中，认知层面的假设显得尤为的重要，这也是媒体监督发挥作用的前提和假设，本文认为，从外部审计的角度研究媒体监督的治理职能，通过“议程设置功能”假说和“使用与满足理论”假说可以合理地解释媒体报道的传播机制。通过有效地信息传播途径，可以反映媒体所报道公司的内部控制的运行状况，达到对内部控制的评价。

1. 议程设置理论

议程设置（Agenda - Setting）理论是由麦克斯维尔·麦库姆斯和唐纳德·肖在其《设置议程：大众媒介与舆论》（Setting the Agenda: The Mass Media and Public Opinion）一文中最早提出的，调查表明，媒体报道虽然不能影响个体思想，但可以通过信息的筛选的引导大众关注有些事项以及左右这些议题的重要程度。最典型的就是 1986 年在研究美国总统竞选期间的议程设置时，媒体最初为每一项竞选活动都设置了议题，进而左右公众对政治议题的关注。李普曼被认为是“议程设置”理论的提出者，他在《舆论学》中将议题设置理论进行总结和阐述，“议程设置”理论的核心在于，媒体无法影响人们怎么想，却可以影响人们去想什么。具体来说，“议程设置”理论可以理解为：媒体报道通过对议题事项的筛选，选出人们可能感兴趣的议题，并加以广泛传播引起人们的注意，并且对这些议题进行排序，影响信息的关注程度。大众可以有效地接收媒体报道的信息，并基本符合媒体曝光度的顺序。“议程设置”理论通过三种模式来进行信息的传播。第一种是“认知模式”，可以理解为媒体报道或不报道某个“议题”，会直接影响公众对该“议题”的认识。第二种是“显著性模式”，表示对“议题”的进一步强调，使人们重视该议题。第三种为“优先顺序模式”，表示为媒体将“议题”再按照一定的优先顺序所给予的不同程度的报道。可以认为，“议题设置”的作用机制是一个循序渐进的过程，通过认知模式——显著性模式——优先顺序模式的途径来设置议程的，如图 4 - 1 所示。

2. 使用与满足理论

使用与满足理论（Useand Gratification）是传播学领域研究大众媒介与受众方互动的理论。使用与满足理论是受众的心理动机与需求出发，解释了人们主动利用媒介得到满足的行为，揭示了受众接受媒介一种心理过程。在使用与满足理论产生之前，大多数传播研究都站在传播者的角度，以传播者为研究原点，研究如何影响受众的路径。而使用与满足理论则认为受众的需求才是媒介传播的重点。卡茨首次提到使用与满足研究，随后与布拉姆

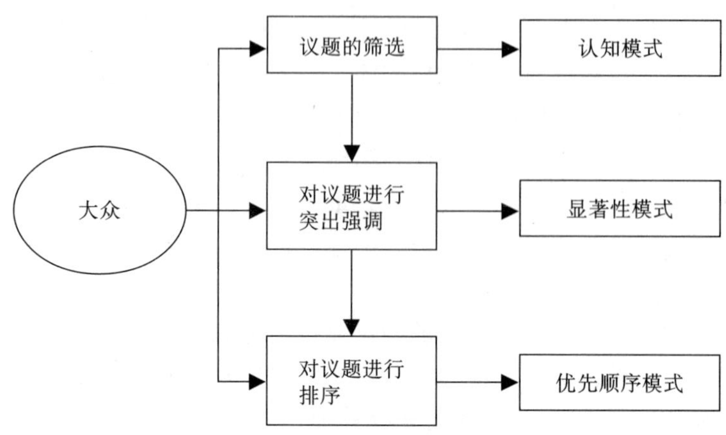

图 4－1 议程设置理论图

勒、格里维奇总结了相关的研究成果。他们认为，使用与满足是一种区别与其他传播理论的受众行为理论，该理论认为受众方在满足自身需求的基础上，利用媒介的传播获取信息。图 4－2 列示了满足与使用理论的基本模型。媒介通过满足个人和社会的需求和心理动机来实现信息的传播，其中媒介的满足和媒体对信息的解除，基本取决于社会和个人的需求，媒介在满足社会与个人需求的基础上，还要对满足类型进行分类，在下一次的信息传播中尽量获得个人与社会的认可。

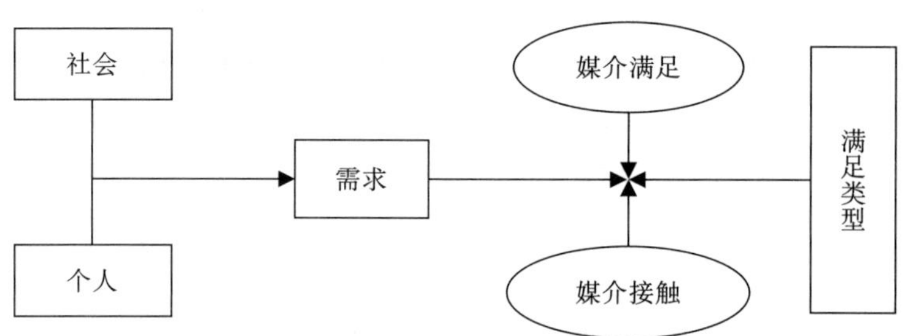

图 4－2 使用与满足理论模型

3. 媒体与大众互动传播模型

通过对以上传播理论的分析，本书构建了以议程设置理论和满足与使用理论相结合的媒体传播互动理论，该传播互动理论充分考虑媒体传播的特殊方式以及大众对信息的需求。随着多媒体、网络、电子信息等新兴媒体的普及，很大程度上改变了传统媒体的传播方式，也影响着传播的主要特征与传受关系。首先，现代媒体的增多，导致媒体之间竞争的加剧，有些媒体为了引起大众的注意，对信息的报道存在一定的偏好性，促使大量信息传播中会出现一定的不确定性。其次，媒体通过网络、多媒体等方式可以更加便利的传播信息，也形成了大众接收信息的多样性，加速了传播效果作用的发挥，这就要求对媒体传播的相关理论进行修正和结合。本书试图将议题设置理论和使用与满足理论有机结合，发挥其各自的特点并互补其缺点，以不断地适应新时代下媒体传播的新要求。

为了能够更好地阐释现代社会环境下媒体对信息的传播。传播互动理论可以更好地解释媒体传播信息的方式。首先，通过议题设置过程中对媒介信息进行全面系统的评价，并获取准确信息和重要程度，初步筛选出满足大众需求的信息，其次再对这些信息进行排序。形成媒介议程报道的声浪。最后，根据受众的导向需求，将受众的主动性与媒介议程进行充分融合，从而形成更加真实、直观的巨大信息声浪，达到信息的有效传播，如图4－3所示。

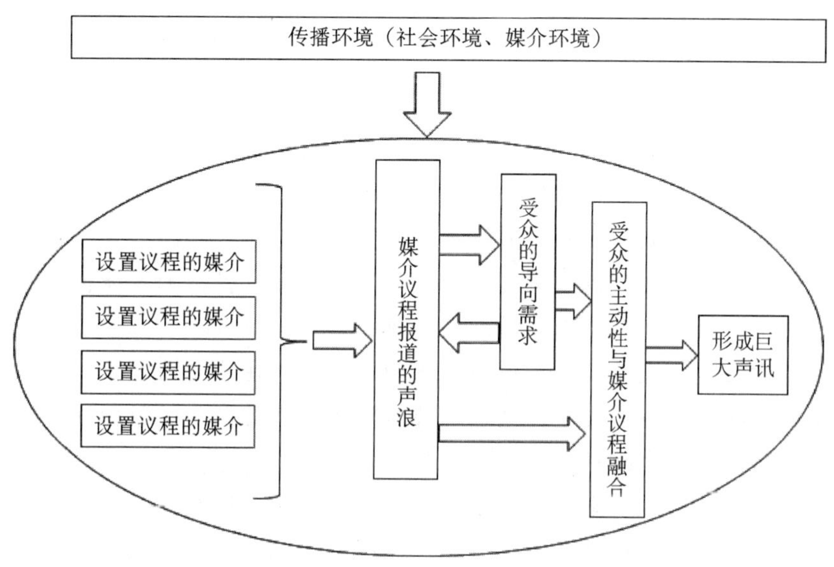

图4－3　媒体传播互动模型

4.1.2　媒体监督影响内部控制的理论机制分析

内部控制是一项完整的制度安排，除了对财务进行监督外，也可以针对媒体的负面报道清晰地反映公司内部控制的运行。

（1）媒体报道通过声誉机制约束管理层行为，并揭露内部控制运行的缺陷。声誉被认为是保证契约能够顺利执行的重要约束机制，Kreps 和 Wilson（1982）将博弈论引入声誉研究中，并构建了正式的声誉的经济学模型（KMRW 模型），解决了“连锁店悖论”的问题，并对有限重复博弈中双方的合作行为与选择进行了解释。Fudenberg（1992）等人修正了 Kreps 等的声誉模型，发现声誉能够很大程度上“增加承诺的力度”，一旦双方充分关注声誉，他们之间会在有限次博弈中达成合作，这也说明了人们可以在经济行为中建立某种约束或激励甚至是惩罚机制，用来规范整个市场行为。声誉产生的效应不能保证代理人选择最优努力水平，但至少能够让代理人做到最好，最终增加其长期的效用，他们将声誉定义为一种“认知”，他们的研究也被称为标准的声誉理论。随后声誉又被看成一项“资产”（Krep 等，1990；Tadelis，1999；George J Mailath &Larry Samuelson，1998），这项资产是可以被建立并投资的，如果管理不当，出现声誉危机，这项资产就有可能消失。随着对声誉本质理解的深入，学者更加关注声誉是如何被传递的，这就产生了声誉信息理论，他们认为声誉作为一种有效“信息”（Kreps &Wilson，1982；Macaulav，1963；Milgrom 等，1990），在各个利益相关者之间进行交换与传播，从而提高市场运作的效率，这也可以理解为声誉的传送机制。不论是声誉的标准理论、声誉交易理论还是声誉信息理论，他们都普遍认为声誉是一种相互作用的机制，是需要通过长期的重复博弈过程来实现的，它通过一种隐形制约填补了除法律等正式机制的缺陷，尤其是对违背市场规则、舞弊欺诈等行为进行惩罚，使诚实守信者得到无形激励，使言而无信者遭受惩罚。声誉的出现，对市场行为的规范起到了重要的作用。

首先，由于声誉机制较其他正式机制来说成本较低，如果媒体对公司进行了相关负面报道，其公司形象会受到损失，高管层会面临巨大的舆论压力，迫使他通过改进措施来扭转违规行为，并对他今后的管理行为进行约束。Dyck 和 Zingales（2002）分析了媒体可以通过影响公司的声誉而影响公司的经济行为。他们认为媒体的关注与持续报道可以促使政治家修改并有效实施公司法。政治家会认为，在法制方面没有作为会让他们在媒体和公众心目中的形象受损，甚至影响其未来的政治生涯（Besley and Prat，2001）。而且由于经理人对声誉的建立和关注，媒体报道会迫使高管努力维持其在公司治理中的形象。当然媒体对经理人的关注和报道能影响其在社会上的公众形象和声誉，为了避免在人际交往活动中出现的尴尬，经理人会努力维护其公众形象。

其次，公司治理的问题，本质上还是公司所建立的内部控制运行不合理，排除高管层本身的降低公司治理效果的自私行为，内部控制的缺陷也成为了公司治理中不可跨越的现实问题。一旦内部控制运行存在缺陷，反映在公司的整体运营部分或整体的不合理，或造成治理中的漏洞，长期以来，不仅会影响股东的利益，也会影响其他利益相关者的某些利益。媒体作为信息的传播者，善于扑捉各种与公司相关的信息，尤其是一些负面信息，一方面吸引大众的眼球，造成所谓的“轰动效应”；一方面也将公司长期以来本身存在的内部控制缺陷暴露在公众之上。

（2）媒体通过行政干预反映并改进内部控制质量。成熟的资本市场中认为媒体治理功能的发挥主要通过影响公司高管层在股东以及利益相关者心中的形象（Dyck and Zingales，2002）以及高管层对做出有损公司利益的成本的考虑（Dyck et al.，2008），也一定程度上折射了公司内部控制质量的好坏。媒体的高度自由化使相关的报道直接影响到管理层的行为，或者反映公司内部控制的有效性，而声誉机制的作用会更加明显。但在我国特殊国情下，大多数的主流媒体为国有性质，治理功能的体现通过行政干预的形式作用于微观企业中。因此，行政治理成为法律处罚外的一种替代机制（Glaeser et al.，2001；Pistor and Xu，2005；陈冬华等，2008），在一定场合下，行政干预甚至比法律治理更加有效。可以认为，媒体公司治理作用的发挥，就是通过引发政府机构的关注而实现的（李培功，沈艺峰，2010）。表现为行政机构的介入提高了违规公司的行政成本，并遭受一定的行政处罚。媒体曝光的某些上市公司的负面行为，严重危害社会正常秩序，对政府的某些监管行为造成不利的后果，政府会通过行政干预的方式给予惩罚，从而约束某些严重损害相关利益者的行为。如证监会 2013 年发布的《关于进一步加强稽查执法工作的意见》就明确了要加强对媒体报道企业违法违规行为的监测与分析。因此，媒体的报道会引起政府行政的干预，甚至做出行政处罚，从而促使公司管理层做出改善公司治理的行为。当某上市公司受到较多的媒体关注时，意味着其不规范的内部控制行为更容易被曝光，意味着其具有较弱的内部控制质量，某些不规范行为更容易受到媒体的关注，并引起政府行政的介入。

值得注意的是，随着我国内部控制审计的强制执行，以制度化、规范化为主导的内部控制评价体系初步建立，由以前自愿披露内部控制评价报告变为分批分级强制披露内部控制评价报告，标志着政府在逐步关注并介入内部控制建设中。而媒体作为政府监管部门获取公司信息的重要渠道，在政府引导下不断强化对上市公司内部控制建设的监督。通过媒体提供的信息帮助内部控制审计的实施，尤其是对以公司内部控制运行中的漏洞的关注，在政府的引导下协助公司披露内部控制信息，促使公司重视内部控制的建设，从根本上提高公司治理的水平。

（3）媒体通过市场机制来改善公司对内部控制自我评价。市场的开放，为媒体信息的披露提供了良好的平台。媒体通过市场中的舆论导向引导投资者形成正确的投资理念，并发现公司治理、市场规则、行政监管和司法等正式机制运行中的漏洞与不足，推动相应的改进与完善（李建标等，2010）。当然，由于市场并不具备政府监管的责任，媒体在影响公众的注意力和思考方式的同时，也为证券等市场投资的投机性波动推波助澜，也有可能误导中小投资者，Dyck 和 Zingales（2003）就发现股票价格对媒体所强调的盈余管理反应敏感，当媒体可信度增加时这种影响更加强烈。

作为市场特有的一种自我调节方式，我们要充分认识到媒体报道对公司治理的积极作用。其表现为媒体披露的信息会通过市场的调整而促使管理层不断地完善治理行为，并修正公司自身对内部控制的评价。公司要想在市场中生存，必然要遵守市场规则。由于公司社会责任论的兴起，媒体会披露公司关于履行社会责任的信息，也会无形中改变公司的形象，进而波及公司的绩效，这种压力也会迫使管理层对内部控制的作出客观的自我评价，并促使公司以内部激励的方式改善公司治理水平，提高市场的竞争力。而且，市场化程度的高低，决定了经济活动依赖市场的程度。当市场化程度较高时，企业面临着更激烈的市场竞争，市场能够决定公司的发展方向和前景，公司会努力提升自身的管理水平以应对各种风险，努力改善内部控制的构建，帮助企业在内部控制的运行中防范与应对各种风险。在这种压力下，企业会努力对内部控制进行自我评价的披露，深入剖析内部控制的运行漏洞，从本质上改善治理的水平。

4.1.3　媒体监督影响内部控制的理论框架

通过以上的理论分析，本书构建了媒体监督影响内部控制的理论框架，媒体监督作为一种外部监督机制，在充分考虑媒体与大众对信息的多样需求，以媒体传播互动模式为理论假设，通过混合干预机制中的声誉机制、行政干预和市场机制，对有效信息进行传播，作用于企业的内部控制，分别影响内部控制运行缺陷、内部控制质量以及内部控制自我评价，达到对公司的监督与治理功能，发挥对内部控制有效性以及企业对内部控制的自我评价的积极意义。媒体监督与内部控制的理论框架如图 4－4 所示。

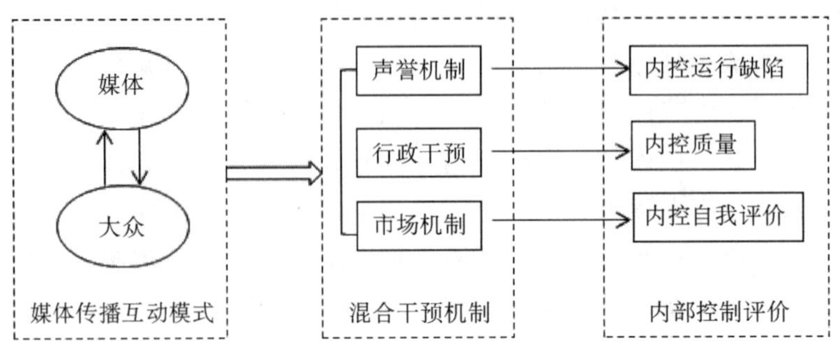

图 4－4 媒体监督与内部控制的理论框架图

4.2 内部控制与审计意见影响机理分析

从外部审计的角度来看，良好的内部控制能够保证财务信息的可靠性，降低盈余管理的动机，而审计师更容易出具标准无保留的审计意见。相反，如果内部控制存在缺陷，所反映的财务信息真实性较差，导致审计师对内部控制的可靠性削弱，在充分考虑审计风险的前提下，审计师更倾向于出具非标准的审计意见。无论是财务审计还是内部控制审计，都需要依赖公司的内部控制运行而实施审计程序。虽然财务审计中明确指出财务审计只是依靠公司内部控制运行而进行风险评估，无需直接对公司内部控制进行评价，但是后续的实质性程序范围取决于对内部控制风险评估效果。因此，对内部控制的评价是审计师出具审计意见的主要依据。但在理论研究中，对内部控制的评价标准的不统一成为对内部控制评价的桎梏。从内外部的角度来评价内部控制运行可能是目前为止较为合适的一种评价方法，既考虑外界对内部控制的综合评价，又以管理层对内部控制的自我评价进行细化，做到全面且深入地了解内部控制的质量，进而分析对审计意见的影响。

4.2.1 基于 ERM 风险管理框架下内部控制质量影响审计意见机理分析

内部控制作为反映公司治理水平的一项制度安排，其有效性取决于公司内部控制制度的建立，而内部控制制度的建立，则依赖于公司内部控制框架的构建。简单的“内部牵制”理念已经不能涵盖公司内部控制的内容，人们在寻求一种更好的理论框架来构建内部控制制度体系。随着风险导向审计的产生，风险管理的概念已经融入公司运行的各个环节，内部控制的流程设置需要充分考虑公司所面临的各项风险，COSO 关于《内部控制整合框架》（ERM）的颁布，将风险管理与内部控制制度相结合，构建了内部控制整合框架，是目前最为先进的内部控制理论框架，尤其是内部控制八要素的构建，使风险管理的内部控制设计与运行有了全面的实施标准。越来越多的公司意识到风险管理的重要性，在公司治理中纷纷遵循 ERM 框架的要求，利用内部控制八要素进行公司治理的风险管理，使其成为了内部控制治理机制的核心内容。

内部环境要求管理层确立风险的理念，确定风险的容量。不仅要正确地看待风险，也要确保人员能够通过诚信、正确的道德价值观以及专业的胜任能力来实施内部控制。当公司的管理层以及全体人员能够积极地看待并应对风险，形成良好的内部控制环境，可以从主观上形成相互制约相互监督的意识，尤其是管理层对内部控制足够重视，通过设立独立董事和审计委员会，可以有效地对管理层行为进行制约，从而整体上帮助管理层提高公司治理能力。审计师在对内部控制进行测试时，最先感受到的就是公司的内部控制环境，当内部环境良好时，审计师对内部控制的依赖程度越高，基于内部控制的风险评价就越低。

目标设定阶段管理层通过制定战略目标、经营目标、报告目标以及合规目标来实现公司的使命与愿景。战略目标的设定，也从管理战略的高度重新定位了公司目标，反映了管理层努力为利益相关者创造价值的过程，通过高瞻远瞩的目标定位，来实现公司的价值。经营目标中进一步规划了企业的经营效果和效率，以及对业绩的具体要求，用来支撑战略目标的实现。报告目标为公司的对内和对外报告制定了具体的标准，尤其针对财务报告和内部控制评价报告等涉及反映公司相关信息的披露，都进行了具体的规划。合规目标是最低层次的目标，要求公司正常经营，遵守相关法律法规要求，这也为公司制定了最低的行为准则，促使公司不能做出损害社会的行为。四个目标的设定，为公司的经营指明了方向，有良好层次目标的公司，能够积极地遵守相关目标的要求，实现公司的价值，出现损害公司形象的行为和财务问题的可能性降低。

事项识别要求上市公司对机会和风险进行识别，从而将其反馈到战略和目标设定过程中。在整个事项识别过程中，公司管理层要充分考虑政治、社会、经济以及环境因素，通过对公司基础结构、人员、流程、技术等进行实时的调整，帮助公司抓住机会，避免风险，实现公司目标。

风险评估过程通过定性与定量的方法，来判断潜在事项影响目标实现的程度。这个过程也称为公司实现目标的核心，只有公司对风险进行合理的判断，才能够在经营过程中判断事物的重要程度，以及是否能够为公司带来机遇。管理层将风险的可能性和之间的影响关系进行评估，考虑固有风险和剩余风险的类型，对风险应对过程做准备。

风险应对过程针对风险评估出的风险进行防范和控制，使风险得到回避、降低、分担以及承受。管理层会从成本效益入手，评估对风险的可能性和影响效果，选择能够使剩余风险处于风险可容忍范围之内。

控制活动帮助管理层的风险应对得以实施的政策和程序，它贯穿于整个组织中，作用于各个层级以及各个职能机构。通过一系列有效活动，比如层级审核、实物控制、制定业务指标、职责分离等方式使公司正常运行，确保风险应对得以有效执行。

信息与沟通过程要求公司识别和获取公司所有事项和活动的广泛信息，保证所执行内部控制制度能够有效地传递给员工。在信息时代，就要求公司尽量给员工传递公司经营相关的信息以及其他有效信息，并帮助员工处理和报告相关信息。这个过程贯穿于整个内部控制要素中，使人员都能够获取所需信息并得到利用。

监控也是整个风险管理不可或缺的过程，通过持续的监控活动、专业的评价监督公司的日常经营活动。这种内部监督的过程通过部门间的分工与合作来实施，一旦发现公司中存在着缺陷，可以通过合理的渠道进行报告，以最大程度减少可能发生问题，保证目标实现的可能性。

ERM 框架为公司治理提供了有效的途径，通过各个要素的发挥和有效的结合，能够减少公司出现治理漏洞的可能性，也为审计师对内部控制的评价以及依赖提供合理的保证，一定程度上减少了审计风险，为审计师出具审计意见提供依据。一方面，内部控制是影响财务报告信息的内部治理机制，它的目的也是为了防止财务信息错报和会计舞弊，这与外部审计的纠错查弊具有一致性，内部控制的好坏，直接影响财务信息的准确性，从而影响审计意见的出具。另一方面，审计师在实施审计程序的基础上出具审计意见，当企业内部控制较为完善时，一定程度上降低了审计师实施风险评估程序的风险，增强了审计师对企业财务报告可靠性，在保证审计质量的基础上，审计师更容易出具清洁的审计意见，反之出具不清洁审计意见。基于 ERM 内部控制的有效性与审计意见的理论框架如图 4－5 所示。

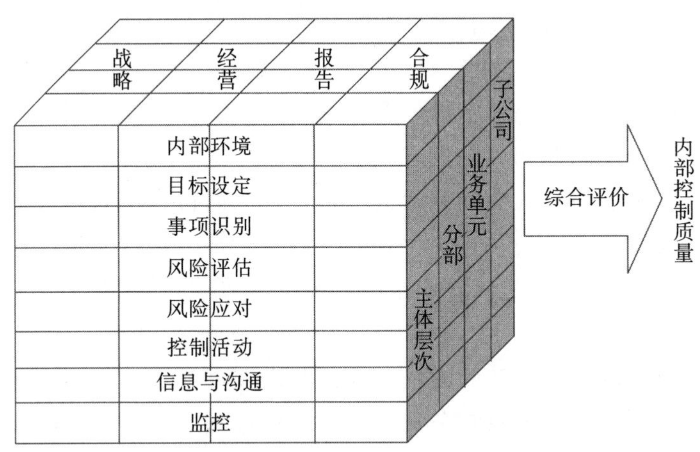

图 4－5　基于 ERM 内部控制有效性与审计意见的理论框架图

4.2.2　内部控制自我评价影响审计意见的机理分析

内部控制自我评价报告会释放内部控制的有效信息（杨有红等，2009），从而为信息使用者提供选择。美国《萨班斯法案（SOX 法案）》强制要求上市公司进行内部控制信息披露，并要求 CEO 签字确认。这是从法律上对会计舞弊行为的责任确认。随着我国《内部控制基本规范》等一系列关于内部控制强制披露的政策法规的颁布，标志着我国内部控制评价体系的建立。政策的执行以来，由于内部控制的自我评价属于管理层对内部信息的主动性披露，而这些内部信息比外部信息更加具有研究意义。其中上市公司所披露的内部控制缺陷也成为了管理层的治理效果的反映，极大程度上影响审计师在执行风险评价过程中对审计风险的判断，最终影响审计意见的出具。

在管理层出具的内部控制自我评价报告中，首先对内部控制整体有效性进行评价，然后根据总体评价效果披露内部控制缺陷，并对缺陷的内容进行分类。但是我们发现，管理层对内部控制自我评价中 90% 以上的都认为是“整体有效”，这对于本书的研究意义不显著。而在具体的内部控制缺陷披露中，披露的内部控制缺陷类型却有所差异，这就成为了本文对内部控制衡量的的一个重要因素。PCAOB 发布的 AS. 5 准则按严重性将内部控制缺陷分为重大缺陷、重要缺陷和一般缺陷。2010 年我国颁布的《企业内部控制指引》根据美国审计准则制定的原则，也将内部控制缺陷按其严重程度分为重大缺陷（Material Weakness）、重要缺陷（Significant Deficiency）和一般缺陷（Control Deficiency）。重大缺陷，指一个或多个控制缺陷的组合，单独或联合严重影响内部控制的运行，导致与企业目标发生严重偏离的情况。重大缺陷意味着公司内部控制有重大漏洞，而这种漏洞波及的范围一般较广，内部控制有可能严重失效，应该引起公司管理层的广泛关注。重要缺陷，指一个或多个控制缺陷的组合，虽然对内部控制造成严重影响，但严重程度不及重大缺陷的严重程度，但仍有较大可能导致企业目标偏离。一个公司中可以有若干重要缺陷，虽然严重程度不如重大缺陷，但是一旦这些重要缺陷形成一定范围，也应引起企业重视和关注。一般缺陷，指除重大缺陷、重要缺陷之外的其他控制缺陷，公司一般缺陷的数量较多，但一般缺陷不会给公司经营产生重大影响，但对一般缺陷的关注，能进一步提升公司治理水平。

本书从披露的动机、披露的内容以及披露的改进三个角度，分别研究对审计风险影响，具体分析如下：

内部控制缺陷的披露动机反映上市公司内部控制运行状况。2009 年《企业内部控制规范》颁布后，2010 年我国才强制要求上市公司对内部控制缺陷进行披露，上市公司完全执行该政策也到 2011 年。所以 2009—2011 年我国内部控制自我评价大多数属于自愿披露阶段，而这时，内部控制的披露动机恰恰成为了内部控制好坏的一个重要信号，从而向外部传递出更有效的信息（林斌等，2009；方红星等，2011）。当公司自愿披露上市公司内部控制缺陷时，上市公司在自曝“家丑”中能够正视公司面临的内部控制问题，也便于审计师在风险评估中及时地了解内部控制的运行。

内部控制缺陷的披露内容会真实反映公司内部控制运行中出现的问题。除了内部控制披露动机外，内部控制披露的缺陷类型也成为了学者关注的焦点。管理层披露的内部控制缺陷类型，将内部控制出现的问题予以归类分级，能够真实地反映内部控制运行中出现的问题。而重大缺陷所面临的内部控制运行问题要明显多于重要缺陷和一般缺陷，重大缺陷可能会导致内部控制的严重失效，公司面临的经营风险和财务风险更大，重要缺陷和一般缺陷次之。针对于以上缺陷类型的披露，会进一步影响审计师风险评估的程序。

对于内部控制缺陷的改进会增加审计师对公司的信心。如果管理层愿意在披露内部控制缺陷的基础上进行改进，一定程度上反映了管理层对内部控制的重视程度以及本身内部控制制度的一种完善。在内部控制自我评价报告中，往往要求上市公司也要披露对内部控制缺陷的改进情况说明。如果上市公司积极地对内部控制缺陷实施改进措施，说明管理层已经明确了内部控制的完善对公司治理的重要性，表现为整个内部控制环境是良好的，管理层愿意努力地改变内部控制失效的问题，这也使审计师对内部控制产生一定的信心。在审计程序中，审计师有权相信管理层愿意与审计师进行有效的沟通，从而针对公司整个的财务状况进行追溯调整，听取审计师的建议，不仅提高内部控制质量，更能够改善整个财务状况。

审计师在出具审计报告的过程中，必须要对公司的内部控制进行风险评估，并根据风险评估的结果实施实质性程序，从而出具相应的审计意见。内部控制自我评价报告被认为反映了内部控制运行状况，为审计师作出判断提供了有用信息。当管理层主动披露内部控制缺陷时，审计师在风险评估中会重点考虑内部控制的缺陷内容，做出对内部控制的评估，并在实质性程序中关注重点领域和风险薄弱点，未出具审计意见提供相关证据。

总体来说，内部控制自我评价能够真实地反映公司对内部控制运行的评价，尤其是在强制披露的要求下，内部控制自我评价报告能够提高内部控制效果、提高财务报告的质量，为投资者提供有用信息。重要的是，能够为审计师的风险判断提供信息。

审计风险决定了审计意见的出具。在风险导向审计下，审计师要充分考虑审计过程中遇到的各种风险，审计师对内部控制的风险的评估整体反应在整个外部审计程序中。在出具内部控制审计意见时，要对公司的基于财务报告基础上的内部控制风险进行评估，借以判断内部控制风险大小，出具相应类型的审计意见。在出具财务审计意见时，虽然不需要对内部控制有效性的进行直接评价，但需要在审计程序中对内部控制进行风险评估，进一步影响实质性程序的内容，从而影响财务审计意见。虽然审计的内容有所不同，但对审计师的审计风险判断必不可少。

在审计风险模型构成中，重大错报风险和检查风险决定了审计风险的高低。重大错报风险，是指在财务报告审计工作之前就存的重大错报的风险。所以审计师需要首先对被审计单位的重大错报风险进行评估，为后面的审计程序做铺垫，保证对检查风险的控制；而检查风险，它是指由于审计师工作中没有发现被审计单位重大错报的可能性。任何一种风险的增加，都会导致审计风险正向的变化。用公式表示为：

$$审计风险 = 重大错报风险 \times 检查风险$$

如果继续进行细分，重大错报风险又可以进一步细分为固有风险和控制风险。以内部控制的设置为界限，即使公司没有内部控制制度，也仍然存在的风险称为固有风险；而虽然存在内部控制，但仍有可能未被发现的风险，就称为控制风险。因此审计风险模型可以进一步表示为：

$$审计风险 = 固有风险 \times 控制风险 \times 检查风险$$

在审计实务中，检查风险由于人工操作，一般不可能为零，这就需要在防范重大错报报风险中扩大审计范围，尽可能低降低审计风险。内部控制设计和执行情况的好坏将直接影响固有风险和检查风险的水平，并最终影响到审计风险。因此公司的内部控制水平与审计师的审计风险有重要的关系。

4.2.3　内部控制与审计意见的理论框架

内部控制能够反映公司治理的效果，这点已经得到广泛的证实。从外部审计的角度来评判内部控制在发挥公司治理工具的结果，有待于我们去证实。本文分别从内部控制有效性以及内部控制自我评价两个方面反映内部控制的治理效果，也将审计意见细化为财务审计意见和内部控制审计意见，从而构建了内部控制对审计意见的关系图，如图4－6所示。

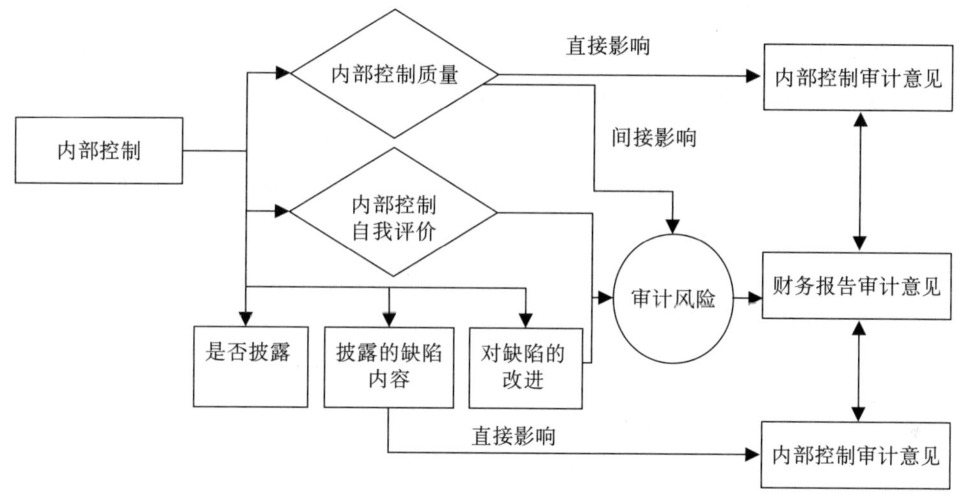

图4－6　内部控制与审计意见理论框架图

图4－6阐述了内部控制与审计意见的理论框架。本文将内部控制的评价用内部控制质量与内部控制自我评价来衡量，分别阐述对财务报告审计意见与内部控制审计意见的关系。在第一层关系中，内部控制有效性反映了内部控制运行是否有效，以风险管理框架为主要评价标准。作为公司治理的工具，内部控制的设计和运行体现了管理层的理念，首先它会直接的反映在内部控制审计意见中。当内部控制质量越高时，在整体内部控制运行下，各职能部门和人员能够互相牵制互相监督，从而帮助公司在法律法规框架下合理经营，减少了各种可能出现的舞弊行为和内控失效行为，从而降低了整体经营风险，避免了一些利润操纵行为。以对公司财务的内部控制为主要审计对象，内部控制审计报告反映了公司内部控制运行的结果，对公司基于财务的内部控制进行评价，从而审计师出具相应的审计意见。其次，内部控制有效性通过影响审计风险来影响审计师出具财务报告审计意见。在风险导向审计下，审计师往往会整体考虑审计过程中能够被识别的审计风险，从而决定其控制测试和实质性程序的内容。当内部控制质量越低时，公司发生会计舞弊、违规经营等可能性会加大，审计师的审计风险会随之增加，这使得审计师会适时地调整实质性

程序内容，加大抽样的范围，并会更加谨慎关注该公司的财务问题，这就增加审计师出具非标意见的机率。

内部控制自我评价报告作为公司公开披露并反映内部控制运行状况的一种报告形式，也从公司评价的角度反映了内部控制整体运行效果。在内部控制自我评价报告中，除了对内部控制发表整体有效与否的结论外，内部控制缺陷的披露内容也成为了反映内部控制运行的最主要指标。上文所述，内部控制缺陷披露与否、内部控制缺陷类型以及内部控制缺陷的改进行为都会影响到外部审计意见的出具。其中内部控制缺陷内容会直接影响内部控制审计意见的出具。根据缺陷程度的不同，内部控制缺陷类型分为重大缺陷、重要缺陷以及一般缺陷，重大缺陷反映了公司内部控制制度存在着严重的问题，内部控制在局部或整体存在着失效或者失控的行为，而重要缺陷和一般缺陷反映了公司的内部控制确实存在问题，但还不至于非常严重，一般反映在某些风险薄弱点，对内部控制运行不会造成整体影响。内部控制缺陷披露与否以及对内部控制缺陷的改进会间接地影响财务报告审计意见的出具。披露动机强的上市公司一定对自身的内部控制有信心，也愿意让利益相关者了解其内部控制整体运行状况；对内部控制缺陷的改进较积极的管理层，会非常重视内部控制的建设，也愿意通过改进使企业的内部控制越加完善，这都会影响审计师对审计风险的判断，进而调整实质性程序内容，从而出具标准财务审计意见的可能性增大。

4.3 媒体监督、内部控制与审计意见影响机理分析

在前文媒体监督与内部控制、内部控制与审计意见的理论分析的基础上，探寻以内部控制为传导的媒体监督与审计意见层层递进的逻辑关系，找出媒体监督对审计意见影响的实现路径。本书从总逻辑分析入手，证实了内部控制的中介效应，并寻找实现媒体监督与审计意见的总路径；接下来再对媒体监督和内部控制的进行细化，构建了不同制度背景下多途径、全面的媒体监督、内部控制与审计意见的逻辑框架。

4.3.1 以内部控制为传导的媒体监督与审计意见理论分析

媒体作为一种重要的外部治理机制，能揭示公司隐性契约（甚至是“潜规则”），被视为与法律并列的一种外部治理机制，其监督作用已经得到广泛证实。公司治理是确保出资人得到回报的一系列机制（Shleifer & Vishny，1997）。媒体的治理功能体现在，媒体报道能够保护出资人利益免受侵占（杨德明，2011）。然而，由于媒体通常并不拥有公司的所有权与管理权，媒体这种治理作用往往需要依靠其他因素来完成。进一步来讲，媒体虽然可以监督、曝光公司的丑闻或不为人知的行为，但却没有强制力来约束与纠正公司的不当行为。这样就是前述反复强调的，媒体可以直接发挥监督作用，但治理作用的发挥可能

更加复杂。有学者通过研究认为，媒体可以通过借助其他力量来间接地发挥治理功能，从而从微观角度影响公司的行为。目前声誉机制与行政干预被认为是最能够将媒体治理作用放大的有力工具。通过声誉机制能够触发公司管理层对契约的遵守，维持公司运行秩序，保护其声誉免受破坏。而政府的行政干预似乎更适合中国市场的现实。媒体的负面报道在社会广泛关注的同时，更重要的是引起了政府行政部门的介入。政府监管部门随即通过行政惩罚的方式制约公司的不当行为，而这种力量在制约公司治理问题，尤其是会计舞弊、高官腐败以及股价变动等尤为重要。

同样作为一种外部监督机制，外部审计工作也在逐步依靠各种非正式机制提供有用的财务信息。媒体传播途径的多样化导致信息传递成本的大幅下降，媒体竞相报道公司的各种有用消息，使上市公司的信息日益透明。公司的内部治理行为被逐步披露，促使人们了解公司治理的“黑匣子”。充分利用各种信息尤其是媒体报道的负面信息就成为审计师的理性选择。媒体的治理作用也从审计的角度进行了渗透，表现为媒体的报道能够影响审计师的职业判断，并作为审计意见的重要参考。但是从媒体的传播路径来看，媒体的治理功能并不能够直接作用于审计师本身。根据内因影响外因的原理，审计师出具的审计意见的出具虽然与媒体监督相关，但必须借助一个载体，或者说一个中介因素，才能够发挥出媒体的治理功能。本书认为，这个中介恰恰是公司的内部控制，正是由于媒体的报道反映了公司内部控制运行的风险与潜在问题，才促使审计师在出具审计意见时，做出合理的判断。具体来说，媒体监督对审计意见的影响分两个层次来理解：

媒体监督为审计师对审计风险的识别提供基础。安然事件的发生，公司舞弊行为的频发，对整个美国的股票市场造成重创，人们开始怀疑公司内部控制对风险的管理与防范的意义何在。《萨班斯法案》的颁布，促使全世界开始重视公司治理中的风险防范，而《萨班斯法案》的严厉，也显示了美国对重拾投资者信心的巨大决心，在随后美国的资本市场中，很难再看到这样重大的会计舞弊事件的发生，说明整个会计监管机构，包括专业的社会审计机构，在对公司的内部控制的建设与监管中起到了震慑的作用。证券监管部门与协会组织为了维持市场秩序和行业环境，也在不断地加强对审计师的监管与处罚。在政策的强压与监管中，审计师的风险意识得到了提升，而审计的风险又取决于公司内部控制的运行，从而使审计师更加关注公司内部控制的运行，外部审计也更加希望通过内部控制来实施风险防范，从这点来看，外部审计与内部控制的目标趋于一致。而媒体传播途径的多样化导致越来越多的公司信息被曝光，公司的信息日益透明化，媒体监督也为外部审计的工作提供了支撑。根据成本效益原则，过多的程序会导致审计成本的提高，如何能够高效率低成本地了解审计风险并发现重大错报，是审计师需要考虑的主要问题。除了审计师合理利用职业判断之外，从外界获取有用信息可能是最优选择。媒体对公司的相关负面报道能够使审计师初步了解公司相关风险，而这些消息也往往与公司的财务恶化或财务危机相关（Joe，2003）。由专业权威媒体挖掘的有价值新闻，使审计师能够以低成本获取这些信息。审计师越来越愿意以关注被审计公司的负面信息作为风险评估的突破口，在有限成本下，有利于审计师重点审计，更好地发现公司的重大错报风险。借助于媒体的报道，外部审计能够更加掌握公司的整体运行水平，真实地反映内部控制的效果，从而衡量相关审计风险，为审计意见的出具奠定良好的基础。

审计风险的识别，又为审计意见的出具提供重要依据。从审计程序上来说，审计师在衡量相关审计风险后，必须针对公司财务的各个环节进行相关的风险评估与实质性程序，并发现隐藏在财务报表中的重大错报，进而出具符合相关财务状况的审计意见。风险评估的过程就是对被审计公司财务状况的摸底，通过对内部控制的评价，识别可能出现财务问题的高风险点。而实质性程序能够更直接地深入问题的根源，挖掘出相关审计证据，帮助审计师做出合理决策。而风险评估与实质性程序的开展，必须依赖与对公司内部控制的评价。当内部控制整体无效或有重大漏洞时，审计师根据情况出具否定或无法表示意见的审计意见类型；而大多数公司的内部控制运行整体正常下，审计师再根据对内部控制评估的具体情况作出审计意见的判断。单纯的从审计程序的角度来考虑，审计意见的出具离不开对内部控制的评价，这也是出具审计意见的核心和本质依据。

4.3.2 媒体监督、内部控制与审计意见的理论框架

通过以上分析可以看出，媒体以信息披露的形式，通过对内部控制的评价与反映，从而影响审计意见出具，是符合逻辑与审计操作实务要求的。如果继续进行细分，媒体监督被细化为媒体负面报道次数、负面报道广泛度、负面报道深度以及负面报道严重度作为媒体监督等衡量指标，内部控制同样以内部控制指数、是否披露内部控制缺陷、内部控制缺陷类型以及内部控制缺陷的改进来衡量，构建了制度背景下对媒体监督与内部控制多角度衡量的形成机制，寻找具体的媒体监督与审计意见的实现路径，具体如图4-7所示。

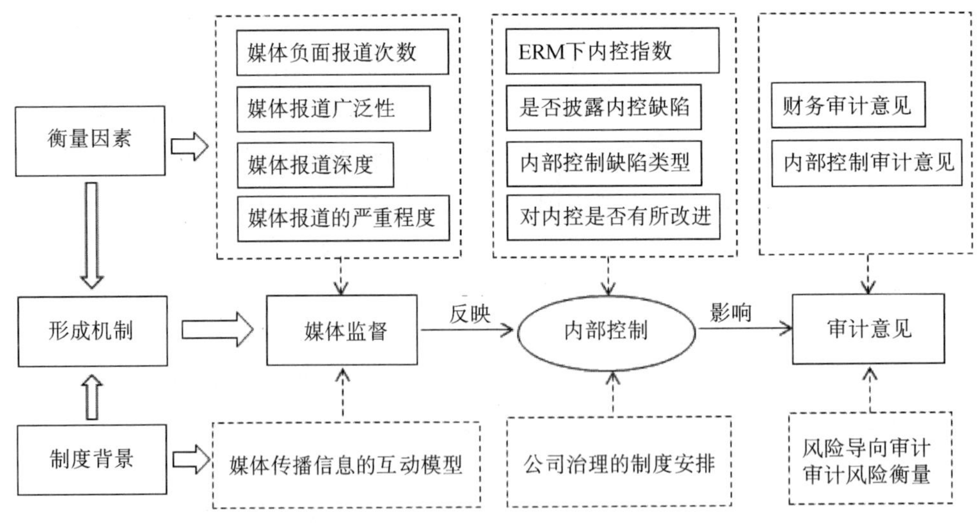

图4-7 媒体监督、内部控制与审计意见的逻辑框架

4.4　本章小结

本章内容对媒体监督、内部控制与审计意见的机理进行分析，分别剖析了媒体监督与内部控制、内部控制与审计意见的关系，并在这两者关系的基础上，构建了以内部控制为传导的媒体监督与审计意见实现路径。

首先，构建了媒体监督影响内部控制的理论框架，媒体监督作为一种外部监督机制，在充分考虑媒体与大众对信息的多样需求，以媒体传播互动模式为理论假设，通过混合干预机制中的声誉机制、行政干预和市场机制对有效信息进行传播，作用于企业的内部控制，分别影响内部控制运行缺陷、内部控制质量以及内部控制自我评价，达到对公司的监督与治理功能。

其次，以内部控制质量与内部控制自我评价来衡量，分别阐述对财务报告审计意见与内部控制审计意见的关系。内部控制质量会直接影响内部控制审计意见的出具，通过审计师对审计风险的判断从而影响财务审计意见的出具；而内部控制自我评价信息含量更大，以是否披露内部控制缺陷、内部控制缺陷的类型、对缺陷的改进等方面分别分析了对内部控制审计意见和财务审计意见的影响。

在上述机理分析的基础上，探寻以内部控制为传导的媒体监督与审计意见层层递进的逻辑关系，找出媒体监督对审计意见影响的实现路径。先以总逻辑分析入手，证实了内部控制的中介效应，并寻找实现媒体监督与审计意见的总路径；接下来再对媒体监督和内部控制进行细化，构建了不同制度背景下多途径、全面的媒体监督、内部控制与审计意见的逻辑框架。

媒体监督与内部控制的实证分析

著名学者 Walter Lippman 认为，随着社会的复杂化和巨大化，人们不可能对所有事物都完全掌控，对超出自己亲身感知外的事物，人们必须依靠其他“新闻供给机构”来获取满足。当媒体关注与某个公司有关的信息时，往往同时传递出对该公司基本情况、未来发展、盈余预期以及股票投资建议或乐观或悲观的观点，即所谓的“媒体情绪”（游家兴，2012）。一方面，媒体关注于有问题的上市公司，通过对其的负面报道揭露公司的某些问题，使其成为舆论的焦点，起到监督上市公司的职能（杨德明，赵璨 2012）。另一方面，这些负面报道能够带给公司管理层巨大的压力，迫使其在公司治理等方面进行改变或完善，从而达到媒体治理的效果（Dyck and zingales，2002；Fama，1980；李功培；沈艺峰，2010）。Dyck 和 zingales（2002）是最早证实媒体在公司治理中作用的，他们详细地阐述了媒体发挥治理功能的途径，具体表现在：一是媒体通过舆论压力改变法律的制定，尤其是公司法的改革。二是媒体通过声誉发现影响管理层在股东以及投资者心中的地位，从而降低他们为自已谋利益的几率。三是媒体影响公司管理层的公众形象，使他们在媒体的曝光下规范自己的行为，不做损害股东的事情。具体的治理功能体现在媒体报道对董事会效率、代理成本、会计信息、盈余管理、企业绩效、投资者权益等的影响（Joe. et. al.，2009；秦义虎，2011；罗进辉，2012；吴超鹏等，2012；姚益龙等，2011；于忠泊等，2011；郑志刚等，2011；辛宇等，2011）。

内部控制在防止企业财务舞弊、财务失败事件的发生中扮演着执行者和监察者的角色，目的在于帮助完成公司治理流程，控制公司的全面风险。而媒体的报道正是通过这种外部规制来影响内部控制有效性（吴伟荣，2014），即通过对企业行为的报道对其实行监督，降低企业不当行为的发生，也是从另一角度对内部控制进行评价。但是，这里需要注意的是，对内部控制的评价可以从两个角度来衡量，一种是由外部审计机构执行的，以内部控制审计形式对内部控制质量的评价。这种评价以外部评价为主，通过专业的审计机构针对内部控制的执行效果进行评价。这是继我国《我国企业内部控制基本规范》颁布后，我国对公司内部控制的强制性政策规范。一种在政策引导下由公司对内部控制进行自我评价，并出具相应的内部控制自我评价报告。这是我国借鉴美国《萨班斯法案（SOX 法案)》规定的针对内部控制自我鉴定的最有力的规定，很大程度上给公司管理层巨大压力，并从本质上规范内部控制的运行。

5.1 假设提出

本文构建了媒体传播的互动模式，将媒体传播理论中的“议程设置理论”和“使用与满足理论”相结合，更加全面地阐释媒体报道的传播过程。议程设置理论中指出，媒体报道虽然不能决定人们对某一事件的具体看法，但可以通过提供的信息和相关的议题来引导大众关注有些事项以及左右这些议题的重要程度。媒体报道通过对议题事项的筛选，选出人们可能感兴趣的议题，并加以广泛传播引起人们的注意，并且对这些议题进行排序，影响信息的关注程度。这也验证了许多学者提出的媒体报道的“轰动论”（Jensen，1979；李培功、沈艺峰，2013；杨德明、令媛媛，2011）。也就是说，媒体总是通过对相关感兴趣的信息或议题来引起大众的普遍关注，而媒体最关注的议题恰恰是他们认为可以成为关注焦点的，从而证明自己扑捉信息的能力，提升大众对媒体的依赖。而使用与满足理论从大众的心理动机和心理需求角度出发，即人们使用媒介以得到满足，并主动地通过媒体获取重要信息。如果狭隘的来说，使用与满足理论适用于上市公司的利益相关者对公司相关信息的知晓权，除去正常渠道获取的消息外，这些人更需要通过媒体的途径获取更快更有价值的信息，从而直接影响利益相关者对上市公司相关信息的评价和使用，并作出正确的决策。总之，通过议程设置理论和适用与满足理论的结合，能够更好地阐释媒体与大众对信息传播的关系，也更能够了解媒体报道的动机。

在媒体对信息传播过程中，如果媒体通过负面报道揭露公司的某些行为行为，我们认为媒体发挥了监督作用。而内部控制的设置，是为了提高公司治理的水平，防范公司运行中的漏洞，规避公司面临的风险。这就使得媒体监督作用与内部控制的目标达到了契合。这种监督行为体现在对有问题公司的信息曝光以及跟踪报道，引起社会的广泛关注，并真实地披露公司内部控制运行状况。当媒体对公司的负面报道越多时，意味着其具有较弱的内部控制质量，某些不规范行为更容易受到媒体的关注，所以本文提出第一个假设：

H_{5-1}：媒体的负面报道次数越多，反映了公司的内部控制质量越差。

媒体对上市公司的相关报道方式也存在着一定差异，这些差异也会影响到媒体监督的效果，从而反映出不同的内部控制质量。当媒体曝光内容中包含对公司构成较为严重影响时，如资金的占用与担保、股权稀释、关联交易、产权交易、集团冲突、风险控制、管理层舞弊等负面报道，这些内容相比较一般的信息披露更能反映公司治理的真实情况，会对上市公司的形象产生恶劣的影响，更能够引起监管部门的高度关注，而这类公司的内部控制质量更差。本书提出第二个假设：

H_{5-2}：相比较一般的信息披露，严重侵害内容的报道下公司的内部控制质量更差。

由于媒介的不同，网络媒体、报纸、杂志等多样化形式的报道，必然会产生重复报道的情形。针对于某一信息，如果可以从多种渠道获取信息，并且各家媒体都对同一家公司进行相同报道，我们将它称为追踪报道。由于媒体对信息的极度追求，一旦有重大事件或者信息，追踪报道的情况时有发生。当存在追踪报道时，说明媒体关注的焦点迅速形成，而这些报道的内容恰恰反映了公司运行的状况，也更能够揭露出公司内部控制中存在的缺陷。而如果媒体仅对某一负面信息报道一次，说明该公司的问题并不严重，这与上一个假设的逻辑路径保持一致。因此，本书提出第三个假设：

H_{5-3}：相比较媒体的一次报道，媒体的追踪报道更能够全面地反映公司的内部控制质量。

媒体根据报道内容的不同，也会选择不同的报道方式。针对于产生重大社会影响的信息，媒体在报道中除了对时间地点等进行简单叙述外，还会对事情的整个过程进行深度剖析，通过调查、走访等方式还原事情的真相，这种报道除了满足人们对信息的需求，更能够深入地了解事件背后深层次的问题。这种深度报道能够更加直接地反映公司的真实运行状况，反映内部控制中的重大缺陷，而大多数的新闻媒体报道更多的是对某一信息进行简短的披露，可能会有较为简短的评论，这种报道方式我们称为为重述报道。相比较深度报道，重述报道对信息处理的力度会有所减弱，这也间接地反映了公司内部控制运行良好。所以本书得出第四个假设：

H_{5-4}：相比较重述报道，媒体的深度报道更能够真实地揭露内部控制运行的重大缺陷。

媒体除了能够真实地反映公司内部控的运行，监督作用还体现在对内部控制缺陷的改进中。声誉机制、行政干预、市场机制均成为了媒体治理作用发挥的助推手。正如前述所分析，如果媒体对公司进行了相关负面报道，其公司形象会受到损失，高管层会面临巨大的舆论压力，迫使他通过改进措施来扭转违规行为，并对今后的管理行为进行约束。虽然我国对公司的监管并不太成熟，但政府监管部门对内部控制的漏洞也会持续的关注，防止出现危害社会秩序的后果。而媒体舆论的导向也会引导投资者形成正确的治理理念，积极发现公司治理运行中的漏洞与不足，推动内部控制的改进与完善。因此，本书提出第五个假设：

H_{5-5}：媒体负面报道越多，就会迫使管理层对内部控制缺陷进行完善和改进。

5.2 研究设计

5.2.1 样本选择

本书中基本数据来源于 CSMAR 数据库，媒体对公司负面报道的相关内容通过中国知网《重要报纸全文数据库》手工收集而成，本书以上市公司 A 股公司作为初始样本，剔除了数据缺失、部分变量为零以及金融行业的样本，为了消除异常值的影响，本书对除媒体监督以外的所有连续变量进行了 Winsorize 处理，共搜集 2009—2014 年非平衡面板数据 7306 家，作为本书的基础数据。

媒体负面报道次数与内部控制的回归模型：

$$Logisit(Opinion = 1)_{i,t} = \beta_0 + \beta_1 Median_{i,t} + \beta_2 lev_{i,t} + \beta_3 roa_{i,t} + \beta_4 owl_{i,t} + \beta_5 du_{i,t} + \beta_6 ind_{i,t} + \beta_7 big4_{i,t} + \beta_8 \mathrm{infee}_{i,t} + \sum \beta_9 industry + \sum \beta_{10} year \tag{5.1}$$

$$Logisit(Opinion = 1)_{i,t} = \beta_0 + \beta_1 Depth_{i,t} + \beta_2 lev_{i,t} + \beta_3 roa_{i,t} + \beta_4 owl_{i,t} + \beta_5 du_{i,t} + \beta_6 ind_{i,t} + \beta_7 big4_{i,t} + \beta_8 \mathrm{infee}_{i,t} + \sum \beta_9 industry + \sum \beta_{10} year \tag{5.2}$$

$$Logisit(Opinion = 1)_{i,t} = \beta_0 + \beta_1 Trace_{i,t} + \beta_2 lev_{i,t} + \beta_3 roa_{i,t} + \beta_4 owl_{i,t} + \beta_5 du_{i,t} + \beta_6 ind_{i,t} + \beta_7 big4_{i,t} + \beta_8 \mathrm{infee}_{i,t} + \sum \beta_9 industry + \sum \beta_{10} year \tag{5.3}$$

$$Logisit(Opinion = 1)_{i,t} = \beta_0 + \beta_1 Expose_{i,t} + \beta_2 lev_{i,t} + \beta_3 roa_{i,t} + \beta_4 owl_{i,t} + \beta_5 du_{i,t} + \beta_6 ind_{i,t} + \beta_7 big4_{i,t} + \beta_8 \mathrm{infee}_{i,t} + \sum \beta_9 industry + \sum \beta_{10} year \tag{5.4}$$

5.2.2　变量定义

1. 媒体监督衡量

（1）媒体负面报道次数。两个原因：第一，由于网络信息具有随意性，网络报道的信息可靠性不如报纸，对上市公司的报道代表性不强。第二，杂志比报纸时效性差，且杂志的影响力不如报纸。我们通过对数据库中上市公司负面报道的标题和内容的阅读，判断其负面报道的数量，经过三人的共同讨论和判断，最终确定有效的媒体负面报道篇数。本书参照其他研究的做法，取 MediaN = Ln（上市公司被媒体负面报道的次数 +1）。

（2）媒体负面报道的严重程度。根据媒体监督内容，借鉴李功培等（2012）的做法，根据曝光内容将事件划分为“资金占用与担保”“兼并重组”“股权稀释”“上市公司与集团公司冲突”“关联交易”“风险控制”“产权交易”“公司亏损”“信息披露”以及“其他”等十类。其中“信息披露”和“其他”为一般报道，其余的八类负面报道，视为严重报道。

（3）媒体负面报道的广泛度。分为追踪报道和一次报道两种，追踪报道指对同一家公司进行持续报道；而一次报道指媒体对上市公司仅报道一次。

（4）媒体负面报道的深度。分为深度报道和重述报道，深度报道指媒体在报道中除了对时间地点等进行简单叙述外，还会对事情的整个过程进行深度剖析或进行评论。而重述报道是指仅对时间、地点等基本情况进行叙述。

2. 被解释变量

针对于内部控制质量的评价，本书选择迪博企业风险管理技术有限公司提供的“迪博中国上市公司内部控制指数”（2009—2014）作为代表内部控制质量的解释变量。迪博公司所涉及并发布的内部控制指数，能够真实地反映内部控制质量，已被本行业专家学者等认可。

3. 控制变量

为了有效地控制相关变量对实证结果的影响，本书选取了一些基本的控制变量，如年度变量（Year），与公司治理相关的董事长和CEO或者总经理是否合而为一（Du），如果是，赋值为1，否则为0；董事会中独立董事的比例（Ind），以及行业变量（Industry）。具体变量定义见表5－1。

表5－1　　相关变量定义

变量性质	变量符号	变量名称	变量解释
被解释变量	*ici*	内部控制质量	迪博公司发布的内部控制指数
解释变量	*mediaN*	媒体负面报道次数	Ln（每年度上市公司被媒体负面报道的次数＋1）
	depth	媒体负面报道深度	深度报道取值为1，否则取0
	trace	媒体负面报道广泛度	追踪报道取值为1，否则取0
	expose	媒体负面报道严重度	曝光内容为严重侵害取值为1，否则取0
控制变量	*year*	年度	上市公司被出具审计报告的自然年度
	du	董事长和总经理是否职能合一	董事长兼任总经理取值为1，否则取0
	ind	独立董事比例	独立董事人数/董事总人数
	industry	行业变量	当样本为某一特定行业时取值为1，否则为0

5.3　实证结果与分析

5.3.1　描述性统计

主要变量的描述性统计结果见表5－2。从描述统计结果来看，上市公司的内部控制质量（Ici）的均值为6.8274，说明样本公司内部控制的实施质量较好，内部控制质量的最小值为3.5493，最大值为9.5196，标准差为0.9746，说明样本公司的内部控制质量差异存在较大不同。媒体负面报道次数的最大值为3，均值为0.3342，说明样本公司负面报道不足，其极值与标准差也说明不同上市公司媒体负面报道次数差异比较大。媒体深度报道最大值为1，均值为0.0532，这也说明了媒体深度报道的数量受报道次数的影响，数值也较小，标准差值说明整体报道还是以重述报道为主。媒体追踪报道、媒体曝光内容与媒体深度报道变量的情况基本一致，均反映了数值较小，整体与媒体报道有关的变量均存在着数量与次数较少。同时，控制变量的描述结果显示，两权分离（*du*）的平均数为0.1274，说明大多数上市公司选择两职分离；独立董事人数（*ind*）均值为 0.3676，其设置基本符合证监会的要求（独立董事比例不低于 1/3）。

表 5－2　　描述性统计

全样本	最小值	最大值	平均值	中位数	标准差
ici	3.5493	9.5196	6.8274	6.8897	0.9746
median	0.0000	3.0000	0.3342	0.0000	0.6666
depth	0.0000	1.0000	0.0532	0.0000	0.2245
trace	0.0000	1.0000	0.0551	0.0000	0.2282
expose	0.0000	1.0000	0.0684	0.0000	0.2524
du	0.0000	1.0000	0.1274	0.0000	0.3334
ind	0.2500	0.5714	0.3676	0.0544	0.3333

5.3.2　回归结果

本书通过模型 1—模型 4 来考察媒体监督对内部控制质量的影响，表 5－3 反映了的多元回归结果。由多元回归结果来看，媒体负面报道次数的回归系数为－0.632 且在 1% 的水平上显著，说明在控制其他变量之后，媒体对上市公司负面报道的次数越多，其内部控制质量越差，这一结果支持了假设 H_{5-1}。媒体负面报道中深度报道的回归系数为－0.986 且在 1% 的水平上绝对显著，说明在控制其他变量之后，针对媒体监督的方式，媒体的深度报道相比较一般报道而言，其内部控制质量更差。这一结果支持了假设 H_{5-2}。媒体负面报道中追踪报道变量的回归系数为 0.989 且在 1% 的水平上绝对显著，说明在控制其他变量之后，对于媒体监督的手段，媒体通过追踪报道方式相比较一次报道的而言，其内部控制质量越差。这一结果支持了假设 H_{5-3}。媒体负面报道内容的回归系数为－0.978 且在 1% 的水平上显著，说明在控制其他变量之后，针对于媒体监督的具体内容，媒体曝光内容中出现严重侵害报道相比较一般报道而言，其内部控制质量越差。这一结果支持了假设 H_{5-4}。通过多元回归分析可以看出，媒体监督的相关变量均与内部控制变量负相关，且相关系数较大。

表 5－3　　媒体监督对内部控制影响的回归结果

	模型 1	模型 2	模型 3	模型 4
median	－0.632*** (5.68)			
depth		－0.986*** (8.64)		
trace			－0.989*** (7.88)	

续表

	模型 1	模型 2	模型 3	模型 4
expose				-0.978*** (8.34)
du	-0.015 (0.02)	-0.004 (0.26)	0.018 (0.15)	0.001 (0.09)
ind	0.500 (0.57)	0.730 (1.05)	0.748 (0.98)	0.717 (0.48)
常数项	4.529 (-4.39)	3.935* (-5.96)	4.067* (-4.90)	3.834* (-5.01)
行业/年度	已控制			
$LRchi^2$	397.296***	373.516***	374.589***	376.741***
$PseudoR^2$	0.3071	0.3289	0.3164	0.3493
样本量	7306	7306	7306	7306

注：括号内为回归系数对应的 Z 值。***、* 分别表示 1%、10% 的统计水平下显著。

5.3.3 稳健性测试

为了解决变量可能存在的互为因果关系导致的内生性问题，本书采用内部控制指数的滞后项作为被解释变量对模型 1—模型 4 进行稳健性测试。测试结果与前文基本一致，进一步证明了本书的假设与结论。

表 5-4 媒体监督对内部控制影响的稳健性测试

	模型 1	模型 2	模型 3	模型 4
median	-0.713*** (5.72)			
depth		-0.979*** (8.79)		
trace			-0.965*** (7.96)	
expose				-0.988*** (8.63)
du	-0.012 (0.01)	-0.005 (0.37)	0.014 (0.28)	0.003 (0.06)
ind	0.511 (0.66)	0.725 (1.17)	0.735 (0.88)	0.732 (0.52)
常数项	4.538 (-4.72)	3.962* (-5.84)	4.071* (-4.62)	3.846* (-5.24)

续表

	模型 1	模型 2	模型 3	模型 4
行业/年度	已控制			
LRchi^2	396.973***	374.872***	375.721***	375.698***
$PseudoR^2$	0.3025	0.3262	0.3198	0.3476
样本量	7306	7306	7306	7306

注：括号内为回归系数对应的 Z 值。***、* 分别表示 1%、10% 的统计水平下显著。

5.4　本章小结

本章我们对媒体监督与内部控制的关系进行理论分析和实证检验。首先构建了媒体监督影响内部控制的理论框架，媒体监督作为一种外部监督机制，以议程设置以及使用与满足理论作为理论假设，通过声誉机制、行政干预以及市场机制对信息进行传播，达到对公司的监督与治理功能，体现在随后通过对媒体监督内容的细分，从媒体对公司负面报道的次数以及媒体所传递的信息方式、信息手段、信息内容的角度出发验证了媒体监督与内部控制质量的关系。结论表明媒体报道确实可以提高信息的透明度，尤其是媒体的负面报道，能够真实反映上市公司的内部控制运行状况，表现为媒体的负面报道越多，反映企业的内部控制质量越差。由于媒体监督方式与信息曝光内容和曝光手法的不同，媒体的深度报道、追踪报道以及曝光内容中出现严重侵害报道时，内部控制质量越差。这不仅进一步证实了媒体的治理作用，也为内部控制的评价提供借鉴意义。

第6章

内部控制与审计意见实证分析

6.1 基于ERM框架下内部控制质量与审计意见实证研究

6.1.1 假设提出

在《萨班斯法案（SOX法案）》颁布之前，国外学者普遍认为内部控制与审计师行为之间无相关关系（Mock and Wright，1993；Hackenbrack and Knechel，1997）。自《SOX法案》颁布以来，它为公众公司的外部审计师创建了一个新的监督体制，并把对财务报告的内部控制作为关注的具体内容，不仅要求管理层报告公司对财务报告的内部控制，而且要求外部审计师证实管理层报告的准确性。内部控制作为公司治理的一种内部监督手段，为财务报告的可靠性和满足外部使用的财务报表编制符合公认会计原则提供了“合理保证”（COSO，2002），也是审计师出具审计意见的重要参考因素。随着风险导向审计的普遍应用，在一般的审计程序中，对内部控制进行风险评估已经成为一种必要的审计手段。

COSO报告关于内部控制风险管理框架（ERM框架）的制定，为内部控制的风险评估提供了实践基础。ERM框架被认为是一个动态的过程，在董事会、管理层和其他人员共同实施下，应用于战略制订中，旨在识别可能会影响主体的潜在事项，管理风险以使其在该主体的风险容量之内，并为主体目标的实现提供合理的保证。将公司内部控制的管理归纳为内部环境、目标设定、事项识别、风险评估、风险应对、控制活动、信息沟通和监控八个要素，在充分考虑管理风险的基础下，通过各个要素的发挥和有效的结合，能够减少公司出现治理漏洞的可能性，也为审计师对内部控制的评价以及依赖提供合理的保证，也一定程度上减少了审计风险，为审计师出具审计意见提供依据。审计师最终的决策（审计意见）的形成往往是建立在被审计单位内部控制基础之上的。充分披露可靠的内部控制信息能够向投资者、社会公众传递良好的公司治理的信息，从而提升公司的企业的信誉和价值（杨德明等2009；林斌等，2009；李明辉等，2003）。如果公司内部控制实施效果差，说明公司会计信息及财务报告生成所依赖的环境的可信性差，公司对会计信息和财务报告粉饰的可能性也就会很高（Krishnan，2005）。根据审计需求保险理论，为了避免审计失败的发生，审计师会降低对被审计单位内部控制和财务信息的信任度，在制订审计计划和选择审计程序时就会非常的谨慎，不仅会扩大控制测试的范围，还会对实质性程序的性质、时间和范围做出相应调整，从而增加出具不清洁审计意见的可能性。

值得注意的是，随着 2011 年内部控制审计报告要求强制披露后，内部控制影响内部控制审计意见变得更加的有意义。内部控制审计意见与公司本身的内部控制设计和执行情况息息相关，内部控制的强弱，直接反映在内部控制审计意见中。根据上述阐述，本书提出以下假设：

H_{6-1}：基于风险管理框架的内部控制质量越高，审计师越容易出具标准的财务报表审计意见和内部控制审计意见。

6.1.2　研究设计

1. 样本选择

本书中基本数据来源于 CSMAR 数据库，选择迪博企业风险管理技术有限公司提供的“迪博中国上市公司内部控制指数”作为代表内部控制质量的变量。本书时间选择 2009—2014 年，由于内部控制基本规范于 2009 年 7 月 1 日起在上市公司范围内实施，内部控制水平的评价真正从 2009 年才开始规范化，2009 年以前年度数据对说明问题的意义不大。本书以上市公司 A 股公司作为初始样本，剔除了数据缺失、部分变量为零以及金融行业的样本，为了消除异常值的影响，本书对除媒体监督以外的所有连续变量在 0—1% 和 99%—100% 之间进行了 Winsorize 处理，共搜集 2009—2014 年非平衡面板数据 7210 家，作为本书的基础数据。

2. 模型设计

$$Logisit(Opinion = 1)_{i,t} = \beta_0 + \beta_1 ic_{i,t} + \beta_2 lev_{i,t} + \beta_3 roa_{i,t} + \beta_4 owl_{i,t} + \beta_5 du_{i,t} + \beta_6 ind_{i,t} + \beta_7 big4_{i,t} + \beta_8 \mathrm{infee}_{i,t} + \sum \beta_9 industry + \sum \beta_{10} year \tag{6.1}$$

3. 变量定义

（1）解释变量。本书选择迪博企业风险管理技术有限公司提供的“迪博中国上市公司内部控制指数（2009—2014）”作为代表内部控制质量的解释变量。迪博公司所涉及并发布的内部控制指数，涵盖了 ERM 框架中关于内部控制管理的要素，能够真实地反映内部控制质量，已被本行业专家学者等认可。

（2）被解释变量。本书的解释变量是上市公司财务审计意见和内部控制审计意见类型，由于内部控制的非标准审计意见数量有限，我们将非标准的财务审计意见和非标准的内部控制审计意见进行合并，即上市公司是否出具了非标准的审计意见（opinion），当审计师出具非标意见时，该变量赋值为 1，否则为 0。

4. 控制变量

为了有效地控制相关变量对实证结果的影响，本书选取了一些基本的控制变量，如年度变量（*Year*），资产负债率（*Lev*），净资产收益率（*Roa*），与公司治理相关的董事长和CEO或者总经理是否合而为一，如果是，赋值为1，否则为0；公司第一大股东持股比例（*Owl*）；董事会中独立董事的比例（*Ind*），以及行业变量（*Industry*）。为了减少相关变量对审计意见的影响，增加审计收费（Infee）和事务所规模（Big4）作为审计意见的控制变量。具体变量定义见表6－1。

表6－1　　相关变量定义

变量性质	变量符号	变量名称	变量解释
被解释变量	*opinion*	审计意见类型	当年被出具非标意见取值为1，否则取0
解释变量	*ici*	内部控制质量	迪博公司发布的内部控制指数
控制变量	*year*	年度	上市公司被出具审计报告的自然年度
	lev	资产负债率	负债/总资产
	roa	净资产收益率	利润/净资产
	du	董事长和总经理是否职能合一	董事长兼任总经理取值为1，否则取0
	owl	第一大股东持股比例	第一大股东持股数/公司总股数
	ind	独立董事比例	独立董事人数/董事总人数
	industry	行业变量	当样本为某一特定行业时取值为1，否则为0
	infee	审计收费	本期审计费用自然对数
	big4	事务所规模	审计师是国际“四大”取值为1，否则为0

6.1.3　实证结果与分析

1. 描述性统计

本书主要变量的描述性统计结果见表6－2。由表6－2的描述统计结果来看，审计意见均值为0.0516，说明样本公司出具的审计意见以标准审计意见为主。上市公司的内部控制质量（IC）的均值为6.8274，说明样本公司内部控制的实施质量较好，内部控制质量的最小值为3.5493，最大值为9.5196，标准差为0.9746，说明样本公司的内部控制质量差异存在较大不同。同时，控制变量的描述结果显示，资产负债率（*lev*）平均为53.4%，说明样本公司的资产负债率较低；虽然样本公司的净资产收益率（*roa*）最小值为负，但均值为0.0787，总体上说明盈利性较好；第一大股东持股比例（*owl*）最大值为76.95%，最小值为8.58%，均值为36.82%，说明样本公司“一股独大”的现象仍然比较明显；两权分离（*du*）的平均数为0.1274，说明大多数上市公司选择两职分离；独立董事人数（*ind*）均值为0.3676，其设置基本符合证监会的要求（独立董事比例不低于1/3）；选择国际“四大”所的样本均值为0.0839，说明我国上市更青睐本土会计事务所；审计费用的极值和标准差说明不同上市公司审计收费差距较大。

表 6 – 2 描述性统计

全样本	最小值	最大值	平均值	中位数	标准差
opinion	0.0000	1.0000	0.0516	0.0000	0.2212
ici	3.5493	9.5196	6.8274	6.8897	0.9746
lev	0.0839	1.0911	0.5340	0.5434	0.2030
roa	–0.7097	0.5185	0.0787	0.0776	0.1455
owl	0.0858	0.7695	0.3682	0.3486	0.1608
du	0.0000	1.0000	0.1274	0.0000	0.3334
ind	0.2500	0.5714	0.3676	0.0544	0.3333
*big*4	0.0000	1.0000	0.0839	0.0000	0.2773
infee	1.0000	399.0000	108.6224	76.0000	90.0752

2. 回归分析结果

表 6 – 3 是对模型 6.1 的多元回归结果。由回归结果来看，在不考虑其他变量影响情况下，内部控制质量的回归系数为 –1.255 且在 1% 的水平上显著。这表明内部控制质量对审计意见有积极影响，即内部控制质量越高，公司收到的非标准审计意见可能性降低，结果支持了假设 6 – 1。此外，资产负债率越低、营利能力越高、第一大股东持股比例越高，公司收到标准审计意见的可能性越高。

表 6 – 3 内部控制质量与审计意见的实证检验结果

		估计系数	Z 值
ic		–1.255	–15.02***
lev		1.979	5.31***
roa		–0.688	–1.96**
owl		–2.300	–4.28***
du		–0.122	–0.61
ind		0.576	0.43
*big*4		–0.023	–0.05
infee		–0.000	–0.12
常数项		4.605	5.10***
行业/年度		已控制	
LRchi^2		453.66***	
$PseudoR^2$		0.3071	
样本量		7210	

注：***、**分别表示 1%、5% 的统计水平下显著。

3. 稳健性测试

为了解决变量可能存在的互为因果关系导致的内生性问题，本书采用审计意见的滞后项作为被解释变量对模型进行稳健性测试。测试结果与前文基本一致，进一步证明了本书的假设与结论，如表6-4所示。

表6-4 内部控制质量与审计意见的稳健性测试

	估计系数	Z值
ic	-1.263	-15.47***
lev	1.984	5.62***
roa	-0.679	-1.80**
owl	-2.313	-4.31***
du	-0.135	-0.58
ind	0.593	0.32
big4	-0.026	-0.03
infee	-0.001	-0.16
常数项	4.627	5.23***
行业/年度	已控制	
LRchi^2	445.72***	
$PseudoR^2$	0.3192	
样本量	7210	

注：***、**分别表示1%、5%的统计水平下显著。

6.2 内部控制自我评价与审计意见的实证研究

6.2.1 假设提出

在《企业内部控制基本规范》要求强制披露内部控制自我评价报告之前，关于公司是否披露内部控制信息成为了公司内部控制有效与否的一个重要的标志，许多学者认为能积极披露内部控制信息的上市公司给市场传递以一种内部控制有效的信号，使人们相信其内部控制是良好的，会对公司的经营活动产生积极的作用，从而影响资本市场的某些行为（蔡吉甫，2009；李明辉等，2003；Shapiro and Matson，2008；方红星等，2010；林斌等，2009）。蔡吉甫（2009）研究发现经营业绩越好、财务报告质量越高的上市公司越倾向于披露内部控制信息，而财务状况异常（即股票交易被特别处理）的上市公司披露内部控制信息的动力明显不足。但是，于忠泊、田高良（2012）的研究证明，我国上市公司是否披露内部控制自我评价报告并不具有信息含量，因为多数上市公司的内部控制自我评价报告采用千篇一律的披露形式。而且通过对上市公司内部控制自我评价报告中关于内部控制整体评价来看，99% 以上的上市公司都认为自身的内部控制整体评价的有效的，只有不到 1% 的上市公司认为自身的内部控制整体无效。但是，还有大量的上市公司虽然认定其内部控制是有效的，但还会披露内部控制的缺陷以及缺陷内容，这对于我们的研究才更加有意义。本书认为，内部控制缺陷的披露相比较内部控制信息更具有信息含量。从外部审计的角度来看，公司披露内部控制自我评价报告，尤其是披露内部控制缺陷，反映了公司可能存在的内部控制运行的漏洞，可能会进一步影响公司治理的效果。审计师在风险评估程序中，会充分考虑内部控制的缺陷可能导致的财务问题或可能造成的会计舞弊行为，从而增加了发现重大错报风险的机率，审计师有可能针对某一项内部控制的缺陷而使信息使用者关注公司存在的某些财务问题，增加了出具不清洁财务审计意见的机率。

内部控制审计作为一项针对公司财务报告的内部控制运行的评价活动，公司披露内部控制缺陷本身就可以作为对内部控制审计的一项直接证据。如果该项内部控制缺陷属于财务报告内缺陷，审计师会重点考虑该缺陷是否会影响内部控制的运行状况，会计信息的真实可靠性是否受到质疑，对最终出具内部控制审计意见产生直接影响。如果公司披露的内部控制缺陷并非财务报告内的缺陷，审计师要关注这项缺陷是否会新影响财务报告内的内部控制的运行，由于内部控制是公司运行的一个整体系统，只要有一个环节出现缺陷，就可能会波及其他环节产生负面影响，其内部控制的运行必然存在着漏洞，其财务管理和公司治理可能会到不到信任。审计师也更愿意通过出具不清洁的审计意见来提醒信息使用者关注内部控制的风险。所以本书提出假设：

H_{6-2}：上市公司披露越多内部控制缺陷，审计师越倾向于出具不清洁的财务审计意见和内部控制审计意见。

借鉴美国《SOX 法案》的经验，我国的内部控制体系也在逐步建立与完善，构建高效的内部控制体系进程不断加速。然而内部控制缺陷的认定是评价内部控制是否有效的关键，缺陷认定这一过程必须解决缺陷识别、缺陷严重程度评估、缺陷认定权限划分、缺陷应对措施制定、缺陷对外披露五个环节的问题（杨有红、李宇立，2011）。《企业内部控制评价指引》中规定，以内部控制的重大缺陷、重要缺陷和一般缺陷作为衡量内部控制有效的程度。重大缺陷，是指一个或多个控制缺陷的组合，会单独或联合严重影响企业内部控制的有效性，导致企业无法及时防范、发现并纠正严重偏离相关目标的情况，上市公司如果具有重大缺陷，预示着内部控制失效的程度最高。重要缺陷，是指一个或多个控制缺陷的组合，其造成的严重程度及经济后果虽低于重大缺陷，但仍有较大可能导致企业偏离控制目标，应该引起企业重视和关注。一般缺陷，是指除重大缺陷、重要缺陷之外的其他控制缺陷。根据披露的内部控制缺陷的不同，上市公司如果披露内部控制的重要缺陷，说明内部控制可能出现的内部控制问题较为严重，审计师的审计风险会增加，出具非标准审计意见的可能性也会增大。如果被出具重要缺陷和一般缺陷，说明内部控制发现问题的程度较重大缺陷要低，这种情况下，审计师还是会持谨慎的职业态度和敏感度，持续关注内部控制可能出现问题的薄弱点，但是出具非标审计意见的概率会有所下降。因此，本书提出以下假设：

H_{6-3}：内部控制自我评价报告中披露的重大缺陷相比较重要缺陷和一般缺陷而言，审计师更倾向于出具不清洁的财务报表审计意见和内部控制审计意见。

由于内部控制对企业的实际经营活动会产生重要的影响，相关研究已不再局限于内控制度、缺陷认定与分类以及内控缺陷的决定因素等层面，更多地关注内部控制缺陷披露后的行为研究。对于内部控制缺陷的整改也可以作为衡量内部控制有效性的一项重要指标将会受到关注。管理层对内部控制缺陷的整改行为，反映了他们是否积极地完善内部控制制度，能够促使管理层认识内部控制的不足，并彻底改正内部控制缺陷。如果管理层对所披露的内部控制缺陷没有得到整改，说明管理层对内部控制的重视程度不高，内部控制的运行必然受到影响，从而影响审计师对内部控制整体评价，通过影响审计风险而影响审计意见的出具。所以，本书提出以下假设：

H_{6-4}：如果管理层对内部控制缺陷进行积极的整改，审计师越倾向于出具清洁的财务审计意见和内部控制审计意见。反之也成立。

6.2.2 研究设计

1. 样本选择

本书中基本数据来源于 CSMAR 数据库，由于内部控制自我评价和鉴证报告的披露情况在年报中有明确说明，因此上市公司披露内部控制自我评价报告以及披露的内部控制缺陷信息通过迪博数据库中《内部控制评价库》的数据，并结合手工的搜集方式来完成。本书时间选择 2009—2014 年，由于内部控制基本规范于 2009 年 7 月 1 日起在上市公司范围内实施，内部控制水平的评价真正从 2009 年才开始规范化，2009 年以前年度数据对说明问题的意义不大。本书以上市公司 A 股公司作为初始样本，剔除了数据缺失、部分变量为零以及金融行业的样本，为了消除异常值的影响，本书对除媒体监督以外的所有连续变量在 0—1% 和 99%—100% 之间进行了 Winsorize 处理，共搜集 2009—2014 年非平衡面板数据 7210 家，作为本书的基础数据。

2. 模型设计

内部控制自我评价与公司审计意见的回归模型：

$$Logisit(Opinion=1)_{i,t}=\beta_0+\beta_1 Icd_{i,t}+\beta_2 lev_{i,t}+\beta_3 roa_{i,t}+\beta_4 owl_{i,t}+\beta_5 du_{i,t}+\beta_6 ind_{i,t}+\beta_7 big4_{i,t}+\beta_8 \mathrm{infee}_{i,t}+\sum\beta_9 industry+\sum\beta_{10} year \tag{6.2}$$

$$Logisit(Opinion=1)_{i,t}=\beta_0+\beta_1 Icdtype_{i,t}+\beta_2 lev_{i,t}+\beta_3 roa_{i,t}+\beta_4 owl_{i,t}+\beta_5 du_{i,t}+\beta_6 ind_{i,t}+\beta_7 big4_{i,t}+\beta_8 \mathrm{infee}_{i,t}+\sum\beta_9 industry+\sum\beta_{10} year \tag{6.3}$$

$$Logisit(Opinion=1)_{i,t}=\beta_0+\beta_1 Icdfix_{i,t}+\beta_2 lev_{i,t}+\beta_3 roa_{i,t}+\beta_4 owl_{i,t}+\beta_5 du_{i,t}+\beta_6 ind_{i,t}+\beta_7 big4_{i,t}+\beta_8 \mathrm{infee}_{i,t}+\sum\beta_9 industry+\sum\beta_{10} year \tag{6.4}$$

3. 变量定义

（1）解释变量。本书的解释变量归纳为三个，第一个为是否披露内部控制缺陷，如果披露，取值为 1，如果没有，取值为 0；第二个为内部控制缺陷的类型，如果缺陷类型为重大缺陷，则取值为 1，如果缺陷类型为重要缺陷和一般缺陷，则取值为 0；第三个为是否对内部控制缺陷进行整改，如果有整改，取值为 1，如果没有整改，取值为 0。这些数据均来自于迪博公司的内部控制评价数据库。

（2）被解释变量。本书的解释变量是上市公司财务审计意见和内部控制审计意见类型，即上市公司是否出具了非标准的审计意见（opinion），当审计师出具非标意见时，该变量赋值为 1，否则为 0。

（3）控制变量。为了有效的控制相关变量对实证结果的影响，本书选取了一些基本的控制变量，如年度变量（Year），资产负债率（Lev），净资产收益率（Roa），与公司治理相关的董事长和 CEO 或者总经理是否合而为一，如果是，赋值为 1，否则为 0；公司第一大股东持股比例（Owl）；董事会中独立董事的比例（Ind），以及行业变量（Industry）。为了减少相关变量对审计意见的影响，本书又增加审计收费（Infee）和事务所规模（Big4）作为审计意见的控制变量。具体变量定义见表 6 - 5。

表 6 - 5　　　　相关变量定义

变量性质	变量符号	变量名称	变量解释
被解释变量	*opinion*	审计意见类型	如当年被出具非标意见取值为 1，否则取 0
解释变量	*icd*	是否披露内部控制缺陷	如披露，取值为 1，否则取 0
	icdtype	内部控制缺陷的类型	如缺陷类型为重大缺陷，则取值为 1，如果缺陷类型为重要缺陷和一般缺陷，则取值为 0
	icdix	是否对内部控制缺陷进行整改	如有整改，取值为 1，否则取值为 0
控制变量	*year*	年度	上市公司被出具审计报告的自然年度
	lev	资产负债率	负债/总资产
	roa	净资产收益率	利润/净资产
	du	董事长和总经理是否职能合一	董事长兼任总经理取值为 1，否则取 0
	owl	第一大股东持股比例	第一大股东持股数/公司总股数
	ind	独立董事比例	独立董事人数/董事总人数
	industry	行业变量	当样本为某一特定行业时取值为 1，否则为 0
	infee	审计收费	本期审计费用自然对数
	big4	事务所规模	审计师是国际“四大”取值为 1，否则为 0

6.2.3　实证结果与分析

1. 描述性统计

本书主要变量的描述性统计结果见表 6 - 6。由表 6 - 6 的描述统计结果来看，审计意见均值为0.0516，说明样本公司出具的审计意见以标准审计意见为主。上市公司是否披露内部控制缺陷的均值为0.205，说明选择披露了内部控制缺陷的上市公司数量比例较小，这与内部控制披露的强制性政策规定有一定关系。从缺陷类型变量来看，均值为0.004，说明上市公司存在内部控制重大缺陷的数量非常少，大多是集中在内部控制的一般缺陷上。在内部控制缺陷改进的变量中，均值为0.097，说明针对内部控制进行缺陷改进的上市公司数量也偏少，但是其标准差为0.2961，说明在上市公司对待内部制缺陷的态度上，改进与不改进差异较大。同时，控制变量的描述结果显示，资产负债率（*lev*）平均为53.4%，说明样本公司的资产负债率较低；虽然样本公司的净资产收益率（*roa*）最小值为负，但均值为0.0787，总体上说明盈利性较好；第一大股东持股比例（*owl*）最大值为76.95%，最小值为8.58%，均值为36.82%，说明样本公司“一股独大”的现象仍然比较明显；两权分离（*du*）的平均数为0.1274，说明大多数上市公司选择两职分离；独立董事人数（*ind*）均值为0.3676，其设置基本符合证监会的要求（独立董事比例不低于1/3）；选择国际“四大”所的样本均值为0.0839，说明我国上市更青睐本土会计事务所；审计费用的极值和标准差说明不同上市公司审计收费差距较大。

表6-6　　描述性统计

全样本	最小值	最大值	平均值	中位数	标准差
opinion	0.0000	1.0000	0.0516	0.0000	0.2212
icd	0.0000	1.0000	0.205	0.0000	0.4035
icdtype	0.0000	1.0000	0.004	0.0000	0.0599
icdfix	0.0000	1.0000	0.097	0.0000	0.2961
lev	0.0839	1.0911	0.5340	0.5434	0.2030
roa	-0.7097	0.5185	0.0787	0.0776	0.1455
owl	0.0858	0.7695	0.3682	0.3486	0.1608
du	0.0000	1.0000	0.1274	0.0000	0.3334
ind	0.2500	0.5714	0.3676	0.0544	0.3333
big4	0.0000	1.0000	0.0839	0.0000	0.2773
infee	1.0000	399.0000	108.6224	76.0000	90.0752

2. 回归分析

我们通过模型6.2—模型6.4来考察媒体监督对审计意见的影响，表6-7反映了多元回归结果。由多元回归结果来看，上市公司是否披露缺陷变量的回归系数为0.985且在1%的水平上显著，说明当上市公司披露内部控制缺陷时，审计师出具不清洁审计意见的可能性越大，这一结果支持了假设6-2。当上市公司内部控制缺陷类型变量的回归系数为3.319，当上市公司披露的内部控制缺陷为重大缺陷时，审计师更倾向于出具不清洁的审计意见。这一结果支持了假设6-3。在上市公司是否对内控缺陷进行改进的变量回归系数为0.706，系数为正，说明当上市公司对内部控制缺陷有改进行为时，内部控制审计师更倾向于出具不清洁的审计意见。这一结果并没有支持6-4的假设。这可能是因为：一方面，上市公司对内部控制的整改行为并没有影响当期审计师出具审计意见，审计师主要根据当期的内部控制运行状况与财务状况出具审计意见。另一方面，说明上市公司本身对内部控制的整改行为的效果并不明显。由于相关整改的力度以及重视程度不同，导致整改行为出现差异。通过多元回归分析我们可以看出，媒体监督的相关变量均与审计意见正相关，且相关系数较大。此外，资产负债率越低、营利能力越高、第一大股东持股比例越高、审计费用越高，公司收到标准审计意见的可能性越高。

表 6-7 内部控制自我评价对审计意见影响的回归结果

	模型 5.2	模型 5.3	模型 5.4
icd	-0.985*** (10.28)		
icdtype		3.319*** (20.97)	
icdfix			0.706*** (9.87)
lev	3.118*** (24.76)	3.298*** (23.89)	3.152*** (22.90)
roa	-2.263*** (-2.87)	-2.230*** (-3.05)	-2.357*** (-4.08)
owl	-2.675*** (-4.95)	-2.780*** (-5.27)	-2.782*** (-5.14)
du	0.232 (-0.52)	0.251 (-0.67)	0.263 (-0.92)
ind	0.824 (0.57)	1.254 (0.72)	1.157 (2.11)
big4	0.443 (-0.35)	0.405 (-0.41)	0.404 (-0.39)
infee	-0.668*** (-4.06)	-0.716*** (-3.97)	-0.674*** (-3.85)
常数项	-13.938 (-0.72)	-13.269 (-1.62)	-13.269 (-1.91)
行业/年度	已控制		
LRchi^2	232.091**	227.859**	213.043**
$PseudoR^2$	0.4272	0.4581	0.4412
样本量	7210	7210	7210

注：括号内为回归系数对应的 Z 值。***、**分别表示 1%、5% 的统计水平下显著。

3. 稳健性检验

为了解决变量可能存在的互为因果关系导致的内生性问题，本书采用审计意见的滞后项作为被解释变量对模型6.2—模型6.4验证以控制内生性问题。回归结果与前文基本一致，进一步证明了本书的假设与结论。值得注意的是，在滞后一期的基础数据中，假设模型6.4依旧没有得到验证，说明上市公司对内部控制缺陷的改进在滞后一期的数据中还是无法得到体现，这需要在未来时间内继续进行观察与研究。

表6-8 稳健性测试回归结果

	模型5.2	模型5.3	模型5.4
icd	-0.785*** (9.96)		
icdtype		2.674*** (18.24)	
icdfix			0.549** (7.36)
lev	3.230*** (25.12)	3.368*** (24.88)	3.275*** (24.52)
roa	-2.231*** (-2.92)	-2.205*** (-2.81)	-2.305*** (-2.71)
owl	-2.811*** (-4.88)	-2.907*** (-4.79)	-2.905*** (-4.68)
du	0.317 (-0.49)	0.341 (-0.53)	0.346 (-0.51)
ind	0.447 (0.52)	0.830 (0.79)	0.746 (0.88)
big4	0.165 (-0.32)	0.131 (-0.38)	0.134 (-0.41)
infee	-0.714*** (-4.22)	-0.745*** (-4.41)	-0.718*** (-4.39)
常数项	-13.155 (-0.93)	-12.753 (-0.87)	-13.127 (-0.96)
行业/年度	已控制		
LRchi^2	227.232**	224.704**	215.990**
$PseudoR^2$	0.5291	0.5388	0.5402
样本量	7210	7210	7210

注：括号内为回归系数对应的Z值。***、**分别表示1%、5%的统计水平下显著。

6.3　本章小结

本章从外部审计的角度来评判内部控制在发挥公司治理工具的效率。分别从内部控制质量以及内部控制自我评价两个方面反映内部控制的治理效果，也将审计意见细化为财务审计意见和内部控制审计意见，从而构建了内部控制对审计意见的理论关系。首先基于ERM风险管理框架下验证内部控制与审计意见的关系，并利用迪博公司发布的中国内部控制指数来评价内部控制质量，实证结果表明，基于风险管理框架的内部控制质量越高，审计师越容易出具标准的财务报表审计意见和内部控制审计意见。其次，从内部控制自我评价角度，验证内部控制与审计意见的关系。通过对内部控制缺陷的披露作为自我评价的体现，验证了披露动机、披露类型对审计意见的影响，但是内部控制缺陷披露的整改行为对审计意见的影响没有得到验证，一方面，说明对内部控制的整改行为并没有影响当期审计师出具审计意见，另一方面，说明上市公司本身对内部控制的整改行为的效果并不明显。通过本章的分析我们可以得出，作为内部治理的工具，内部控制能够反映公司治理的效果，从而影响审计师的审计行为。值得注意的是，本章中也重点关注了内部控制质量与内部控制审计意见的关系，有助于扩展与推广我国刚建立的内部控制评价体系，也为我国上市公司内部控制评价提供研究支撑。

第7章

獐子岛案例分析

7.1 獐子岛背景简述

7.1.1 公司简介

獐子岛集团股份有限公司（ZONECO）始创于1958年，曾先后被誉为“黄海深处的一面红旗”“海上大寨”“黄海明珠”“海底银行”“海上蓝筹”。历经半个世纪的发展，现已成为在海洋生物技术支撑下，以海珍品种业、海水增养殖、海洋食品为主业，集冷链物流、海洋休闲、渔业装备等相关多元产业为一体的综合型海洋企业。集团公司注册资本达到7.1亿元人民币，资产总额达45亿元人民币，企业员工4000余人，獐子岛旗下分公司、全资子公司以及控股、参股中的外合资公司多达40家，并且獐子岛集团2006年在深圳证券交易所挂牌上市（股票代码002069）。

獐子岛集团在农业产业化方面为国家重点龙头企业、国家高新技术企业，它是中国首家获得MSC虾夷扇贝渔场认证企业，獐子岛坚持“可持续发展、有质量增长”“低碳、生态、绿色”的经营理念，“全球资源、全球市场、全球流通”的国际化运营方式，努力打造世界海洋食品服务商，为消费者奉献“幸福家宴”。

7.1.2 獐子岛事件概述

2014年9—10月，獐子岛集团为了检测集团相关生物资产存货情况，按照往常惯例，对秋季播种的虾夷扇贝数量进行抽样调查，通过抽样调查的结果显示虾夷扇贝的存货出现异常，存货数量大规模减少，并且由于某些原因导致虾夷扇贝的死亡率极高，使得獐子岛的生物资产存货出现了大规模的减少情况（见表7－1）。

表 7－1　　　　　　　　　　　　　　獐子岛事件一览表

2014. 10. 30	集团发布公告称，由于北黄海遭遇几十年不遇的冷水团，致使 2011 和 2012 年播种的虾夷扇贝大规模死亡
2014. 11. 1	召开海洋牧场灾情说明会
2014. 11. 4	公布收到《关于对獐子岛集团股份有限公司的问询函》； 大连证监局下发的《监督关注函》
2014. 11. 5	发布收到的政府援助公告； 披露证监会对獐子岛亏损事件的核查和处理情况； 为弥补此次事件带来的损失，通过 12 名集团高层降薪方案
2015. 6. 1	再次披露獐子岛虾夷扇贝正常生长，符合预期，尚不存在减值风险； 公司股票停盘
2016. 1. 11	《2000 人实名举报称獐子岛冷水团事件系弥天大谎》指出，2014 年獐子岛事件造假，真正原因不是冷水团，而是虚假播苗、偷工减料以及过度捕捞
2016. 1. 15	证监会召开新闻发布会，表示对媒体报道獐子岛绝收事件进行核查
2018. 1. 31	獐子岛集团发布临时公告称，公司播下的虾夷扇贝存货出现异常导致集团再次出现大规模亏损
2018. 2. 27	由 30 人组成的调查组进入獐子岛集团，对管理人员进行单独谈话，要求查看服务器

在 2014 年 10 月底獐子岛的第三季度财务报表披露中显示，此次事件由于北黄海遭遇了几十年难得一遇的异常冷水团，致使公司在 2011 年和 2012 年部分播种的虾夷扇贝绝收，因此决定对这一批虾夷扇贝不进行捕捞，直接做核销处理，这直接影响了獐子岛集团 7. 6 亿元的利润，而将这全部的 7. 6 亿元计入第三季度财报，使得集团一夜之间亏损 8 亿元。獐子岛集团这次对生物资产的会计处理，引起了社会各界的广泛质疑，2014 年 10 月，证监会成立了专门的调查小组，经过长达两个月的调查之后，证监会与 2014 年 12 月 25 日公布了对獐子岛事件的调查结果：证监会经调查认为，獐子岛在播种和养殖过程中并不存在数据作假，獐子岛集团资金没有挪用行为，但是在信息披露和财务核算等方面存在不规范行为。深监所也就此次事件给獐子岛通报批评处理并且责令限期整改。

在獐子岛事件爆发后，集团高层管理人员为了弥补与缩小此次事件带来的损失，经总裁办一致讨论决定，通过了对 12 名高层管理人员的降薪方案，其中董事长吴厚刚月薪降为 1 元钱，其余年薪下调 26%—50% 不等，这次降薪时间一直持续到獐子岛集团恢复到事件爆发之前 5 年的利润平均水平，同时保证在股票复盘之后各自拿出 2000 万元继续增持獐子岛集团的股票，并且保障两年内所持股票份额不减。

獐子岛事件爆发半年之后，獐子岛集团在 2015 年 6 月 1 日再次披露公告，称："虾夷扇贝正常生长，并且符合公司预期，不存在减值的风险"。社会各界担心上一次事件会重演，对此次披露公告非常关注。但是，依旧 2015 年 6 月 1 日，獐子岛集团又发布公告信息表示，集团正在筹划发行非公开股票事宜，将会在今天停牌。两个公告在同一天发布，受到上一次绝收事件的影响，有部分媒体认为獐子岛集团会为了增发股票而进行虚假的会计信息披露。

但是随着媒体监督的不断发展，獐子岛事件似乎还没有结束，2016 年 1 月 11 日，一篇文章打破了獐子岛的局势，《2000 人实名举报称獐子岛冷水团事件系弥天大谎》一文，直指 2014 年獐子岛事件实属造假，冷水团绝不是造成虾夷扇贝大量绝收的真正原因，播苗造假、过度捕捞才是真正的背后推手。

关于獐子岛扇贝的离奇死亡，除了死亡原因以外，宣布死亡的时间节点也引人深思。在獐子岛集团 2017 年 10 月 25 日发布的公告上可以看到，对集团在秋季播苗的虾夷扇贝进行抽检，抽测结果显示一切正常，并且在涉及 2014—2016 年底播苗，预估到 2017 年 10 月底还未收获的 135 万亩虾夷扇贝也不存在减值风险。但是到了 2018 年的 1 月 31 日，公司公告突然宣布巨额亏损，称大量扇贝突然死亡。

2018 年 2 月 12 日，在深交所对獐子岛发函时，獐子岛集团对深交所关注函的回复公告中表示："此次虾夷扇贝遭灾，公司虽然监测到相关指标异常情况，但是基于历史经验、抽测结果以及生产经营数据，对相关指标异常及虾夷扇贝偏瘦等情况未给予足够重视。"然而事实究竟是怎样，到现在依旧不得而知。

对该事件，许多媒体也有持续的报导，如新华网《证监会：正在核查獐子岛"绝收"事件》、军盟网《大连獐子岛冷水团事件被举报造假？证监会正在调查》、中国证券报《獐子岛的扇贝又跑了?》等。

7.1.3 獐子岛事件的相关公告

2014 年 12 月 5 日，证监会新闻发言人邓舸在例行新闻发布会上对证监会就獐子岛事件的核查和处理情况进行通报。獐子岛集团于 2006 年上市，2014 年 10 月 14 日獐子岛停牌，同年 10 月 31 日，獐子岛发布了公告，合计影响净利润为 7.63 亿元，信息披露后，许多信息使用者并不买账，市场出现大量质疑声音。证监会要求獐子岛自查，充分利用各种方式，作出解释说明。证监会并组织由大连证监局牵头，广东、山东等证监局参加的专项核查组，11 月 10—27 日对獐子岛进行了现场核查。经证监会专项核查组进行核查，獐子岛虾夷扇贝采购并不存在违法行为，但是獐子岛在决策程序、财务核算、信息披露等方面存在不规范、未按规定操作等问题。并且对投资者关注的问题，证监会要求獐子岛作出明确解释和详细说明。证监会也将督促管理层履行补偿的承诺，鼓励上市公司管理层依法主动承担责任，保护公司和投资者的合法权益。

2016 年 4 月 22 日，獐子岛集团股份有限公司关于收到《中国证监会行政许可申请终止审查通知书》的公告，公告称：本公司及董事会全体成员保证信息披露的内容真实、准确、完整，没有虚假记载、误导性陈述或重大遗漏。獐子岛集团股份有限公司于 2015 年 11 月 26 日召开了第五届董事会第三十三次会议，在 2015 年 12 月 14 日召开了本年度第三次临时股东大会，审议通过了公司非公开发行股票预案及相关议案。公司拟向不超过 5 名的特定对象发行不超过 12521.5889 万股（含），募集资金总额不超过 145000 万元，此次募集资金将会用在平台建设项目、O2O 新业态建设项目及偿还银行贷款。公司还在 2015 年 12 月 18 日向中国证券监督管理委员会（以下简称“中国证监会”）申报了非公开发行 A 股股票申请文件（獐股有字司发〔2015〕第 133 号），于 2015 年 12 月 23 日取得《中国证监会行政许可申请受理通知书》（153690 号）。同时因为公司公告非公开发行股票预案以来，我国资本市场环境发生了诸多变化，公司综合考虑各项业务发展规划及融资环境等因素，经与保荐机构审慎研究，经公司第五届董事会第三十七次会议审议通过，公司与保荐机构向中国证监会提交了《关于撤回獐子岛集团股份有限公司非公开发行股票申请文件的申请》和《关于撤回獐子岛集团股份有限公司非公开发行股票申请文件的请示》。近日，公司收到了《中国证监会行政许可申请终止审查通知书》（〔2016〕260 号）：根据《中国证监会行政许可实施程序规定》第二十条的规定，中国证券监督管理委员会决定终止对该行政许可申请的审查。

2019 年 7 月 9 日，獐子岛集团股份有限公司收到中国证监会下发的（处罚字〔2019〕95 号）《中国证券监督管理委员会行政处罚及市场禁入事先告知书》。经查明，獐子岛集团存在以下问题，涉嫌财务造假，内部控制存在重大缺陷，其披露的 2016 年年度报告、2017 年年度报告、《关于底播虾夷扇贝 2017 年终盘点情况的公告》和《关于核销资产及计提存货跌价准备的公告》涉嫌虚假记载；獐子岛披露的《关于 2017 年秋季底播虾夷扇贝抽测结果的公告》涉嫌虚假记载，并有信息未及时披露。

7.2　政府干预分析

1958 年，獐子岛、大耗岛、小耗岛、褡裢岛四个岛屿成立人民公社，命名为獐子人民公社，1983 年 9 月獐子公社改为獐子乡，并成立了集体所有制公司——獐子渔工商联合公司；1985 年獐子渔工商联合公司更名为大连獐子岛渔业总公司；1992 年大连獐子岛渔业集团公司（以下简称“集团公司”）成立，1998 年大连獐子岛渔业集团公司改组成立大连獐子岛渔业集团有限公司，自 2012 年 10 月 11 日，公司名称由“大连獐子岛渔业集团股份有限公司”变更为“獐子岛集团股份有限公司”。

獐子岛集团股份有限公司原为獐子岛镇办集体企业，在 2001 年变更为股份公司。獐子岛集团股份有限公司是大型综合性渔业企业，现已成为在海洋生物技术支撑下，以海珍品种业、海水增养殖、海洋食品为主业，集冷链物流、海洋休闲、渔业装备等相关多元产业为一体的综合型海洋企业。集团公司注册资本 7.1 亿元，资产总额 45 亿元，2006 年 9 月 28 日，獐子岛在深圳证券交易所挂牌上市（股票代码 002069），成功成为中国农业第一个百元股。獐子岛集团股份有限公司实际控制人为当地政府，股权占比为 45.76%。下面将细数它与当地政府之间千丝万缕的关系。

7.2.1 獐子岛集团与政府之间的密切关系

獐子岛镇成立的集体所有制企业——长海县獐子岛投资发展中心，它是獐子岛集团股份有限公司最大股东，股权占比为45.76%，而且它是长海县獐子岛镇人民政府100%控股的公司，因此，獐子岛集团股份有限公司实际控制人为当地政府。这样看来，政府是大股东也显然是卖方，它与獐子岛集团的利益息息相关。目前，公司董事长兼总裁为吴厚刚，位列公司前十大股东，做过造船厂的计、财务部经理、副总经理等职，曾担任过獐子岛公司总经理、獐子岛镇镇长、党委书记等职，作为股份公司发起人曾持股达10%，2015年年报披露持股比例为5.49%。负责人既是政府人员又是公司的核心领导人物，属于高度关联的股东。再者，政企不分是公司治理的大忌，很容易引发操纵利润的嫌疑，会严重影响公司资源配置效率甚至整体运营的效益。由此看来，獐子岛集团内部与当地政府之间的内部关系是相当密切。

7.2.2 “扇贝出逃”事件发生，政府解决措施不到位

据中国经营报报道，2014年10月獐子岛的一则公告称：“因北黄海遭到几十年一遇的异常冷水团”，公司在2011年和部分2012年播撒的100多万亩即将进入收获期的虾夷扇贝绝收。受此影响，獐子岛2014年巨亏11.89亿元。到2018年1月，獐子岛“扇贝跑路”，獐子岛宣布2018年1月31日开市起停牌，同时发布2017年业绩预告修正公告，预计去年净利润从盈利变为巨亏数亿元。而变化原因在于：部分海域的底播虾夷扇贝存货异常，公司可能对部分海域的底播虾夷扇贝存货计提跌价准备或核销处理。因此2014年和2017年獐子岛两次业绩“大变脸”，市场将其形象的总结为：“扇贝跑了”“扇贝又跑了”。而到了2019年，这个戏码再度上演。獐子岛2019年一季度亏损4314万元，理由依旧很熟悉，“底播虾夷扇贝受灾”，俗称“扇贝跑路”。

在獐子岛三季报发布之后，机构和媒体纷至沓来，獐子岛镇政府感受到了压力，但他们同时也在增加扶持力度。在根据有关人士透露中，镇政府正在开会研究针对獐子岛公司的政策扶持措施，“要退回公司缴纳的企业所得税”，但对于退回的额度，还要经过镇政府进一步地研究，“退肯定会退，但具体数额还没定”。“同时减免海域使用金，从每年60元一亩降到10元”，这位工作人员表示，大连长海县政府在灾情发生后，已经同意减免獐子岛深水底播受灾海域的部分海域使用金，优惠大概有3000多万元。

2011年播种养殖到今年都没出现问题，到了收获的时候，一场冷水，8亿元的扇贝没了，当前市场和投资者都不得不怀疑獐子岛存在造假的嫌疑。扇贝是冷水品种，对水温升高敏感，獐子岛一直标榜自己的养殖方式先进，检测设施也很先进，一场冷水就颗粒无收？到底獐子岛有没有造假？仅仅是依靠政府的扶持和拨款就可以了吗？而政府的出手相助，让獐子岛吃了颗定心丸，它的经营业绩也逐渐恢复正常，甚至在2016年度净利润达

到了 7000 多万元。

长期以来，农业上市公司宣称靠天吃饭令投资者不安，但其中隐藏的造假更让人担忧。多位审计业内人士表示，农林牧渔上市公司对存货监盘要求十分专业，对于獐子岛通告的存货突然大量消失和公司的巨额亏损，这些数值又没有得到过专业机构的测试，仅凭它们的说辞就能够解释吗？对獐子岛这类有特定风险的农业养殖类上市公司，既然不确定风险和舞弊空间天然存在，那监管部门是否也应对其出台特定的风险防范和安全预警机制？在整个监测体系未作出任何预警，公司也未采取任何防控措施，显然对于这样的优质股公司是不可能的。公司借此瞒天过海，虚构存货、虚增资产一旦暴露，很可能打着“天灾”的幌子进行隐瞒。不管是靠天吃饭还是靠天造假，农林牧渔上市公司存货、收入利润当中的“猫腻”，需要更加严格的监管体制。我们需要防止上市公司忽悠中介机构，也要防止公司与审计人员联手忽悠投资者，仅仅凭借天灾一词就可以来解释如此大的亏损漏洞吗？因此对于由政府大力扶持的企业来说，它的真实性盈利情况，我们应该更加关注，尤其作为财务报表信息使用者来说，自己的投资是否正确？政府干预带来相关报表上反映的数值是否是有价值意义。

因此，对相关行业上市公司遭遇天灾的情况，不仅要有会计师事务所的意见，也要有行业协会、专业科研机构和行业相关企业的综合意见，提供给投资者和监管部门，这样大的一个公司，其存货资产对其何等重要咋能够说没就没。我们必须要弄清楚，到底是客观原因还是獐子岛的主观故意才是此次事件发生的根本原因，揭开此次事件神秘的面纱。

7.2.3 政府发放补贴

一般来说，政府干预经济的手段主要有：征税与补贴。这是政府干预市场中的外部性问题使用非常广泛的二种方式。从公告的内容来看，当地政府对獐子岛的救助或许将不仅仅止于减免海域使用金。当地政府采取了退还税款与发放补助的方式对獐子岛集团经济进行救助。但是獐子岛公司长期享受到政府补助，作为营业外收入直接影响当期损益，对企业报告盈利产生直接的正向影响，而且出现了公司亏损越多，获得的政府补助越多的现象。政府补助是无偿的，所以产生的现金流量只有流入量而没有流出量，这就可以完全解释为何在 2014 年出现巨大亏损后，经过两年时间就能够获得较高的净利润。因此，对于獐子岛公司而言，这种特殊的现金流量对于企业的影响来说更为显著。

对于农业来说，国家在税收优惠上已经给与了很大的补助。根据《中华人民共和国增值税暂行条例》第十五条（一）的规定，农业生产者销售自产农产品免征增值税，根据《中华人民共和国企业所得税法实施条例》第八十六条的规定，公司的农产品初加工业务所得免征企业所得税，海水养殖所得减半征收企业所得税。对于獐子岛公司，在税收上得到的补助是相当可观的。再者，通过公司发表的审计报告中可以看出，在 2015 年 1 月 28 日，大连市相关政府机构联合下发《关于发布 2014 年大连市认定及复审高新技术企业名单的通知》，獐子岛被认定为高新技术企业，有效期三年（2014 年、

2015 年、2016 年）。根据相关规定公司将享受国家关于高新技术企业的相关优惠政策，按 15% 的税率计缴企业所得税。在 2018 年 1 月 11 日，企业又继续被认定为高新技术企业，在 2017、2018、2019 年度仍然按照 15% 的税率计缴企业所得税。由此可以看出政府对于獐子岛公司提供的资金量是相当可观的，而这些政府给予的税收优惠都会对企业的利润调整有很大的帮助。

根据查看獐子岛近几年的财务报表可知，政府补助在它的报表中占有相当大的比重。2014—2018 年獐子岛收到政府补助占比情况如表 7 - 2 所示。

表 7 - 2　**2014—2018 年獐子岛收到政府补助占比情况**　单位：万元

年份	2014	2015	2016	2017	2018
政府补助	4107. 29	6542. 86	3020. 04	176. 00	547. 05
净利润	- 119522	- 24544	7571	- 72577	3399
所占百分比	3. 34%	21. 41%	37. 94%	0. 24%	16. 09%

当一个企业由于业绩不佳导致面临退市风险的情况下，通过政府补助来实现扭亏为盈、避免退市，是一种低成本、低难度、低风险的方法，对于企业来说，可以获得收益，避免退市，有利于企业的利润增长。对于政府来说，当地上市公司的发展可以带动经济发展，而当地经济发展是对当地政府工作的一种绩效考核参考。獐子岛每年均会获得大额的政府补助，尤其从 2014 年开始，在扭亏为盈的 2016 年度，仅仅两年的时间内就可以从 2014 年亏损达到近 12 亿元转变为盈利的局面，在报表中看出政府补助的金额占净利润的比例达到 39. 89%，根据长海县财政局（长财指〔2016〕576 号文件）《关于分配上级与项经费指标的通知》（大财指预〔2016〕58 号文件）精神，分配专项现代海洋牧场长海示范区建设经费指标 1000 万元，用于獐子岛渔业集团双壳贝类产品重新获准进入欧盟市场资金补贴。公司于 2016 年 12 月 30 日收到该笔补贴款 1000 万元，计入营业外收入会计科目，单项政府补助影响净利润 10%。这说明，政府补助对獐子岛扭亏为盈起到了不可小觑的作用。再者，在 2017 年政府补助较前几年大幅下降的情况下，再次发生了“扇贝又跑了”事件，亏损 7 亿多元，令我们不得不去思考，在前几年中政府补助对公司利润的重大影响力。其次，獐子岛集团称，2014 年 11 月 3 日，大连市人民政府召开了长海县海洋牧场灾情分析会，就最大限度减少灾情损失提出应对措施和办法。

市政府对海洋牧场的建设不会因为出现自然灾害而动摇，并将继续支持以长海县为重点的全域海洋牧场建设；要在不断加强科研和海情海况监测的前提下，继续从人力、物力上支持以长海为主的深海养殖项目，加大深海养殖开发方面的研发和投入；市海洋与渔业局、财政局、发改委要尽快落实向长海县下拨省、市政府已确定的海洋牧场建设扶持资金，加快海洋牧场基础设施建设，推进以长海为主的辽宁省海洋牧场示范区建设；为保证海洋养殖产业长期可持续发展，市海洋与渔业局、财政局和保监局要尽快协调并研究推出海洋养殖抗巨灾保险品种，市财政按规定给予补贴，以最大限度通过保险杠杆降低自然灾害对海洋养殖业带来的损失。

当地政府的此种行为对于居民的就业有很大方面的帮助。公司员工主要为当地岛民，其员工数量占长海县人口近6%，占獐子岛镇人口总数的22%，这说明獐子岛公司的存在有利地促进了当地的就业和居民收入的提高，政府提供大量的政府补助有助于公司经营稳定，并间接提高和稳定了当地的就业。从现金流量角度，政府补助流入的现金流量缓解了獐子岛公司的现金流量压力，但也会扭曲公司的财务信息，对投资人的行为产生一定的影响。政府补助促进了地区就业的稳定性和獐子岛公司履行社会责任的积极性，并且对公司科技研发的投入和科技实力的提高具有促进作用。獐子岛公司近10年持续地获取了大量的政府补助资金的支持，但是从财务绩效角度，发现獐子岛公司对政府的补助具有一定程度的依赖，政府补助提高了公司报告盈利或降低了公司的亏损程度，借助这种非生产性行为谋取额外收益，但对公司真实营利能力的提高没有促进作用。从另一种角度来看，政府作为当地的管理人，对其经济的调控有着举足轻重的作用，这也是它所承担的必要责任。而它通过大力扶持地方公司，在增长经济利润的同时，也解决了当地居民的就业问题，有利于他们的安居乐业。但是长期大量的资金投入，影响了公司内部管理层的经营策略，最终影响了其发展逐渐走入衰退的阶段。

7.3　媒体监督分析

本书的研究中，所有的媒体报道信息源于财经新闻数据库。在进行媒体负面信息报道搜集过程中，本书参考李培功做法，具体的工作流程为：①合理进行媒体的筛选。本文选择了财经新闻数据库中7份在全国具有显著影响力的报纸进行分析。包括《证券日报》《证券时报》《中国证券报》《澎湃新闻》《第一财经日报》《每日经济新闻》《财新网》以及《21世纪经济报道》。②借助样本公司全称、简称进行“全文搜索”；③采取负面关键词进行信息的搜集。对其所提到的最优负面关键词信息进行全面检索。这些负面关键词包含财务造假、欺诈、亏损、违法、违规以及掺假以及隐瞒重大事项、信披违规等。将有诸如此类关键词信息的新闻报道界定为负面报道。④读取新闻。完成新闻筛选后，需要对筛选的新闻进行仔细查阅，并就其过程中涉及到的信息进行筛选，最终从所获取的新闻信息中明确本书研究所须的负面报道的具体数量。2015—2019年媒体对獐子岛的负面报道篇数如表7-3所示。2014—2019年媒体对獐子岛的负面报道内容如表7-4所示。

通过手工收集，发现獐子岛2014—2019年共有21篇负面报道。21篇负面报道的关键词包含了财务造假、欺诈、亏损、违法、违规、掺假、隐瞒重大事项、信披违规等负面关键词。其中有7篇关于的负面报道。具体见表7-4。此次事件历时数年，其中媒体的监督作用不可忽视。首先，部分媒体早在2014年就曾报道过獐子岛“黑天鹅”，后期不断地跟踪报道。事务所也连续两年对獐子岛出具保留审计意见，面对媒体的声声发问，注册会计

表 7－3　　媒体对獐子岛的负面报道篇数

	2015	2016	2017	2018	2019
证券日报				1	1
证券时报	1			1	1
中国证券报			1		2
澎湃新闻				1	1
第一财经日报	1		1		1
每日经济新闻		1		1	1
财新网				2	1
21 世纪经济报道				1	2
合计	2	1	2	6	10

表 7－4　　媒体 2014—2019 年对獐子岛的负面报道内容

时间	媒体	报道名称
2018. 5. 2	证券日报	獐子岛扇贝又“调皮”，海域受灾去年亏 7. 23 亿元
2019. 7. 11	上海证券报	獐子岛领罚单，董事长终身市场禁入
2019. 9. 10	中国证券报	獐子岛遭遇灵魂拷问
2019. 9. 10	21 世纪经济报道	獐子岛步入多事之秋，涉嫌业务造假后业绩大幅下滑
2019. 4. 27	中国新闻网	獐子岛今年一季度亏损，扇贝跑了案调查一年多无果
2018. 3. 3		对獐子岛涉嫌证券违法行为展开全面调查
2019. 7. 11	澎湃新闻	证监会揭秘獐子岛扇贝跑路：财务造假、虚假记载、推迟信披

师在审计时会为了避免未来可能发生的诉讼而尽可能的降低审计风险，加大审计资源的投入，秉持着更加谨慎的执业态度，最终对獐子岛大 2017 年、2018 年的财务报告和内控报告都出具了保留审计意见。证监会也对獐子岛加大关注力度，于 2018 年 2 月 26 日对獐子岛董事长吴厚刚、董秘孙福君、首席财务官勾荣出具警示函，在 2019 年 7 月 10 日晚，獐子岛公告称，由于涉嫌财务造假、内部控制存在重大缺陷和涉嫌未及时披露信息等情况，公司收到证监会《行政处罚及市场事先告知书》，獐子岛董事长吴厚刚被采取终身市场禁入措施，獐子岛被给予警告并处以 60 万元罚款。

7. 3. 1　媒体监督职能

媒体监督借助信息传播和外部监督功能能有效降低市场信息不对称水平，进而提升公司治理效率。从媒体产生的本质来说，媒体通过各种传播途径对信息进行传播制造或挖掘敏感事件，一方面为了吸引眼球，另一方面也给社会传递一种意识形态。媒体的生存就是依靠对信息的传递以获取相应的盈利。媒体为了使大众接受信息，并喜欢披露一些公司的负面信息，尤其是公司存在的一些违规事件和重大失误事件，大多数都是通过媒体进行曝光，并通过揭露公司丑闻达到一种轰动效应（StrombergD，2004）。由于过分追求信息的独特性和曝光度，即所谓媒体有偏论（mediabias）（Jensen，1979），该理论认为，媒体对企业报道一般较为肤浅，往往为了追求娱乐或轰动效应，不对问题进行深入细致的分析，即媒体往往只是关注那些“明星”企业，而不关注其他企业。所以，我们不能排除媒体在最求自己利益的时候对信息的偏向性导致的信息传播的问题。当然，媒体并不是一味地追求这种轰动效应，而是要考虑成本收益原则，将成本控制在可接受的范围内，来决定是否进行相关报道（Millr，2006）。美国最著名的“安然事件”，中国的“银广夏事件”以及“郑百文事件”等，是在媒体的持续关注与揭发下公布于众，而且，媒体也愿意付出成本来获取有价值的新闻线索，这也是媒体生存最本质的要求，一定程度上发挥了媒体的监督职能。

7.3.2　媒体报道监督影响审计意见

媒体监督作为公司治理的一种非正式机制，以信息曝光的方式传递有用信息，通过声誉机制、政府干预以及市场机制等制约着微观主体的各种行为，它的治理功能也得到了广泛的认可（Dyckandzingales，2002；Fam，1980；李功增等，2010）。媒体在事件发生后报道的数量、用词的犀利程度以及反复报道情况在一定时期内形成了一种舆论作用。审计师在对獐子岛审计时需要从审计环境中获取审计信息，其获取信息的过程中媒体的报道具有重大影响。媒体对上市公司的负面报道必然对公司的外部信息环境造成显著影响，其报道中蕴含的媒体态度一定程度上影响了审计师的认知。于是审计师的审计意见当中结论就绝不会过于乐观。即使是重复的、没有提供新信息的负面报道，也会在审计师心目中产生认知的偏见。审计师在出具审计意见时不会发表过于乐观的结论。在獐子岛的此次事件中，媒体长期内大量的、持续性的跟踪报道传递出该公司可能存在重大审计风险的信号，使得审计师在发表审计意见时更加谨慎，加大审计中人力、物力的投入，出于规避可能发生的审计失败的风险，在对审计结果出具时更为谨慎。从理论上讲，媒体负面报道可从“认知”程序和“从众”效应两方面来解释对审计师判断的影响。一方面当审计师面对媒体报道时，会有意识地主动地去阅读报道，导致审计师认知中“信息占有”和“风险权重判断”的改变（吕敏康等，2012），在审计风险、法律风险、声誉机制与相关部门介入的潜在威胁下，审计判断会被影响。另一方面，在没有面对媒体报道时，审计师会出于适应环境要求动机（吴溪等，2013）或意见认同动机来主动检索新闻报道，并在一定程度上表现为审计意见对媒体评价的“从众”效应（张龙平等，2014）。当上市公司出现违规行为后，审计师感知到外部风险，为了应对风险会有更强的动机去检索信息，而媒体报道是审计师获得审计线索的重要来源。媒体负面报道会通过“同化”（外部意见加强自身意见信心）和“顺应”（外部意见更新自身意见）机制影响审计判断，最终体现为审计意见对媒体态度的“从众”效应（吕敏康等，2015）。在实务中，媒体负面报道具体可通过信息传播机制、外部监督机制和声誉机制来影响审计师的判断：第一，媒体负面报道对审计师判断的信息传播机制。在互联网时代，新闻媒体重塑了审计师的信息环境。通过主动搜寻新闻媒体的报道来确定重点审计领域，是审计师在审计过程中收集信息的一个重要途径，这将直接影响审计师的判断。媒体对上市公司的负面报道会传递出风险较高的信号，审计师因此会秉承更加严谨的职业态度及更高的独立性，加大审计力度，发现错报的可能性大大增加，更可能出具非标准审计意见。第二，媒体负面报道对审计师判断的外部监督机制。一是媒体负面报道引起法律关注。一般而言，会有以下模式：只要客户破产或遭遇财务危机，审计师就难以逃脱被累及的命运，轻则被诉讼或者赔偿，重则瞬间土崩瓦解（刘燕，2003），即上市公司与审计师的关系十分密切。方军雄等（2004）研究发现，当客户出现亏损、被他人提起诉讼等情况时，被出具非标准审计意见的可能性就会增大。因此，审计师在搜集审计证据的过程中，若发现媒体对上市公司大量的负面报道，出于对自身利益的保护，很可能倾向于出具非标准审计意见来规避法律风险；二是媒体负面报道引起政府关注。典型事件的发生会极大程度地引导社会舆论导向。在我国的特殊背景下，对著名公司的媒体报道，有时会导致政府部门的介入（李培功等，2010）。在传统意义上，媒体承担着行政和市场的多重任务（杨德明等，2011），政府部门会通过媒体报道，对审计师施加压力，从而加强对审计师的监管，促使其提高审计独立性；三是媒体负面报道引起市场关注。一旦媒体对公司经济交易、违规事件等进行报道后，不仅资本市场会出现公司股价快速波动的反应，审计市场也会迅速关注审计师的行为。因此，媒体关注会给审计师带来较大的市场压力。第三，媒体负面报道对审计师的声誉机制。媒体的报道会引起外部监督机构及相关利益群体的广泛关注，在这种“放大镜”的作用下，审计师会格外注重自己的社会声誉和公众形象，避免审计合谋、偷懒等行为。因此，当媒体对上市公司进行负面报道时，注重声誉的审计师为了保持自身信誉度、公众形象等，在审计决策时会进行权衡。

7.3.3 媒体报道与内控缺陷

通过媒体的曝光，内部控制的实施以及有效性将得以体现，内部控制本身源于企业财务舞弊、财务失败事件的不断发生，目的在于控制企业所面临的各种管理风险，由于内部控制的好坏反映了公司治理的效果，媒体通过相关报道解开了公司的神秘面纱，解决了市场信息的不对称问题，真实地反映了公司内部控制效果。

（1）媒体报道通过声誉机制约束管理层行为，并揭露内部控制运行的缺陷。声誉被认为是保证契约能够顺利执行重要约束机制，KrepsWilson（1982）将博弈论引入声誉研究中，并构建了正式的声誉的经济学模型（KMRW 模型），解决了“连锁店悖论”的问题，并对有限重复博弈中双方的合作行为与选择进行了解释。Fudenberg（1992）等人修正了Kreps 等的声誉模型，发现声誉能够很大程度上“增加承诺的力度”，一旦双方充分关注声誉，他们之间会在有灵次博弈中达成合作，这也说明了人们可以在经济行为中建立某种约束或激励甚至是惩罚机制，用来规范整个市场行为。声誉产生的效应不能保证代理人选择最优努力水平，但至少能够让代理人做到最好，最终增加其长期的效用，他们将声誉定义为一种“认知”，他门的研究也被称为标准的声誉理论。随后声誉又被看成一项“资产”（Krep 等，1990；Tadelis，1999；GeorgeJMailathLarySamuelson，1998），这项资产是可以被建立并投资的，如果管理不当，出现声誉危机，这项资产就有可能消失。随着对声誉本质理解更深入，学者更加关注声誉是如何被传递的，这就产生了声誉信息理论，他们认为声誉作为一种有效“信息”（Kreps&wilson，1982；Macaulav，1963；Milgrom 等，1990），在各个利益相关者之间进行交换与传播，从而提高市场运作的效率，这也可以理解为声誉的传送机制。不论是声誉的标准理论、声誉交易理论还是声誉信息理论，他们都普遍认为声誉是一种相互作用的机制，是需要通过长期的重复博弈过程来实现的，它通过一种隐形制约填补了除法律等正式机制的陷阱，尤其是对违背市场规则、舞弊欺诈等行为进行惩罚，使诚实守信者得到无形激励，使言而无信者遭受惩罚。声誉的出现，对市场行为的规范起到了重要的作用。

首先，由于声誉机制较其他正式机制来说成本较低，如果媒体对公司进行了相关负面报道，其公司形象会受到损失，高管层便会面临巨大的舆论压力，这迫使他们通过改进措施来扭转违规行为，并对他们今后的管理行为进行约束。Dyck 和 Zingales（2002）分析了媒体可以通过影响公司的声誉进而影响公司的经济行为。他们认为媒体的关注与持续报道可以促使政治家修改并有效实施公司法。政治家会认为，在法制方面没有作为会让他们在媒体和公众心目中的形象受损，甚至影响其未来的政治生涯（BesleyandPrat，2001）。而且经理人对声誉的建立和关注媒体报道会迫使高管努力维持其在公司治理中的形象。当然由于媒体对经理人的关注和报道能影响其在社会上的公众形象和声誉，为了避免在人际交往活动中出现的尴尬，经理人会努力维护其公众形象。

媒体对公司的曝光可以在三个方面影响公司治理：

第一，媒体关注可以驱使政治家实行新的公司法或改革公司法，因为如果政治家不作为，这可能会影响到他们的声誉以及政治生涯，而新的公司法可能会对企业内部控制产生积极的影响；第二，媒体关注迫使公司管理层维护“好”的声誉，从而避免因在雇主面前不好的声誉，而带来长远的个人经济损失，这使得公司管理层重视企业内部控制；第三，媒体关注会影响公司管理层的社会声誉和公众形象，这将导致公司管理层加强企业内部控制建设。

2014 年 12 月 5 日，獐子岛接连发布多条表明管理层有信心进行“灾后重建”的公告。獐子岛董事长兼总裁吴厚刚表示将“自掏腰包”1 亿元与公司共渡难关，并将月薪降至 1 元，总裁办公会全体成员自愿降薪 50%，直至公司净利润恢复至“冷水团事件”前 5 年的平均水平。此外，獐子岛还提出了事业共同体的方案，11 名总裁办公会的成员，出资至少 2000 万元增持公司股票，并承诺 2 年内不减持。公司还推出了约 776.20 万股（约占公司当时股本总额的 1.09%）的员工持股计划，计划将在 3 个月内出台股权激励方案。公司通过董事长自愿承担损失、高管集体降薪、高管增持股份、推出员工持股计划这一系列措施将公司高管、企业员工、股东的利益一致化，让企业上下齐心协力、共同“救灾”，各自担负起内部控制的相关责任，进而确保企业内部控制制度能够得到更有效的执行。在獐子岛案例中，媒体对“冷水团事件”大量质疑引发了獐子岛管理层的压力，公司管理层为维护自己的社会声誉和公众形象，避免受到声誉惩罚，采取一系列的措施来加强企业内部控制，降低舆论产生的不良影响。这表明，当媒体的持续关注让管理层感受到强烈的外部压力时，媒体关注便会触发声誉机制发挥制约管理层行为的作用。公司管理层为规避风险，避免将来在股东、雇主、社会公众等一系列利益相关者面前留下“不好”的声誉，将更加重视企业的内部控制。

（2）媒体通过行政干预反映并改进内部控制质量。成熟的资本市场中认为媒体治理功能的发挥主要通过影响公司高管层在股东和利益相关者心中的形象（Dyckand Zingales，2002）以及高管层对做出有损公司利益的成本的考虑（Dycketal，2008），它也一定程度上折射了公司内部控制质量的好坏。媒体的高度自由化使相关的报道直接影响到管理层的行为，或者反映公司内部控制的有效性，而声誉机制的作用会更加明显。但在我国特殊国情下，大多数的主流媒体为国有性质，治理功能的体现必须通过行政干预的形式作用于微观企业中。行政干预能够直接引导并规范企业行为，甚至行政处罚。

因此，行政治理成为法律处罚外的一种替代机制（Glaeseretal，2001；PistorandXu，200；陈冬华等，2008），在一定场合下，行政干预甚至比法律治理更加有效。可以认为，政府引导和控制媒体的报道方向，而媒体公司治理作用的发挥就是通过引发政府机构的关注而实现的（李培功，沈艺峰，2010）。这表现为行政机构的介入提高了违规公司的行政成本，并遭受一定的行政处罚。媒体曝光的獐子岛的负面行为，严重危害社会正常秩序，对政府的某些监管行为造成不利的后果，政府会通过行政干预的方式给予惩罚，从而约束某些严重损害相关利益者的行为。比如獐子岛 2017 年底扇贝存货异常问题，如公司因此受到证监会行政处罚，并且在行政处罚决定书中被认定构成重大违法行为或者因涉嫌违规披露、不披露重要信息罪被依法移送公安机关的，公司将因触及《深交所股票上市规则（2014 年修订）》13.2.1 条规定的重大信息披露违法情形，股票交易被实行退市风险警示。实行退市风险警示 30 个交易日期限届满后，公司股票将被停牌，直至深交所在 15 个交易日内作出是否暂停公司股票上市的决定。因此，媒体的报道会引起政府的行政干预，甚至做出行政处罚，从而促使公司管理层做出改善公司治理的行为。当某上市公司受到较多的媒体关注时，意味着其不规范的内部控制行为更容易被曝光，意味着其具有较弱的内部控制质量，某些不规范行为更容易受到媒体的关注，并引起政府行政的介入。值得注意的是，随着我国内部控制审计的强制执行，以制度化、规范化为主导的内部控制评价体系初步建立，由以前自愿支露内部控制评价报告变为分批分级强制披露内部控制评价报告，标志着政府在逐步关注并介入内部控制建设中。而媒体作为政府监管部门获取公司信息的重要渠道，在政府引导下不断强化对上市公司内部控制建设的监督。通过媒体提供的信息帮助内部控制审计的实施，尤其是对以公司内部控制运行中漏洞的关注，在政府的引导下协助公司披露内部控制信息，能够促使公司重视内部控制的建设，从根本上提高公司治理的水平。

7.4　政府干预对媒体监督的影响

政府机构不会放任上市公司随意发展，而是会采取措施进行干预，旨在确保经济社会能够稳定有序的发展，尤其对于是由当地政府大力扶持的企业，政府会更加上心，当地经济的发展同样也是展现政府的作为和绩效。当新闻媒体报道上市公司的负面信息增加时，作为外部治理的重要手段，政府对企业就会提高关注度，强化监管力度。并且，在有效监督理论看来，媒体的报道能够方便政府、投资者对企业进行监管，迫使政府监管部门采取有效措施，减少相关成本。所以，新闻媒体的负面消息能够强化政府对企业的监管。一旦媒体曝光企业的负面信息，政府就会重点关注该企业，并及时进行检查，这能够促使管理层采取措施强化内部控制度建设。但是从另外一方面来看，政府的干预会反作用的影响到媒体监督职能的发挥。对于是由政府大力扶持的企业来说，其会常常被上市公司用来减少政府部门的监督管理。政府在监管中往往就会放松对这种企业的管控，它们钻了政府的漏洞，可能就会造成一系列问题的发生。

根据国内已有的关于媒体报道与审计意见决策的研究，由于獐子岛公司在 2014 年度开始发生巨额亏损后，后续对它的负面报道越来越多，加之上 2018 年再度出现“扇贝又跑了”，因此近六年来媒体对于公司声誉的影响越发的严重。根据我们所搜集到的数据来看，即使在发生亏损后，对于存货扇贝的突然消失，大华事务所并没有对其财务报表审计可能出具非标准意见审计。在 2014—2016 年，仍然出具的是标准无保留意见。仅仅在近两年里出具了保留意见，表示可能出现了对公司持续经营能力受影响的违规事件。2018 年 4 月 26 日，大华会计师事务所对“獐子岛”内控鉴证出具否定意见，认为獐子岛公司未能及时预判到底播虾夷扇贝存货可能发生重大异常，在消耗性生物资产管控中的监测预警制度存在重大缺陷。同时在对其年度审计报告中发表了保留意见，导致保留意见的原因是，第一，资产负债率达 89.78%，流动资产低于流动负债，运营资金缺口 12.12 亿元，每股净资产仅有 0.49 元，可能导致对持续经营能力产生重大疑虑；第二，獐子岛因涉嫌信息披露违法违规，被证监会立案调查，无法判断该立案调查结果对其财务报表的影响。因此，对于年度审计报告的披露情况来看，即使在前几年它的财务信息缺乏一些说服力和可信的条件，但它的审计意见看起来依然不错，可能这种现象与其政府干预有很大关系。

在信息量如此丰富，网络技术如此发达的时代，媒体报道是公司治理最好的监控手段。然而它也会受到政府干预、监管机构、社会责任和法律保护等的影响。尤其是在竞争充分的产品市场上，政府干预无疑是最好的通行证，而且它往往通过补助、税收政策来实施，也会影响到企业的投资决策。对于由政府大力扶持的地方企业而言，往往它的形象代表着政府对它的管理，代表着政府的政绩，因此，一旦这种企业被媒体负面报道的时候，政府会出手影响媒体报道的独立性以及行业竞争发展的能力。真实的会计信息会被隐藏，政府的补助也会对会计利润影响，歪曲了真实的企业利润。因此，这样就降低了会计信息在资本市场上的透明度，损害到媒体监督职能的发挥。有了政府这把保护伞，企业的行为就不易受到媒体的监控，其审计报告往往就会偏离现实。政府政策的实施则是影响媒体报道行为重要的一方面，媒体能否够真实地发挥监督作用，易受到政府政策的影响。法律的颁布也是依据政府的政策性规定来规范企业的行为。

路径分析实证研究

前述验证结果表明，媒体监督直接反映了内部控制的运行，具体表现媒体负面报道的次数、媒体报道的深度、媒体报道的广度以及媒体报道的方式会反映内部控制整体质量，尤其媒体的负面的报道揭露了公司内部控制的漏洞，这体现了媒体监督治理作用的发挥除了声誉机制等中介机制外，还能够反映内部控制问题，促使管理层进行改进。第 6 章验证了公司内部控制帮助审计师的职业判断从而出具相应的审计意见，表现为内部控制质量越差或内部控制自我评价越弱，审计师会加大对审计风险的防范，倾向于出具非标准的审计意见。这说明内部控制的强弱不仅受媒体负面报道的影响，也能够对审计意见进行制约。第 7 章试图探寻多路径下以内部控制为传导的媒体监督与审计意见的实现过程，在第 5 章与第 6 章验证的基础上，系统化、结构化、深入化了解媒体监督、内部控制与审计意见的传递路径。

8.1　假设提出与模型构建

外部审计在过滤不实信息、降低信息风险、保护债权人等外部投资者利益以及改善公司内部控制方面扮演着“经济警察”的角色。审计师在出具审计意见时，一方面会受到公司的财务报表的影响，另一方面还会受到外部各利益相关者的影响，如证监会的谴责、通报批评和媒体观点。美国的安然事件、中国的银广夏等一系列公司会计舞弊案件发生后，人们需要更加严厉的监管部门和专业的审计机构来保护投资者的利益，这就促使外部审计机构执业风险意识得到增强（李爽、吴溪，2005），风险导向审计模式也在全世界得到了广泛的认同（刘峰、许菲，2002）。如何规避风险成为审计师决策的重要参考，而媒体的报道恰恰能够为审计师的决策提供帮助（杨德明，2012）。媒体对上市公司的负面报道降低了审计师与上市公司之间的信息不对称程度（余玉苗、张建平、梁红玉，2013）。审计师关注公司的负面新闻为其实施重点审计提供了思路，这将有助于审计师发现公司财务报告中可能存在的重大错报。同时，审计师可利用媒体报道某公司的负面新闻，尤其是资深财经记者深度挖掘的有用信息，收集充分的审计证据以降低检查风险，且更容易察觉可能存在的错报，帮助审计师作出合理的判断。

但是媒体治理作用的发挥并不是直接的。本书认为，媒体监督作用的发挥需要借助一定的中间力量，已有学者证实了媒体监督通过对信息的传递，能够触发声誉机制以及政府的干预，并引起市场上的广泛关注，间接地反映公司的运行状况，并在一定程度上促进管理层的行为改进（Dyck and zingales，2002；Dyck，Volchkova and Zingales，2008；李培功、沈艺峰，2010；徐莉萍、辛宇，2011；于忠泊、田高良、齐保垒，2011；郑志刚等，2011）。尤其是在研究中国市场上媒体作用的发挥，李培功和沈艺峰的研究具有较普遍性，他们认为，媒体的负面曝光确实具有治理的功能，并且能够通过引起相关行政部门的介入而迫使上市公司改正违规行为。而杨德明和赵璨（2011）也通过对中国上市公司高管薪酬的实证检验发现，唯有在政府及行政主管部门介入的条件下，媒体监督才能发挥治理作用。进而我们发现，媒体监督与审计意见的关系分析中，由于媒体机构与外部审计均属于外部因素，而媒体报道的影响机制并不明确（吕敏康、冉明东，2012；张龙平、吕敏康，2014）。有学者通过新闻传播理论假说角度证实了媒体监督对审计师行为的影响，以传播学中媒体对个体行为的传播作为影响审计师行为的理论基础（吕敏康和冉明东，2012；张龙平和吕敏康，2014），但它并未针对外部审计来研究审计师行为。虽然已有很多学者通过对审计风险以及审计师的判断作为研究角度，得出媒体对上市公司的负面报道越多，出具审计意见的可能性越大的结论（Joe，2003；彭桃英、邱兆东；2014；Jenniffr R. Joe，2007；Lennox，2000），但是媒体在影响审计风险及审计师行为中还缺乏一个具有直接影响的载体，来促使媒体监督的治理作用得以发挥。在审计意见的出具中，对内部控制的评价始终是审计师作出判断的必要程序，而媒体的报道也恰好反映了企业内部控制的运行，所以我们认为，媒体治理作用的发挥，是通过对内部控制的评价来实现的，这也解释了审计意见的出具是依靠企业内部控制的实际状况来实现的。

为了规避审计风险，审计师必须针对公司财务报告的各个环节执行更多测试，以尽可能地发现财务报表存在的重大错报。此时，充分利用各种信息尤其是媒体报道的公司信息就成为审计师的理性选择。通过媒体的相关报道，能够真实反映内部控制的状况，审计师再通过对公司内部控制实施风险评估与实质性程序发现重大错报，进而出具相应的审计意见类型。如果被媒体负面报道的上市公司可能传递出错报风险较高的信号，反映该内部控制中存在着较高的财务运行风险，审计师因而秉持更加谨慎的职业态度，加大审计资源的投入，从而更可能发现错报，更可能出具非标准审计意见。2013 年上市公司紫光古汉由于 2005—2008 年会计信息存在虚假记载被证监会罚款 50 万元，媒体以此为切入点，随后根据年度业绩报告和经营运行等数据开展深入报道，深挖紫光古汉存在的内部控制漏洞，并在持续很长时间内网络媒体报道数量达到 750 条，媒体舆论报到热度始终呈现出上升态势，并导致 2009—2012 年财务审计意见均为非标准审计意见，而 2012—2013 年内部控制审计意见为保留意见。这说明，媒体对上市公司的持续并深入的报道，帮助审计师更加关注公司的内部控制运行漏洞，增加了出具非标准审计意见的可能性。因而本书提出假设：

H_{8-1}：媒体监督反映公司内部控制运行状况，从而影响审计师出具审计意见。媒体对上市公司负面报道越多，审计师越倾向于出具不清洁的审计意见。

为了更加深入地剖析媒体监督、内部控制与审计意见的路径关系，考虑到媒体监督和内部控制的衡量具有多样性，本章构建了一个更加细化的多维度关系的概念模型。在模型中，媒体监督由媒体负面报道次数、媒体报道的严重程度、媒体报道的深度以及媒体报道的广度等四个维度变量刻画和描述，内部控制用迪博内部控制指数、是否披露缺陷、内控缺陷的程度以及是否有所改进等四个维度进行刻画和反映。概念模型是对所将验证变量逻辑关系的总体勾勒和概括，旨在明晰实证检验的逻辑关系和框架体系。概念模型图示如图 8－1 所示。

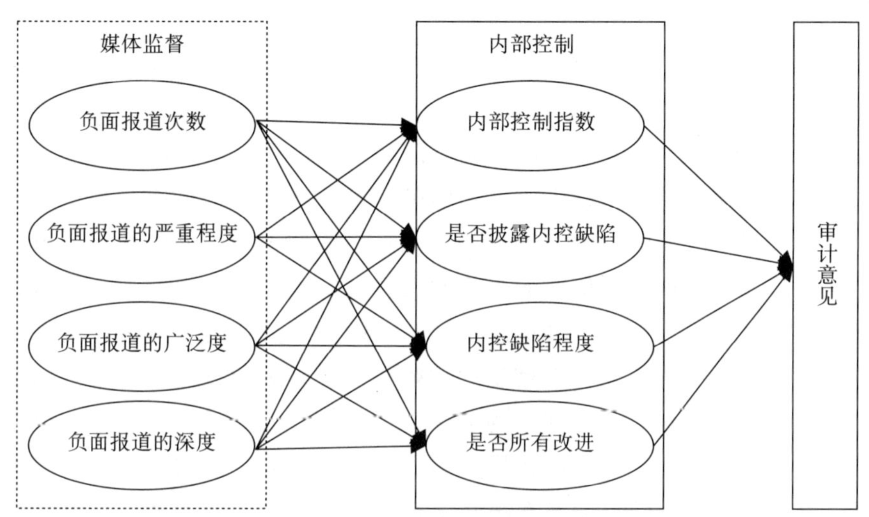

图 8－1　媒体监督、内部控制与审计意见的概念模型

1. 媒体负面报道次数、内部控制与审计意见

媒体作为一种信息传播媒介，最本质的存在就是通过信息的报道引起大众的关注，形成一种舆论而提高知名度。而负面信息报道相比较一些正面报道更能够引起媒体的兴趣。对于上市公司负面报道的挖掘，有利于揭开公司所面临的风险，而这些风险大多数与内部控制失效有关。审计师在主动或被动接受这些信息的同时，不断调整审计的风险评估程序，并处理不同类型的审计意见。Frost（1991）研究发现当公司亏损而被华尔街杂志报道后，审计师会更容易出具较为稳健的审计意见。Mutchler 等（1997）发现当杂志报道公司无法按时还债时，尽管这些信息已经在公司年报进行了披露并且不会增加公司破产的概率，审计师仍然会签发非标审计意见。Joe（2003）通过实验研究也发现，媒体负面报道次数会增加审计师担心客户破产的顾虑，进而会引起审计师签发非标审计意见。这表明，媒体的负面报道确实可以反映公司面临的风险，并引起审计师的广泛关注。具体的路径分析为：首先，当媒体负面报道越多时，媒体的关注更加深入与集中，在一种不断上升的舆情热潮中，反映在公司内部控制质量越差，并促使管理层修正对内部控制的自我评价。而作为公司的管理层，由于媒体在媒体负面报道的压力下，会考虑是否积极地进行相关信息的弥补或掩盖，进而在对内部控制自我评价中是否对其他不利信息进行披露，且披露到何

种程度。为了树立公司的良好形象，许多管理层也会选择在负面报道之后提出相应的改进措施，并呈现出积极完善的态度，挽回公司的基本形象。另一方面，审计师全面考虑媒体的相关报道，并根据管理层对内部控制风险的披露来衡量公司的内部控制环境，并调整风险评估程序，进而出具客观的审计意见。因此提出以下三个假设：

H_{8-2}—H_{8-4}：媒体的负面报道次数越多，反映内部控制质量越差，缺陷类型多为重大缺陷，管理层会主动对内部控制进行自我披露并积极改进，而审计师倾向于出具非标准的审计意见。

2. 媒体负面报道的严重程度、内部控制与审计意见

媒体负面报道的严重程度分为严重侵害报道和一般负面报道两种，而严重侵害内容的报道则更加的尖锐和真实。当报道的内容越严重时，说明公司内部控制质量越差，且内部控制的缺陷等级越高，一般多为重大缺陷。而管理层在巨大压力下的行为选择会产生两中极端行为，一种会选择积极披露与内部控制有关的信息，在以后持续的时间内配合媒体与监管部门进行形象重塑，并承诺积极改进；而另一种上市公司则极力地掩盖与内部控制相关的信息，而没有任何改进的意图。针对于持积极态度披露并改进的公司，审计师在进行相关风险测试后，如果发现这项信息的风险并没有对实质性程序内容造成影响，则倾向于出具标准无保留审计意见；如果该项信息已经严重影响了公司财务状况，则考虑出具非标准的审计意见；但针对极力掩盖严重信息的披露并不予改进的行为，审计师所面临的审计风险更大，而非标准审计意见是审计师的最优选择。2012 年拟 IPO 的号称“茶油第一股”的新大地生物科技有限公司，因被媒体质疑虚构收入和利润、涉及多项关联交易及自买自卖等 7 项重大事项，被中国证监会宣布终止上市申请。同时，与之相关的证券机构、会计师和律师事务所并没有认识到这项漏洞带来的严重后果，也面临着行业的处罚。因此提出一下三个假设：

H_{8-5}至 H_{8-7}：媒体的负面报道越严重，反应的内部控制质量越差，披露的缺陷类型多为重大缺陷，管理层会主动对内部控制进行自我披露并积极改进，而审计师倾向于出具非标准的审计意见。

3. 媒体负面报道的广泛度、内部控制与审计意见

媒体负面报道按照广泛程度分为追踪报道和一次报道。追踪报道各家媒体以不同渠道对同一家公司进行持续报道，这在上市公司的信息报道中较为常见。而一次报道指媒体对上市公司仅报道一次。追踪报道可以使各种媒体迅速形成焦点，并在很短时间内使舆情升温，以点到面，形成一个全面的报道体系。针对于追踪报道，媒体持续地揭露上市公司的问题，从而较为清晰地剖析公司的内部控制运行状况，而管理层也存在着两种极端的态度，一种表现为管理层认真披露内部控制自我评价，而该项信息有可能为重大缺陷或重要缺陷；而另一种表现为掩盖和隐瞒该项信息背后更深层次的问题。这也使审计师分别出具相应的审计意见类型。媒体的追踪报道一般持续时间较长，且涉及的内容广泛，可使审计师在很短时间内更好地了解公司的运行状况，进而有利于审计意见的出具。因此提出以下三个假设：

H_{8-8}至 H_{8-10}：媒体的追踪报道反应的内部控制质量越弱，披露的缺陷类型越多为重大缺陷，且管理层会主动对内部控制进行自我披露并积极改进，而审计师倾向于出具非标准的审计意见。

4. 媒体负面报道的深度、内部控制与审计意见

媒体报道按照深入程度不同可分为深度报道和一次报道。针对于产生重大社会影响的信息，媒体在报道中除了对时间、地点等进行简单叙述外，还会对事情的整个过程进行深度剖析，通过调查、走访等方式还原事情的真相，配以深入的评论。这种报道多见于权威媒体的专业报道，而报道信息多为典型且严重，所传递的其他社会问题被强化，而被深度负面报道的公司的内部控制很大机率存在严重的问题，且内部控制缺陷为重大缺陷。管理层面对媒体的深度报道会产生巨大的舆论压力和处罚风险，而如果对内部控制缺陷不进行披露，且没有任何的改进行为，将会加重负面报道带来的严重后果。因此管理层很少持侥幸心理，会选择公开披露和积极的改进。而这种深度报道会帮助审计师对公司的风险评估，并衍生出公司治理中与财务状况有关的其他问题，不论管理层是否积极披露内部控制信息且实施改进意见，审计师还是会倾向于出具非标准的审计意见。因此得出以下三个假设：

H_{8-11}至 H_{8-13}：媒体的深入报道能够深入反映内部控制质量，披露的类型多为重大缺陷，且管理层更倾向于积极披露相关信息并做出改进行为，而审计师倾向于出具非标准的审计意见。

8.2　研究设计

8.2.1　研究方法

路径分析是常用的数据挖据方法之一。通常运用的结构方程模型，它是包括测量模型和结构模型，这里所运用的路径分析是建立在结构模型上的。路径分析作为结构方程模型的一部分，通过分析变量之间假设的因果效应，来测试研究人员提出的关于一套观察或者呈现变量之间因果关系的理论。它的主要目的是检验一个事先设定好的的因果模型的准确和可靠程度，并测量变量之间因果关系的强弱。通过路径分析，主要解决以下问题：①媒体监督与审计意见是否具有相关关系？②若存在相关关系，他们是否具有因果关系？表现为媒体监督是否会影响审计意见类型？③假设媒体监督影响审计意见，是直接影响还是间接影响？是否能够通过内部控制的作用来传导？④最后解决这种影响关系的强弱如何。

路径分析中涉及到整体模型契合度的程度，能够对模型的适配度作一整体的判别，从而找到拟合度最高的一条路径，而个别的估计参数的失效并不是路径分析的重点。传统的

复回归统计无法解释这复杂的实体世界，而 SEM 允许精致确认及检验复杂的路径模型，可以同时分析多个变量的关系，并预测及变量间因果模型的路径分析。为了解决以上的问题，本书采用结构方程分析方法分别验证了媒体监督维度下媒体负面报道次数、媒体报道的严重程度、媒体报道的深度以及媒体报道的广度对审计意见的影响，并验证了内部控制中提取的迪博内部控制指数、是否披露缺陷、内控缺陷的程度以及是否有所改进等是否起到了中介作用，试图找到有效的媒体监督与审计意见影响的实现路径。

8.2.2 样本选择

本书中基本数据来源于 CSMAR 数据库，时间选择在 2009—2014 年，由于内部控制基本规范于 2009 年 7 月 1 日起在上市公司范围内实施，内部控制水平的评价真正从 2009 年才开始规范化，2009 年以前年度数据对说明问题的意义不大。本书以上市公司 A 股公司作为初始样本，剔除了数据缺失、部分变量为零以及金融行业的样本，为了消除异常值的影响，本书对除媒体监督以外的所有连续变量在 0—1% 和 99%—100% 之间进行了 Winsorize 处理，共搜集 2009—2014 年非平衡面板数据 7309 家，作为本书的基础数据。

8.2.3 变量定义

1. 媒体监督衡量

媒体负面报道次数、媒体负面报道的严重程度、媒体负面报道的广泛度以及媒体负面报道的深度均参照第四章实证变量定义。

2. 内部控制的衡量

（1）内部控制指数。本书选择迪博企业风险管理技术有限公司提供的“迪博中国上市公司内部控制指数”（2009—2014）代表内部控制质量的衡量（Ici）。

（2）是否披露内部控制自我评价缺陷。随着《内部控制评价指引》以及相关配套指引的颁布，我国强制要求披露上市公司内部控制自我评价报告，但针对于是否披露内部控制缺陷，并没有细化。根据《迪博公司的内部控制评价数据库》搜集上市公司是否披露内部控制缺陷，如果披露，取值为 1，如果没有，取值为 0。

（3）内部控制缺陷类型。根据《迪博公司的内部控制评价数据库》中对内部控制缺陷类型数据归类，如果缺陷类型为重大缺陷，则取值为 1，如果缺陷类型为重要缺陷和一般缺陷，则取值为 0；

（4）是否对内部控制缺陷进行改进。根据《迪博公司的内部控制审计数据库》搜集上市公司是否对缺陷进行整改的数据。如果有整改措施，取值为 1，如果没有整改措施，取值为 0。

3. 审计意见

本书的审计意见类型指上市公司财务审计意见和内部控制审计意见类型，即上市公司是否出具了非标准的审计意见（opinion），当审计师出具非标意见时，该变量赋值为 1，否则为 0。

4. 控制变量

为了有效的控制相关变量对实证结果的影响，本书选取了一些基本的控制变量，如年度变量（*Year*），资产负债率（*Lev*），净资产收益率（*Roa*），流动比率（*Current*），应收账款比率（*Receivable*）。与公司治理相关的董事长和 CEO 或者总经理是否合而为一，如果是，赋值为 1，否则为 0；公司第一大股东持股比例（*Owl*）；董事会中独立董事的比例（*Ind*），以及行业变量（*Industry*）。为了减少相关变量对审计意见的影响，本书又增加审计收费（*Infee*）和事务所规模（*Big4*）作为审计意见的控制变量。具体变量定义见表 8 – 1。

表 8 – 1　　相关变量定义

变量性质	变量符号	变量名称	变量解释
被解释变量	*opinion*	审计意见	当年被出具非标意见取值为 1，否则取 0
中介变量	*ici*	内部控制指数	迪博公司发布的内部控制指数
	icd	是否披露内部控制缺陷	如披露，取值为 1，否则取 0
	icdtype	内部控制缺陷的类型	如缺陷类型为重大缺陷，则取值为 1，如果缺陷类型为重要缺陷和一般缺陷，则取值为 0
	icdix	是否对内部控制缺陷进行整改	如有整改，取值为 1，否则取值为 0
解释变量	*nedian*	媒体负面报道次数	Ln（每年度上市公司被媒体负面报道的次数 +1）
	depth	媒体负面报道深度	深度报道取值为 1，否则取 0
	trace	媒体负面报道广泛度	追踪报道取值为 1，否则取 0
	expose	媒体负面报道严重度	曝光内容为严重侵害取值为 1，否则取 0
控制变量	*year*	年度	上市公司出具审计报告的自然年度
	lev	资产负债率	负债/总资产
	roa	净资产收益率	利润/净资产
	current	流动比率	流动资产/流动负债
	receivable	应收账款比率	应收账款/总资产
	du	董事长和总经理是否职能合一	董事长兼任总经理取值为 1，否则取 0.
	owl	第一大股东持股比例	第一大股东持股数/公司总股数
	ind	独立董事比例	独立董事人数/董事总人数
	industry	行业变量	当样本为某一特定行业时取值为 1，否则为 0
	infee	审计收费	本期审计费用自然对数
	big4	事务所规模	审计师是国际“四大”取值为 1，否则为 0

8.3 实证结果与分析

8.3.1 描述性统计

本文主要变量的描述性统计结果见表8－2。由表8－2的描述统计结果来看，媒体负面报道的次数（*median*）均值为0.3342，说明大多数上市公司报道次数较少。媒体负面报道深度（*Depth*）均值为0.0532，说明深度报道的数量明显少于一般报道的数量。负面报道的广泛度（*Trace*）与严重程度（*Expose*）的样本分布与负面报道深度报道基本一致，追踪报道和严重报道数量明显少于重述报道的数量。内部控制指数（*Ici*）均值为6.8274，而标准差为0.9746，说明上市公司的内部控制评价指数差异较大。上市公司是否披露内部控制缺陷（*Icd*）的均值为0.205，说明选择披露了内部控制缺陷的上市公司数量比例较小，这与内部控制披露的强制性政策规定有一定关系。从缺陷类型变量（*Icdtype*）来看，均值为0.004，说明上市公司存在内部控制重大缺陷的数量非常少，大多是集中在内部控制的一般缺陷上。在内部控制缺陷改进的变量（*Icdix*）中，均值为0.097，说明针对内部控制进行缺陷改进的上市公司数量也偏少，但是其标准差为0.2961，说明在上市公司对待内部制缺陷的态度上，改进与不改进差异较大。审计意见（*Opinion*）均值为0.0516，说明样本公司出具的审计意见以标准审计意见为主。同时，控制变量的描述结果显示，资产负债率（*lev*）平均为53.4%，说明样本公司的资产负债率较低；虽然样本公司的净资产收益率（*roa*）最小值为负，但均值为0.0787，总体上说明盈利性较好；流动比率（*Current*）均值为47.8%，说明上市公司整体流动比例较好；应收账款比率（*Receivable*）为38.4%，整体水平不高，但最大值和最小值的差异较大。第一大股东持股比例（*owl*）最大值为76.95%，最小值为8.58%，均值为36.82%，说明样本公司“一股独大”的现象仍然比较明显；两权分离（*du*）的平均数为0.1274，说明大多数上市公司选择两职分离；独立董事人数（*ind*）均值为0.3676，其设置基本符合证监会的要求（独立董事比例不低于1/3）；选择国际“四大”所的样本均值为0.0839，说明我国上市更青睐本土会计事务所；审计费用的极值和标准差说明不同上市公司审计收费差距较大。

表8－2　描述性统计

全样本	最小值	最大值	平均值	中位数	标准差
median	0.0000	3.0000	0.3342	0.0000	0.6666
depth	0.0000	1.0000	0.0532	0.0000	0.2245
trace	0.0000	1.0000	0.0551	0.0000	0.2282
expose	0.0000	1.0000	0.0684	0.0000	0.2524

续表

全样本	最小值	最大值	平均值	中位数	标准差
Ici	3.5493	9.5196	6.8274	6.8897	0.9746
icd	0.0000	1.0000	0.205	0.0000	0.4035
icdtype	0.0000	1.0000	0.004	0.0000	0.0599
icdfix	0.0000	1.0000	0.097	0.0000	0.2961
opinion	0.0000	1.0000	0.0516	0.0000	0.2212
lev	0.0839	1.0911	0.5340	0.5434	0.2030
roa	-0.7097	0.5185	0.0787	0.0776	0.1455
Current	0.3097	0.8165	0.4786	05698	0.1503
Receivable	0.0492	0.7487	0.3840	0.5874	0.3213
owl	0.0858	0.7695	0.3682	0.3486	0.1608
du	0.0000	1.0000	0.1274	0.0000	0.3334
ind	0.2500	0.5714	0.3676	0.0544	0.3333
big4	0.0000	1.0000	0.0839	0.0000	0.2773
infee	1.0000	399.0000	108.6224	76.0000	90.0752

8.3.2　路径适配度检验

首先，经检验模型参数没有负的误差方差存在，没有标准化参数系数大于等于 1，没有过大的标准误差，即模型参数没有违规估计现象。其次，检验适配度的绝对适配度指标、增值适配度指标、简约适配度指标均显示模型适配良好。适配度检验统计量如表 8-3 所示。

表 8-3　　　适配度检验统计量表

统计检验量	统计值	适配标准或临界值
绝对适配度指标		
CMIN	1.247	愈小适配度愈佳
P 值	0.524	>0.05 适配度较好
RMSEA	0.043	<0.05 适配良好；<0.08 适配合理
NCP/ [LO90, HI90]	0.000 [0.000, 5.523]	愈小适配度愈佳，90% 的置信区间包含 0
GFI	0.982	>0.90
AGFI	0.989	>0.90
RMR	0.04	<0.05
ECVI	理论模型 0.059 （饱和模型 0.082 独立模型 1.045）	理论模型的值小于独立模型的值， 且小于饱和模型的值

续表

统计检验量	统计值	适配标准或临界值
增值适配度指标		
NFI	0.981	>0.90
IFI	0.996	>0.90
CFI	0.989	>0.90
RFI	0.974	>0.90
TLI	0.999	>0.90
简约适配度指标		
NC	1.263	1 < NC < 3 表示模型有简约适配度程度 NC > 5 表示模型需要修正
AJC	理论模型 28.263 （饱和模型 31.000 独立模型 427.713）	理论模型的值小于独立模型的值， 且小于饱和模型的值
BCC	理论模型 28.631 （饱和模型 31.764 独立模型 428.666）	理论模型的值小于独立模型的值， 且小于饱和模型的值
BIC	理论模型 80.653 （饱和模型 91.698 独立模型 453.872）	理论模型的值小于独立模型的值， 且小于饱和模型的值
CAIC	理论模型 93.582 （饱和模型 104.785 独立模型 457.875）	理论模型的值小于独立模型的值， 且小于饱和模型的值

8.3.3 路径分析结果

在具体的路径分析中，本书将媒体监督用媒体负面报道次数、负面报道深度、负面报道的广泛度以及负面报道的严重程度来衡量，内部控制以内部控制综合评价指数、是否披露内部控制缺陷、内部控制缺陷类型以及是否有缺陷改进措施四类，构建了媒体监督、内部控制与审计意见的逻辑模型，并进行实现路径分析，该逻辑模型共分为四个层次共 16 条路径，以下将一一验证每条路径的实现路径。

第一，以媒体负面报道次数为研究对象，构建了第一层传导路径。检验媒体负面报道次数与内部控制各变量的影响，进而影响审计意见的路径。表 8－4 是结构方程回归结果。其中，因变量媒体负面报道次数与内部控制相关变量的方程回归结果显示，负面报道次数与综合内部控制指数显著负相关（Beta 系数为－0.563）（下面全部显示为 Bate 系数），与是否披露内部控制缺陷显著正相关（Beta 系数为 0.476），与内部控制缺陷类型显著正相关（Beta 系数为 0.029），与对缺陷是否进行改进却不显著，这说明媒体负面报道次数影响内部控制指标的四条路径中，有三条得到了验证，而负面报道次数与内部控制缺陷的改进效果不明显，这说明媒体的负面报道并不能改变管理层对内控缺陷的改进意愿。

针对于内部控制相关变量与审计意见的方程回归结果显示，内部控制指数与审计意见负相关（系数为 -0.793），说明内部控制指数越高，出具非标准审计意见可能性越小；内部控制缺陷是否披露与审计意见不显著，也就是说管理层积极披露内部控制缺陷并不能提升对公司内部控制环境的依赖，从而使审计师出具标准的审计意见；内部控制缺陷类型与审计意见显著正相关（系数为 0.108），说明公司出现内部控制重大缺陷比重要缺陷和一般缺陷更容易被出具非标准的审计意见。而内部控制缺陷的整改与非标准审计意见相关性不显著，这与审计师专业判定有关系，缺陷的改进并没有实质性的改进公司的内部控制状况。在后半部分的假设验证中，有两条路径被证实，两条路径没有被证实。

表 8-4　　第一层结构方程回归结果

自变量	因变量				
	内部控制指数	披露内部控制缺陷	内部控制缺陷类型	内部控制缺陷整改	审计意见
截距项	(0.018)	(0.283)	(0.374)	(0.271)	(5.982)
内部控制指数	-	-	-	-	-0.793*** (-0.003)
披露内部控制缺陷	-	-	-	-	-0.264 (0.001)
内部控制缺陷类型	-	-	-	-	0.108* (0.002)
内部控制缺陷整改	-	-	-	-	0.267 (0.019)
媒体负面报道次数	-0.563*** (-0.023)	0.476** (0.047)	0.029** (0.004)	0.687 (0.006)	-
控制变量	Yes	Yes	Yes	Yes	Yes
行业虚拟变量	Yes	Yes	Yes	Yes	Yes
年度虚拟变量	Yes	Yes	Yes	Yes	Yes
R^2	0.293	0.312	0.283	0.274	0.561

注：1. 表格内上方为标准化的 Beta 系数，下方括号内为系数。

2. ***表示回归系数在的 0.01 水上显著，**表示回归系数在 0.05 的水平上显著，* 表示回归系数在 0.1 的水平上显著。

总结以上分析，可以看出，媒体报道次数、内部控制与审计意见的四条路径中，共有两条路径得到验证，即媒体的报道次数越多，公司内部控制质量越差，从而出具非标准审计意见的可能性越大；媒体报道次数越多，证明公司可能存在着内部控制重大缺陷，进而出具非标准审计意见的可能性越大。相关路径图如图 8-2 所示。

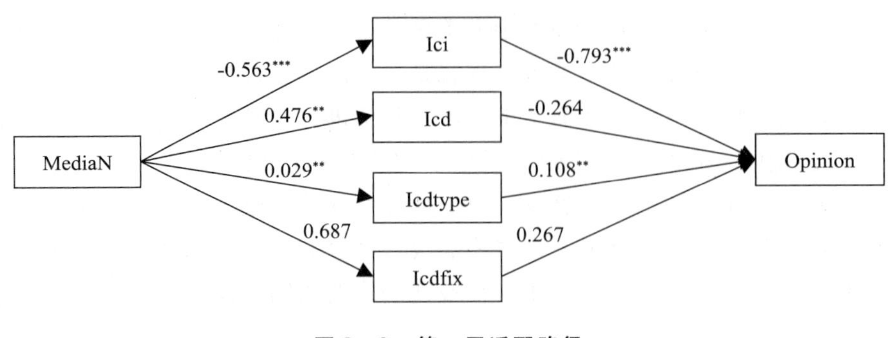

图 8-2 第一层适配路径

注：***表示回归系数在的 0.01 水上显著，**表示回归系数在 0.05 的水平上显著。

第二，以媒体负面报道深度为研究对象，构建了第二层传导路径。检验媒体负面报道次数与内部控制各变量的影响，进而影响审计意见的路径。表 8-5 是结构方程回归结果。其中，因变量媒体负面报道深度与内部控制相关变量的方程回归结果显示，负面报道深度与综合内部控制指数显著负相关（Beta 系数为 -0.672）（下面全部显示为 Bate 系数），与是否披露内部控制缺陷显著正相关（Beta 系数为 0.398），与内部控制缺陷类型显著正相关（Beta 系数为 0.107），与对缺陷是否进行改进却不显著，这说明媒体负面报道深度影响内部控制指标的四条路径中，有三条得到了验证，而负面报道深度与内部控制缺陷的改进效果不明显，这说明媒体的负面报道深度并不能改变管理层对内控缺陷的改进意愿。

针对于内部控制相关变量与审计意见的方程回归结果显示，内部控制指数与审计意见负相关（Beta 系数为 -0.650），说明内部控制指数越高，出具非标准审计意见可能性越小；内部控制缺陷是否披露与审计意见显著负相关（Beta 系数为 -0.129），说名管理层积极披露内部控制缺陷会使审计师依赖公司的内部控制环境，使审计师出具标准的审计意见；内部控制缺陷类型与审计意见显著正相关（Beta 系数为 0.334），说明公司出现内部控制重大缺陷比重要缺陷和一般缺陷更容易被出具非标准的审计意见。而内部控制缺陷的整改与非标准审计意见相关性不显著，这与审计师专业判定有一定关系，缺陷的改进并没有实质性的改进公司的内部控制状况。在后半部分的假设验证中，有两条路径被证实，两条路径没有被证实。

总结以上分析，可以看出，媒体报道深度、内部控制与审计意见的四条路径中，共有三条路径得到验证，即针对于负面的深度报道，内部控制质量越差，从而出具非标准审计意见的可能性越大；针对于负面的深度报道，越能引起管理层对缺陷的积极披露，从而减少出具非标准审计意见的可能性；针对于媒体负面的深度报道，证明公司可能存在着内部控制重大缺陷，出具非标准审计意见的可能性大。相关路径图如图 8-3 所示。

第三，以媒体负面报道广泛度为研究对象，构建了第三层传导路径。检验媒体的负面追踪报道与内部控制各变量的影响，进而影响审计意见的路径。表 8-6 是结构方程回归结果。其中，因变量媒体负面报道广泛度与内部控制相关变量的方程回归结果显示，负面报道广泛度与综合内部控制指数显著负相关（Beta 系数为 -0.879），与是否披露内部控制

表 8 – 5　　第二层结构方程回归结果

自变量	因变量				
	内部控制指数	披露内部控制缺陷	内部控制缺陷类型	内部控制缺陷整改	非标审计意见
截距项	(0.132)	(0.274)	(0.346)	(0.289)	(7.822)
内部控制指数	–	–	–	–	-0.650** (-0.005)
披露内部控制缺陷	–	–	–	–	-0.129** (0.009)
内部控制缺陷类型	–	–	–	–	0.334** (0.021)
内部控制缺陷整改	–	–	–	–	0.396 (0.011)
媒体负面报道深度	-0.672*** (-0.006)	0.398** (0.071)	0.107* (0.028)	0.742 (0.019)	–
控制变量	Yes	Yes	Yes	Yes	Yes
行业虚拟变量	Yes	Yes	Yes	Yes	Yes
年度虚拟变量	Yes	Yes	Yes	Yes	Yes
R^2	0.271	0.304	0.298	0.283	0.611

注：1. 表格内上方为标准化的 Beta 系数，下方括号内为系数。

2. ***表示回归系数在的 0.01 水上显著，**表示回归系数在 0.05 的水平上显著，＊表示回归系数在 0.1 的水平上显著。

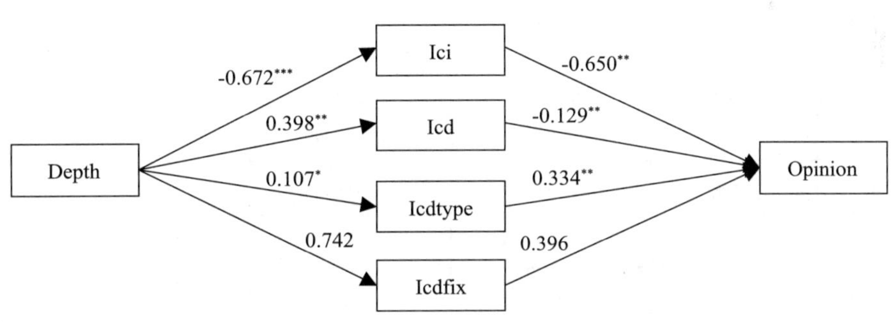

图 8 – 3　第二层适配路径

注：***表示回归系数在的 0.01 水上显著，**表示回归系数在 0.05 的水平上显著，* 表示回归系数在 0.1 的水平上显著。

缺陷显著正相关（Beta 系数为 0.769），与内部控制缺陷类型显著正相关（Beta 系数为 0.238），与对缺陷是否进行改进却不显著，这说明媒体负面报道深度影响内部控制指标的四条路径中，有三条得到了验证，而负面报道深度与内部控制缺陷的改进效果不明显，这说明媒体的负面报道广泛度并不能改变管理层对内控缺陷的改进意愿。

针对于内部控制相关变量与审计意见的方程回归结果显示，内部控制指数与审计意见负相关（Beta 系数为 -0.549），说明内部控制指数越高，出具非标准审计意见可能性越小；内部控制缺陷是否披露与审计意见显著负相关（Beta 系数为 -0.487），说名管理层积极披露内部控制缺陷会使审计师依赖公司的内部控制环境，使审计师出具标准的审计意见；内部控制缺陷类型与审计意见显著正相关（Beta 系数为 0.221），说明公司出现内部控制重大缺陷比重要缺陷和一般缺陷更容易被出具非标准的审计意见。而内部控制缺陷的整改与非标准审计意见相关性不显著，这与审计师专业判定有一定关系，缺陷的改进并没有实质性的改进公司的内部控制状况。在后半部分的假设验证中，有两条路径被证实，两条路径没有被证实。

表 8-6　　第三层结构方程回归结果

自变量	因变量				
	内部控制指数	披露内部控制缺陷	内部控制缺陷类型	内部控制缺陷整改	非标审计意见
截距项	(0.223)	(0.301)	(0.371)	(0.392)	(8.284)
内部控制指数	-	-	-	-	-0.549** (-0.004)
披露内部控制缺陷	-	-	-	-	-0.487** (0.011)
内部控制缺陷类型	-	-	-	-	0.221* (0.017)
内部控制缺陷整改	-	-	-	-	0.097 (0.009)
媒体负面报道广泛度	-0.879** (-0.021)	0.769** (0.018)	0.238** (0.003)	0.982 (0.027)	-
控制变量	Yes	Yes	Yes	Yes	Yes
行业虚拟变量	Yes	Yes	Yes	Yes	Yes
年度虚拟变量	Yes	Yes	Yes	Yes	Yes
R^2	0.282	0.373	0.301	0.298	0.673

注：1. 表格内上方为标准化的 Beta 系数，下方括号内为系数。

2. **表示回归系数在 0.05 的水平上显著，*表示回归系数在 0.1 的水平上显著。

总结以上分析，可以看出，媒体报道广泛度、内部控制与审计意见的四条路径中，共有三条路径得到验证，即针对于负面的追踪报道，内部控制质量越差，从而出具非标准审计意见的可能性越大；针对于负面的追踪度报道，越能引起管理层对缺陷的积极披露，从而减少出具非标准审计意见的可能性；针对于媒体负面的追踪报道，证明公司可能存在着内部控制重大缺陷，进而出具非标准审计意见的可能性越大。相关路径图如图 8-4 所示。

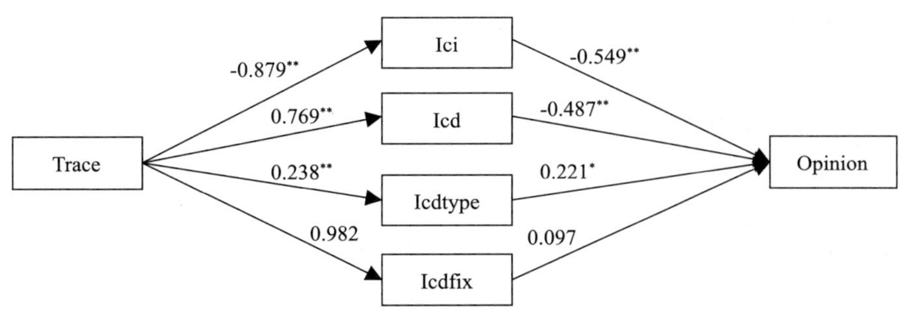

图 8－4　第三层适配路径

注：**表示回归系数在 0.05 的水平上显著，＊表示回归系数在 0.1 的水平上显著。

第四，以媒体负面报道严重程度为研究对象，构建了第四层传导路径。检验媒体的负面严重报道与内部控制各变量的影响，进而影响审计意见的路径。表 8－7 是结构方程回归结果。其中，因变量媒体负面报道严重程度与内部控制相关变量的方程回归结果显示，负面报道严重程度度与综合内部控制指数显著负相关（Beta 系数为－0.489），与是否披露内部控制缺陷显著正相关（Beta 系数为 0.361），与内部控制缺陷类型显著正相关（Beta 系数为 0.295），与对缺陷是否进行改进却不显著，这说明媒体负面报道严重度影响内部控制指标的四条路径中，有三条得到了验证，而负面报道严重度与内部控制缺陷的改进效果不明显，这说明媒体的负面报道严重度并不能改变管理层对内控缺陷的改进意愿。

针对于内部控制相关变量与审计意见的方程回归结果显示，内部控制指数与审计意见负相关（Beta 系数为－0.833），说明内部控制指数越高，出具非标准审计意见可能性越小；内部控制缺陷是否披露与审计意见显著负相关（Beta 系数为－0.271），说名管理层积极披露内部控制缺陷会使审计师依赖公司的内部控制环境，使审计师出具标准的审计意见；内部控制缺陷类型与审计意见显著正相关（Beta 系数为 0.352），说明公司出现内部控制重大缺陷比重要缺陷和一般缺陷更容易被出具非标准的审计意见。而内部控制缺陷的整改与非标准审计意见相关性不显著，这与审计师专业判定有一定关系，缺陷的改进并没有实质性的改进公司的内部控制状况。在后半部分的假设验证中，有两条路径被证实，两条路径没有被证实。

总结以上分析，可以看出，媒体报道严重程度、内部控制与审计意见的四条路径中，共有三条路径得到验证，即针对于负面的严重报道，内部控制质量越差，从而出具非标准审计意见的可能性越大；针对于负面的严重报道，越能引起管理层对缺陷的积极披露，从而减少出具非标准审计意见的可能性；针对于媒体负面的严重报道，证明公司可能存在着内部控制重大缺陷，进而出具非标准审计意见的可能性大。相关路径图如图 8－5 所示。

表 8-7　　第四层结构方程回归结果

自变量	因变量				
	内部控制指数	披露内部控制缺陷	内部控制缺陷类型	内部控制缺陷整改	非标审计意见
截距项	(0.381)	(0.452)	(0.353)	(0.388)	(9.193)
内部控制指数	–	–	–	–	-0.833*** (-0.015)
披露内部控制缺陷	–	–	–	–	-0.271** (0.007)
内部控制缺陷类型	–	–	–	–	0.352** (0.010)
内部控制缺陷整改	–	–	–	–	0.637 (0.022)
媒体负面报道严重度	-0.489** (-0.001)	0.361*** (0.009)	0.295** (0.012)	0.712 (0.078)	–
控制变量	Yes	Yes	Yes	Yes	Yes
行业虚拟变量	Yes	Yes	Yes	Yes	Yes
年度虚拟变量	Yes	Yes	Yes	Yes	Yes
R^2	0.299	0.364	0.309	0.285	0.699

注：1. 表格内上方为标准化的 Beta 系数，下方括号内为系数。

2. ***表示回归系数在的 0.01 水上显著，**表示回归系数在 0.05 的水平上显著。

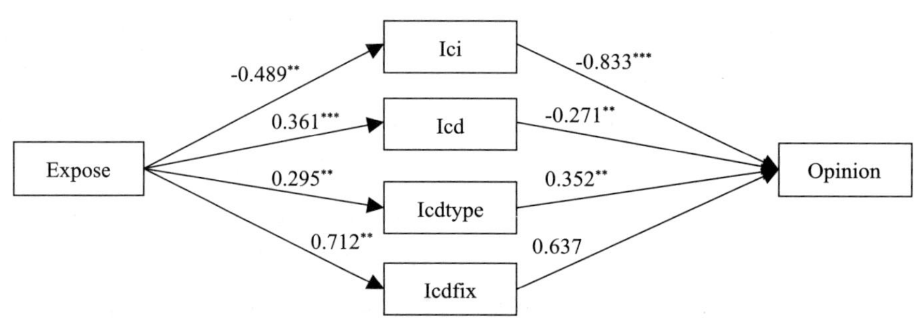

图 8-5　第四层适配路径

注：***表示回归系数在的 0.01 水上显著，**表示回归系数在 0.05 的水平上显著。

8.3.4　稳健性测试

为了保持结果的稳定性，本书继续对上述模型进行稳健性检验，采用审计意见的滞后项作为被解释变量对相关模型重新检验。回归结果与前文基本一致，进一步证明了本书的假设与结论。稳健性检验的结果如图 8-6、图 8-7、图 8-8、图 8-9 所示。

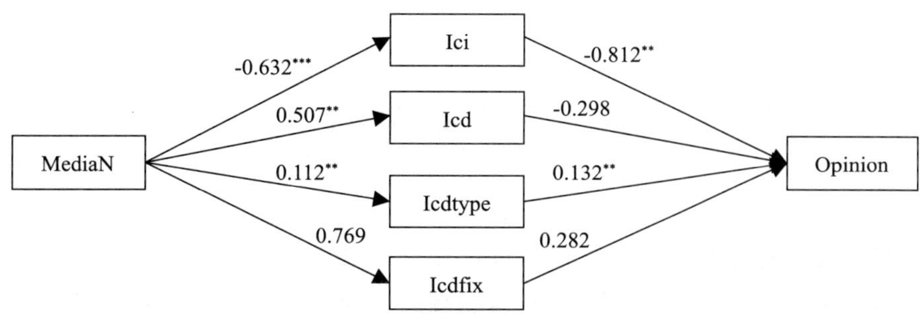

图 8－6　第一层适配路径稳健性测试结果

注：***表示回归系数在的 0.01 水上显著，**表示回归系数在 0.05 的水平上显著。

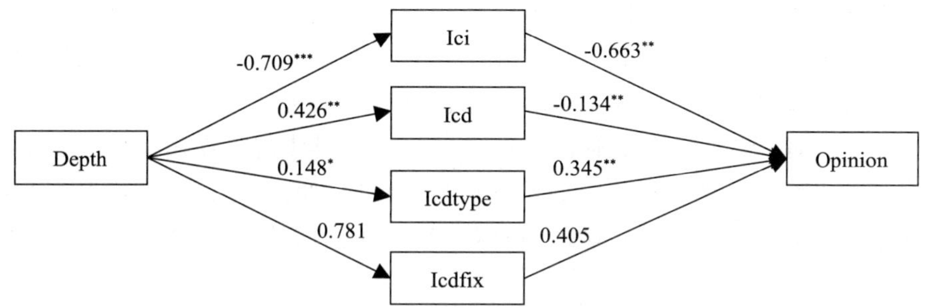

图 8－7　第二层适配路径稳健性测试结果

注：***表示回归系数在的 0.01 水上显著，**表示回归系数在 0.05 的水平上显著，＊表示回归系数在 0.1 的水平上显著。

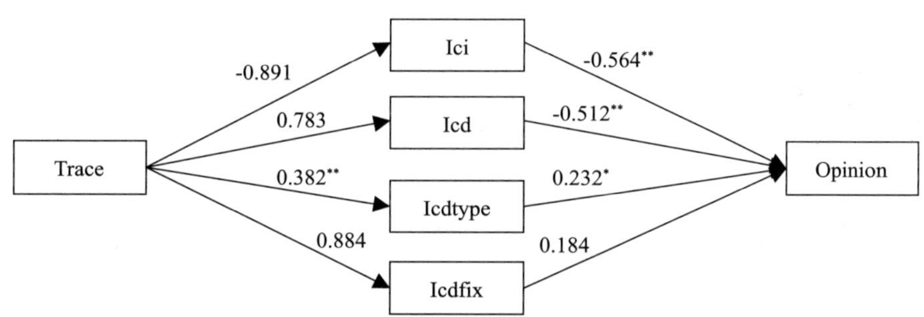

图 8－8　第三层适配路径稳健性测试结果

注：**表示回归系数在 0.05 的水平上显著，＊表示回归系数在 0.1 的水平上显著。

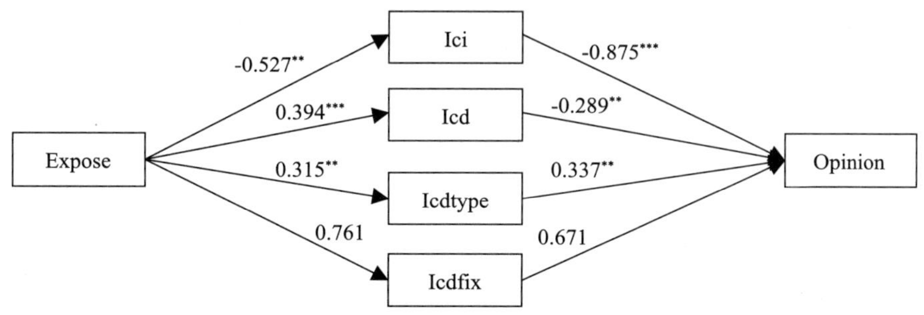

图 8－9　第四层适配路径稳健性测试结果

注：***表示回归系数在的 0.01 水上显著，**表示回归系数在 0.05 的水平上显著。

8.4 本章小结

本章通过构建媒体监督、内部控制与审计意见的传导模型，实证研究了媒体监督对审计意见的影响，并验证了内部控制作为媒体监督发挥的中介作用。研究结果发现：媒体监督确实对审计意见产生正相关关系，但是这种关系的确认是通过内部控制的传导来实现的，具体路径表现为：媒体通过对公司的负面报道反映其内部控制的运行状况，而内部控制的好坏影响审计师的风险的判断以及实质性程序的实施，从而影响审计意见的出具。通过本章的研究，促使上司公司的管理层更加关注外部监督机制对公司治理的影响，尤其是具有广泛影响力的媒体，无论媒体监督曝光的信息质量如何，他们总能通过强有力的传播手段监督公司的治理行为，为信息使用者提供信息。而媒体监督作用的发挥，受到企业内部控制的运行的影响，这也印证了内部控制在公司治理中的地位，在政府法规与政策的推动下，要求公司管理层关注内部控制的执行与实施，能够更好地提高公司的治理能力。

相关政策建议

本书通过构建媒体监督、内部控制与审计意见的关系模型，并通过细化指标分别验证了以内部控制为中介的媒体监督对审计意见的影响。针对与外部审计而言，充分利用媒体有效信息的传递，帮助审计师进行风险的判断，提高审计质量。而公司内部控制的运行，是从而本质上反映公司治理的现状，媒体倾向于报道能够引起广泛关注的负面报道而选择内部控制较差的公司，而内部控制较差的公司均存在着较大的审计风险，增加了审计师出具非标准审计意见的几率。针对于媒体监督、内部控制与审计意见关系的证实，不仅丰富了审计意见出具动机的研究成果，也进一步实证了媒体监督作为一种有效的外部规制，能够发挥治理功能，也使企业充分关注内部控制的构建，最终目的在于提升我国上市公司的治理水平。

9.1　媒体监督的政策建议

媒体在当前的市场监督中发挥着积极的作用，通过对内部控制的反映与改进不断提升公司的治理水平，保护着投资者的利益不被侵害。鉴于我国目前无论是法律制度还是市场机制都处于发展阶段，对市场的监督作用非常有限，更加显现出媒体这一重要的非正式外部环境机制对于公司内外部监督的重要意义。但是媒体行业的混乱也是目前的一种现实，鱼龙混杂的现象屡禁不止，本章再结合前期研究成果的基础上分别从监管——引导——规范的角度提出建议。

9.1.1　监管：加强媒体行业自律与监督

媒体的报道是社会大众获取信息的重要窗口，本书已实证了媒体负面报道的治理作用，媒体行业的发展也预示着社会的一种进步。但是，目前媒体记者所面临的社会环境更加复杂，新闻调查的对象是个人或公司的众多信息，要想了解全貌，需要的不仅是专业知识，更是职业道德。尤其是媒体记者在调查中会面临很多的利益诱惑，或是面对各种相关压力，这些都会对媒体的公正带来挑战。尤其是我国正处在社会转轨时期，许多社会矛盾的凸显，媒体有丰富的报道题材，但同时媒体在这种变革中，同样也被自身影响。2013 年《新快报》记者“陈永洲事件”，将媒体报道的公正性与否推上了风口浪尖。陈永洲作为一名财经记者，在 2012—2013 年发表 10 余篇有关中联重科负面报道的信息，其中“利润虚增”“利益输送”“畸形营销”及涉嫌造假等一系列批评性报道，给中联重科造成了非常大的负面影响，导致了其股票的下跌和投资者的质疑。后经核实，陈永洲的部分报道为虚假报道，在没有实地核实的情况下发表不恰当的负面言论，最后以涉嫌损害商业信誉罪入狱。2014 年 2 月，21 世纪网作为网络媒体，通过对企业进行负面报道的威胁，要挟企业投放广告或者签订合作协议，从中获取高额广告费或好处费。这个案件一经报道，引起了社会的广泛反响，警方以涉嫌经济犯罪将 21 世纪网总裁在内的 8 人予以逮捕。“陈永洲事件”“21 世纪网事件”的发生，使媒体行业的监管与自律被提上日程。

（1）媒体行业的自律从根本上约束报道行为。媒体的自律是新闻媒体机构和个人对新闻传播工作进行的一种自我限制和自我约束，在媒体行业的约束下，以制定道德信条的方式来实现。由于媒体将信息广泛传播并作用于资本市场，因此媒体行业的自律显得尤为重要。目前，世界上有些国家和地区制定了新闻媒体自律规范，建立了专业性的媒体自律组织。现大多数国家如法国、美国、英国、日本等国均制定了完善的行业自律规范；各国也纷纷建立了新闻媒体行业组织，如德国记者联合会、德国报纸出版者联邦联合会、南非联邦报业评议会等。通过这种方式促进行业的自律，是一种非常有效的约束体制。我国虽然也有全国性质的媒体自律组织——中华全国新闻工作者协会，也相继颁布了媒体行业的自律规范，且各级新闻的行业组织和媒体都开展了自律工作，但现实上，效果并不明显。有些媒体机构报道的有偿化和低俗化，甚至是虚假的报道，都影响了媒体行业的形象。因此必须建立可操作性的自律规范，强化媒体的自律能力，从根本上避免媒体机构的偏轨行为。具体可以分为：

一是建立更具有可操作性的自律规范。自律效果的不佳与自律规范的模糊、空泛有关。媒体自律规范应该在可量化的基础上，根据不同媒体的特点进行细化。针对于网络媒体和报纸媒体以及电视媒体，应该具有不同的侧重点。同时，规范的制定离不开责任的划分，这就要求必须建立明确的奖惩措施，借助于行政手段和经济处罚的方式监督媒体的自律行为，也可以在公众的广泛参与下进一步实施规范措施，强化媒体的自律效果。

二是建立公正独立并具有执行能力的新闻媒体自律机构。借鉴西方许多国家的做法，以独立于政府的专业性机构的建立，来监督媒体的道德行为。媒体的专业性自律机构人员应具备较高的专业素养，能够公平、公正评估媒体的传播行为。新的网络时代，必须要紧跟社会发展的潮流，摒弃传统的媒体自律方式，以自律专业机构的形式约束媒体的传播行为，避免媒体在报道中的失职和违规。

三是媒体的自我约束行为。媒体机构应定期对自身的报道行为进行自查，自查的方式由各媒体机构自行设定，目的是在外部自律规范的约束下先能加强自身的自律检查。媒体机构内部可以开展各种自查的活动，形成机构内部的相互约束、相互鼓励等氛围。媒体自律体系如图9-1所示。

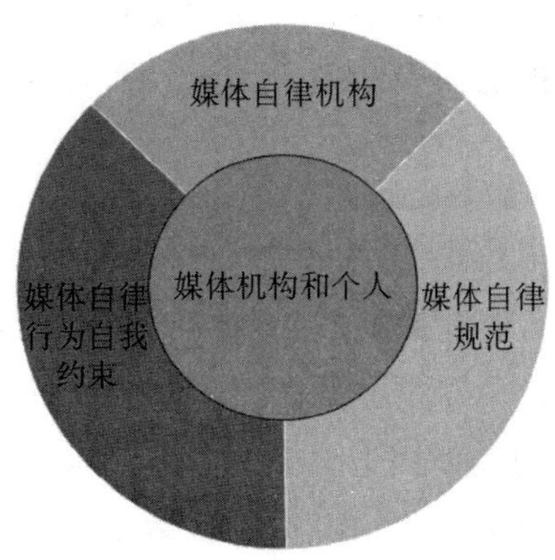

图9-1 媒体自律体系图

（2）媒体行业应规范媒体的报道方式，严惩媒体造假行为。媒体行业的产品是对信息的筛选和再加工，而产品的使用者是广大受众方，以产品的生产为例，媒体行业生产的新闻产品除了具备专业知识含量外，还必须兼顾公平、公正的特性。由于人们接受信息迅速性，媒体的传播能力和速度是巨大的，某一个细节都会使信息成为关注的焦点，这种传播力被称为“媒体速度”。作为信息的生产者，必须要在“制造”新闻中认真、负责，把握媒体的职业道德底线，不仅要传播新闻，更要对新闻负责。

媒体歪曲报道和敲诈报道，会侵犯上市公司的利益。缺少法律的约束，部分媒体为了利益滥用手中的新闻报道权，误导广大投资者，给上市公司和广大投资者造成损失，甚至出现各种威胁和敲诈行为。媒体作为一种公权力，代表的是公平、公正与独立的形象，如果随意滥用，不仅损害媒体自身的公信力，更重要的失去了大众对媒体传播的信心。因此，除了对上市公司进行管理规范外，更要对大众媒体的信息传播进行约束，通过法律法规的形式明确媒体监督的方式。要加强新闻舆论传播力、引导力、影响力、公信力。

（3）媒体应当继续细化报道的方式和内容，树立权威的报道媒体。在本书实证检验中，媒体负面报道的次数、广度和深度在对内部控制缺陷的改进影响并不显著，即媒体的负面报道并不能完全地激发管理层对内部控制缺陷的改进，这说明媒体的传播效果存在着“盲点”。按照成熟资本市场的假定，某一项追踪报道与深度报道的影响力应超过单纯的、多频次的简单报道，但在现有的媒体传播方式以及传播内容中，追踪报道和深度报道的效果反而较差，这说明现有的这些报道形式的失效。本书认为这是由于我国缺乏权威的、有影响力的媒体。想要使重大的新闻线索被广泛关注与认可，必须要促使报道方式和报道内容的改变，树立权威的报道媒体机构，使媒体的报道向更深、更广发展。

9.1.2 引导：鼓励媒体的正面报道以及自媒体的发展

本书以媒体的负面报道作为切入点，也证实了负面报道对资本市场的显著影响。但是，在研究中发现，媒体的负面报道在某些案例中效果并不明显，媒体负面报道虽然使审计师倾向于出具非标准的审计意见，但不排除标准审计意见的出具。探究其原因，除了审计师的其他专业判断外，媒体的负面报道有可能并没有对审计师的评判产生影响。这就说明，媒体不能刻意地追求负面报道而引起各方关注，而且现实中媒体的负面报道确实已经“泛滥”。

从现实来考量，“不寻常”和“冲突”通常是媒体愿意去追逐的焦点。19 世纪《纽约太阳报》记者 John B. Bogar 曾说过的“狗咬人不是新闻，人咬狗才是新闻”被称为是经典的负面新闻反常性的表现。在自媒体时代，各种报道充斥着整个社会，为了博得人们的眼球，媒体为寻找负面消极的报道“前赴后继”，导致大量负面报道的出现，大有“劣币驱逐良币”的态势。而一些所谓的负面报道并没有真正从实际出发，为利益相关者的使用提供有价值线索，而是盲目地跟随报道，这也可能会给企业形象带来消极影响。尤其是一些低端的媒体，在力求生存的压力下，进行盲目的负面报道，不仅损害了自身的媒体形象，对整个传媒行业造成了负面影响。2016 年习主席在新闻舆论工作座谈会中明确提到“新闻舆论处在意识形态工作的最前沿，好的舆论可以引领社会、凝聚人心、推动发展，不好的舆论则会撕裂社会、搞乱人心、破坏发展”。levmuchnik（2013）采用实验法对网络信息传播效果研究表明，积极的信息更容易得到积累和宣扬，从而引发滚雪球似的“羊群效应”；而消极信息则经常会被受众在传播中不断转向而趋于中立。人们已经厌烦了负面报道带来的“疲惫感”，转而喜欢一些“积极”“快乐”的价值感。本书认为，在负面报道泛滥的时期，更应该改变思路，增加正面报道的数量，形成一种“正能量”下的舆论观，避免盲目激进的负面报道，并将正面报道的优势和特点凸显和放大，运用正面思维，更好地发挥媒体的治理作用。

要发挥自媒体的传播作用。以互联网为传播平台的自媒体时代以迅猛之势改变着我们的生活，自媒体作为一种新型的媒体方式，由于博客、微博、共享协作平台、社交网络的兴起，使每个人都具有媒体、传媒的功能。不仅增加了信息的内容，更使大众真正地融入媒体传播过程中。自媒体的特点可以总结为：①平民化。表现为人人都可以传播信息，不受媒体准入的限制。②圈群化。一般信息的传播都是在熟悉的朋友范围内传播，可信度较高。③个性化。由于一个人传播为主，个性化的内容层次不穷。④随性化。这种信息的传播不受时空与形式的限制，可以是声音、视频等各种媒介。⑤自发传播。这些消息的传播都是在朋友间转发认同下传递的。从自媒体的特点可以看出，自媒体的发展，使人们都参与到信息传播与接收中，也便于焦点信息的快速形成，如图9－2所示。

网络和自媒体的出现，带给了传统媒体颠覆性的变革。在目前的大新闻环境下，安德森发现的“长尾效应”可能很好地解释目前的媒体传播方式。专业的、权威的新闻从业人员依然扮演着“主流”的角色，他们构成了新闻传播的“头部”；而个人或业余爱好者等构成了新闻传播的“尾部”，伴随着广大受众参与度的提升，“尾部”所产生的影响力却更加持久和广泛。

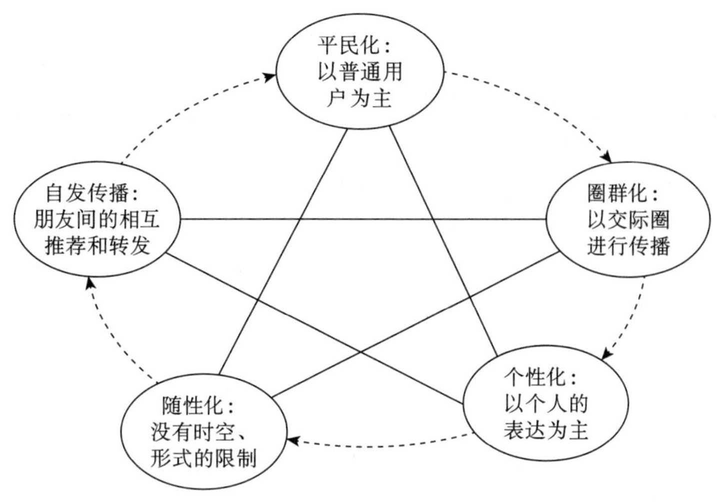

图 9－2　自媒体特征示意图

充分利用自媒体的影响力，使媒体传播的治理作用得到进一步深化。经自媒体广泛传播的信息一般可信度较高，因为这些信息已经在多次传递中得到确认，所以，自媒体可以充分发挥对“真实信息”的传播，使利益使用者尽快获取有用信息。尤其针对于较为复杂的信息，可以在自媒体的层层解剖下挖掘真相，这也将成为媒体发挥作用的一种新导向。新闻传播的“长尾效应”如图 9－3 所示。

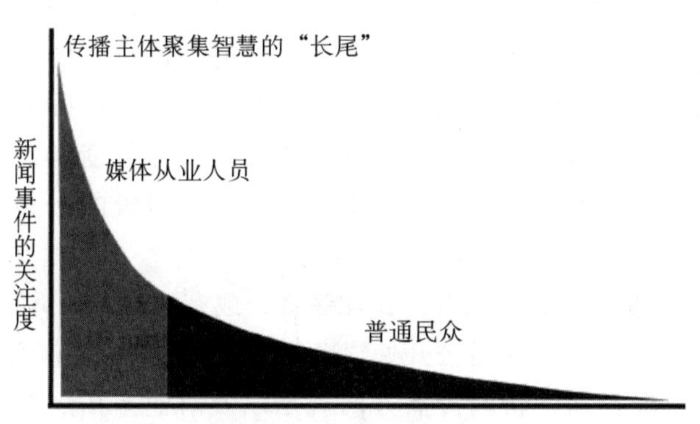

图 9－3　新闻传播的“长尾效应”图示

9.1.3　规范：制定媒体行业信用评级制度

媒体行业正其他服务类行业一样，是面向公众的服务机构，可以探索制定相应的行业评级制度，并对外公布，这对于媒体行业的规范和改进具有实质性意义。本书探索性建立评价指标，并对指标进行赋值，最终得出综合评分，这种方式是最常用的一种定量评级方法，这种简洁的方式也便于对媒体行业的直观评价，具有很强的操作性。

1. 评价指标（见表 9－1）

表 9－1　　　　媒体机构信用等级评定标准

基本指标	具体解释	评价赋值
基本素质	媒体专业资质、记者等级、专业学历、职业品德、职业能力等	20 分
财务状况	基本的财务数据指标，利润能力，经营效能等	15 分
专业报道能力	是否对重大新闻事实进行专业、权威、广泛报道	20 分
信用状况	受罚情况，诉讼败诉，公开谴责等	15 分
发展前景	市场预期，新闻传播方向规划，新业务的开展	10 分

2. 具体指标衡量

通过表 9－1 中对媒体信用等级标准的划分来看，媒体可以通过 5 个方面进行考量。

媒体机构的基本素质，包含媒体的专业资质、记者的等级、人员的专业学历、道德品德和职业能力，这些都是考量媒体机构是否具备基本的专业资质和能力。基本资质和能力能初步与媒体的专业性挂钩。

财务状况包括一些基本的财务数据，利润能力和经营效能。经济实力和财务状况能够保证媒体机构在新闻调查中有基本的物质保证，不至于为了金钱买卖新闻，记者的独立性会增强。但是这里财务状况的参考并不是要求记者为媒体机构创造利润，也是媒体机构必须有一定的物质保障。

专业报道能力以是否对重大新闻进行专业、权威、广泛的报道为标准。首先必须做到专业的报道，这是第一个层级的要求；其次是权威的报道。目前网络媒体中充斥着各种报道，但真正权威的报道有限，这是由于媒体记者一味追求最快速度报道新闻，而忽略了对新闻更深层次的评论。再次是广泛的报道。要求在权威报道的基础上对新闻的背景全面了解，不能以偏概全，保证新闻的可持续性。最专业报道能力的衡量，能够清晰地反映媒体机构报道的水平。如果对重大新闻进行挖掘报道，并收到积极的社会反响，才被认为是专业的新闻报道。

信用状况是指媒体机构是否遭受公开处罚和谴责，或有讼诉的败诉案件。通过信用状况可以了解媒体机构受处罚情况。一旦出现公开处罚事件，该媒体机构的信用评级会迅速下降。

发展前景是指对市场预期、新闻传播方向规划以及对业务拓展等方面的考量，证明媒体机构对行业发展的一种前瞻性规划，具有一定的战略意义。

该信用评价制度的建立，开创了媒体行业监管与自律的新的思路，有了更加细化的媒体信用评价标准，对了媒体机构专业能力的提升具有实践意义。

9.2　内部控制的政策建议

从媒体监督与审计意见的影响机理和实证检验来看，内部控制是媒体发挥治理作用的关键。作为反映公司治理水平的内因，通过对内部控制的持续改善，才能使媒体传播的信息有效，并在根本上化解审计师面临的审计风险。我国监管部门近几年已经开始重视内部控制制度的建设，借鉴美国《萨班斯法案》对公司治理监管的精神，从政策上尝试对内部控制的评价体系的完善，这种尝试从目前来看，具有积极的作用。但是内部控制质量的提升，不仅需要依靠政府的政策推动，更需要的是企业能够意识到风险管理的重要性，把内部控制完善与健全作为企业风险防范的有力工具。

9.2.1　完善 ERM 框架下内部控制体系

要完善与健全企业内部控制体系，应基于 COSO《内部控制整合框架》（ERM）框架的风险管理理念，并根据 ERM 框架中各要素的要求，建立全面的风险管理体系。这对于企业来说，这是一个系统的内部控制建设工程，只有不断地完善内部控制制度，才能真正提升公司治理水平，从而减少媒体的负面报道，增加标准审计意见的出具。以 ERM 框架的八要素为改进因素，分别探索提高风险管理水平的具体建议，如图 9-4 所示。

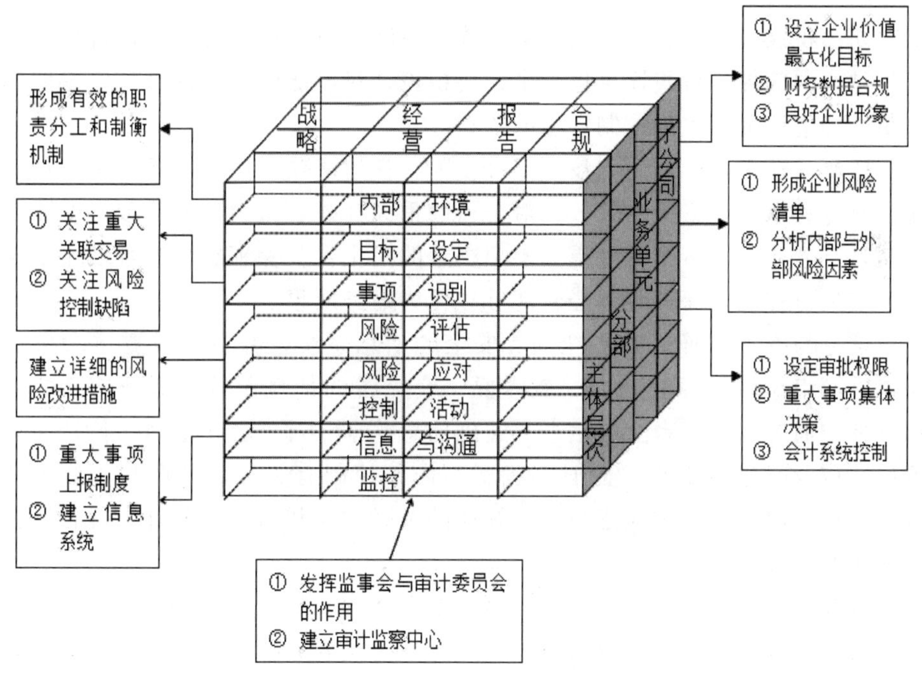

图 9-4　基于 ERM 框架下的内部控制风险管理改进示意图

第一，内部环境方面。要形成有效的职责分工和权力制衡机制。公司组织机构之间权责明确，相互制衡、协调，且均制定有相应工作制度和议事规则，以确保公司决策、执行、监督检查程序的顺畅运行，相关岗位职责得到切实履行，为管理目标的实现提供组织保障。

第二，目标设定方面。树立企业价值最大化目标，不能以获得眼前利益而损害企业的价值。维持良好的企业形象，尤其是在媒体对负面信息进行报道时，必须树立危机公关意识，时刻注意公司的形象，形成良好的企业文化。而且要保证财务数据的合规性，而媒体最愿意曝光那些利润较差企业的信息，这些企业一般财务数据都会出现或多或少的漏洞。

第三，事项识别方面。针对于重大关联交易和内部控制缺陷要重点关注。媒体一般倾向于关注有重大关联交易的企业，这种新闻能够满足人们对公司运行神秘性的剖析，而重大的关联交易事项也对企业的运行不利。关注内部控制的缺陷，在一定的缺陷标准划分下，重点关注重大缺陷，重要缺陷和一般缺陷次之。作为审计师风险评估重要参考因素，内部控制缺陷的识别，会帮助企业认清内部控制的真实情况，从而帮助企业公司治理的改进和完善。

第四，风险评估方面。识别影响公司目标实现的内外部各种风险因素，并将风险进行分类整理与汇总，形成企业的风险清单。针对已识别的风险采用定性与定量相结合的方法，按风险发生的可能性与重要性水平进行分析和排序形成公司的风险地图，并根据风险排序结果确定相应的风险应对措施，包括风险规避、风险降低、风险分担和风险承受等，以实现对风险的有效控制。

第五，风险应对方面。针对于已经评估出的企业风险，要建立详细的风险改进措施，并在一定时期内积极改进。管理层对风险改进的态度，也是审计师评判内部控制环境重要依据，尤其是在内部控制自我评价报告中，要积极针对可能出现的内部控制缺陷制定改进措施，从而增加审计师对内部控制环境的依赖。

第六，控制活动方面。首先，设定审批权限，任何事项按照权限大小来实施，不能越权。其次，对重大事项要集体决策，针对公司的重大并购、重组以及重要经营事项，都会在媒体的监督下透明化，尽量做好重大事项决策的民主化，保证重大事项的平稳实施。还要对会计系统进行控制，保证各项经营能够转化为财务成果。

第七，信息与沟通方面。建立全面、安全的信息系统，并特别设置重大事项上报制度。当公司内部组织结构越复杂时，就需要一套完备的信息系统，保证信息的传递与沟通。利用各种沟通方式和平台交流信息，达到信息共享；对于公司经营可能产生较大影响的重大事项，应及时进行上报，同时明确了与内部控制有关信息的收集、处理和传递程序。这里的信息与沟通还必须注意与相关媒体的及时沟通和信息的传递，保证与外界传播窗口的无缝化对接。

第八，监控方面。重点发挥监事会、审计委员会的职能设置。监事会负责监督董事和高管行为与公司财务报告等有关重大决议，并有权行使处分权建议；审计委员会负责对公司内控自我评价报告、重大关联交易、财务报告等进行审议，审核内部审计制度等，保证监管工作的顺利开展；探索性成立公司审计监察中心，开展内部审计工作，并提供管理咨询服务，帮助企业规避经营与管理风险。最后，积极接受各方尤其是媒体的监督，定期邀请媒体等关注企业经营的机构对内部控制进行了解，建立一个无形的传播窗口。

9.2.2 重视对内部控制缺陷的分类，建立内部控制缺陷标准

本书证实了媒体通过负面报道揭示公司的内部控制缺陷，而负面报道次数、负面报道的广度、深度和严重度都对内部控制有不同程度的影响。而内部控制的重大缺陷预示着内部控制运行面临着严重问题，重要缺陷和一般缺陷依次减弱。所以对内部控制缺陷类型的关注，有利于清晰地发现内部控制问题的大小。但是在实务操作中，企业对内部控制缺陷的认定标准并不统一，导致缺陷类型的划分不明确，而有些企业根本就没有制定内部控制缺陷标准，也不谈对缺陷的认定了。随着内部控制评价体系的逐步完善，迫切需要一个具有普遍适用的缺陷划分标准，对企业内部控制缺陷类型予以明晰。本书在充分的数据研究和实地调研上，探索性地对上市公司缺陷认定标准进行划分，如表9-2所示。

表9-2　　重大缺陷、重要缺陷和一般缺陷的分类标准表

<table>
<tr><th rowspan="3">缺陷类型</th><th colspan="5">认定标准</th></tr>
<tr><th colspan="3">定量标准</th><th colspan="2">定性标准</th></tr>
<tr><th colspan="2">财务报告缺陷</th><th>非财务报告缺陷</th><th>财务报告缺陷</th><th>非财务报告缺陷</th></tr>
<tr><td rowspan="4">重大缺陷</td><td>利润总额</td><td>错报>5%</td><td rowspan="4">直接损失金额>资产总额的0.5%</td><td rowspan="4">1. 企业更正已公布的财务报告；
2. 注册会计师发现当期财务报告存在重大错报，而内部控制在运行过程中未能发现该错报；
3. 监管部门责令公司对以前年度财务报告存在的差错进行改正；
4. 企业审计委员会和内部审计机构对内部控制的监督无效</td><td rowspan="4">1. 缺乏民主决策程序导致重大失误；
2. 违反国家法律法规受到重罚；
3. 中高级管理人员和高级技术人员严重流失；
4. 媒体频现负面新闻，波及面广，引起相关部门关注并展开调查；
5. 重要业务缺乏制度控制或制度系统失效；
6. 董事、监事和高级管理人员舞弊；
7. 内部控制重大缺陷未得到整改</td></tr>
<tr><td>资产总额</td><td>错报>1%</td></tr>
<tr><td>营业收入</td><td>错报>5%</td></tr>
<tr><td>所有者权益</td><td>错报>5%</td></tr>
<tr><td rowspan="4">重要缺陷</td><td>利润总额</td><td>3%<错报≤5%</td><td rowspan="4">资产总额的0.3%<直接损失金额≤资产总额的0.5%</td><td rowspan="4">1. 注册会计师发现当期财务报告存在一般错报，而内部控制在运行过程中未能发现该错报；
2. 企业审计委员会和内部审计机构对内部控制的监督存在重要缺陷</td><td rowspan="4">1. 民主决策存在但不够完善，导致出现一般失误；
2. 违反国家法律法规受到轻微处罚或违反企业内部规章形成损失；
3. 关键岗位业务人员流失严重；
4. 媒体出现负面新闻，波及局部区域；
5. 重要业务制度控制或系统存在缺陷；
6. 中层员工舞弊；
7. 内部控制重要缺陷未得到整改</td></tr>
<tr><td>资产总额</td><td>0.5%<错报≤1%</td></tr>
<tr><td>营业收入</td><td>3%<错报≤5%</td></tr>
<tr><td>所有者权益</td><td>3%<错报≤5%</td></tr>
</table>

续表

<table>
<tr><th rowspan="3">缺陷类型</th><th colspan="5">认定标准</th></tr>
<tr><th colspan="3">定量标准</th><th colspan="2">定性标准</th></tr>
<tr><th colspan="2">财务报告缺陷</th><th>非财务报告缺陷</th><th>财务报告缺陷</th><th>非财务报告缺陷</th></tr>
<tr><td rowspan="4">一般缺陷</td><td>利润总额</td><td>错报≤3%</td><td rowspan="4">直接损失金额≤资产总额的0.3%</td><td rowspan="4">1. 注册会计师发现当期财务报告存在小额错报，而内部控制在运行过程中未能发现该错报；
2. 企业审计委员会和内部审计机构对内部控制的监督存在一般缺陷</td><td rowspan="4">1. 决策程序效率不高；
2. 违反企业内部规章，但未形成损失；
3. 一般岗位业务人员流失严重；
4. 媒体出现负面新闻，但影响不大；
5. 一般业务制度或系统存在缺陷；
6. 一般员工舞弊；
7. 内部控制一般缺陷未得到整改</td></tr>
<tr><td>资产总额</td><td>错报≤0.5%</td></tr>
<tr><td>营业收入</td><td>错报≤3%</td></tr>
<tr><td>所有者权益</td><td>错报≤3%</td></tr>
</table>

9.2.3 披露对内部控制缺陷的改进措施，使内部控制问题得到改善

通过研究发现，管理层对内部控制缺陷是否进行改进，也成为了审计师发表审计意见的一个依据。在具体路径选择中，当管理层对内部控制缺陷进行改进时，审计师并不会完全出具非标准的审计意见，而当管理层没有改进措施时，出具非标准审计意见的几率增加。这说明，虽然管理层的改进措施不能作为审计师出具标准审计意见的决定因素，但是它却影响着非标准审计意见的出具。在对我国上市公司内部控制自我评价报告的统计中发现，有些上市公司已经出现重大缺陷，但却没有任何关于重大缺陷的改进措施，这等同于发现问题但不解决问题，最终不会提高内部控制的水平。本书建议在内部控制自我评价报告中，只要出现内部控制缺陷，无论是重大缺陷、重要缺陷还是一般缺陷，都必须制订有针对性的改进措施，并在下一年度的内部控制自我评价报告中对改进行为进行追踪描述，保证内部控制的问题真正得到改善。

9.3 审计意见的政策建议

风险导向审计的普及，要求审计师充分认识到外界所面临的各种风险。它要求审计师要从更广阔的视角发现被审计单位在财务报表上的重大错报行为，以降低审计风险。现代社会是一个信息时代，如何对有效信息进行加工处理，满足审计师获取风险评估的证据，这将是考验审计师能力的体现。媒体的信息传播能够给不完善的资本市场带来新的途径，

并带来审计市场的提高。

高质量审计意见的出具，离不开审计师职业能力的提高。在加强注册会计师的职业道德的基础上，完善与注册会计师法律责任相关的法律法规体系，并在实际中真正起到约束注册会计师行为的作用，是一种更加现实，在短期内更加有效的手段。一方面加强对注册会计师对民事赔偿的规定，对因审计独立性丧失而导致的审计失败行为，尤其要加大事务所的赔偿额度。另一方面要对注册会计师的违法行为进行划分，《中华人民共和国注册会计师法》中应当对注册会计师的各种违法情节按照其对已审财务报表造成的影响程度高低进行明确划分，以增强法律的可操作性。例如哪些行为是一般意义上的违法行为，对被审计单位影响不大，哪些行为是重大违法行为，造成了社会公众的严重损失等。只有这样才能约束注册会计师在执业的过程中充分考虑因自己的过失或故意欺诈行为所造成的法律后果，在客观上强化法律风险意识，提高审计效果。

第10章

结论与展望

在信息成本社会，信息的获取对于公众投资者能否更好地做出决策具有重要意义，媒体对信息的披露正好满足了人们对信息的需求。媒体对于企业的客观报道会使企业行为受到更多关注，通过引导公众响应行为使相关事件对企业的负面或积极影响无限放大，迫使企业在行动上做出基于合法性和成本效益的积极回应，从而改变企业不合理的公司治理结构和内部控制制度缺陷。可以认为，媒体报道是一种“信息披露的再披露”，客观上能够对上市公司披露的财务信息、公司治理信息和内部控制信息进行识别和监督。媒体报道对于解决公司股东与管理者之间的“信息不对称”有着积极作用。媒体对企业的公司治理结构具有显著的外部性效应，通过媒体关注能够替代公司内部治理效应，同时其对内部控制有效性也存在一定的直接影响（逯东、付鹏、杨丹，2015）。媒体关注会增加公司管理层的盈余操纵成本（Dyck 和 Zingales，2002），能够引导投资者识别上市公司运作背后可能存在的“危机”和“黑洞”（陈志武，2005），也能在识别上市公司管理层会计造假行为上产生积极作用（Miller，2006），进而可以通过新闻报道影响审计师出具的审计报告意见（Joe，2003），还可以促使企业改正其侵害外部投资者权益的行为（Dyck 和 Zingales，2008）。而处在转型期间的发展中国家，法律制度不完善、执法效率低下等众多制度上的弊端的存在，使得媒体监督对上市公司的作用显得尤为重要。

好的公司治理能够保证财务信息的可靠性并为利益相关者使用。媒体监督和内部控制作为公司内外部治理机制，能够提高公司治理水平并保证了公司财务信息的真实性、完整性。内部控制作为内部治理机制，是防范公司财务报告错误和舞弊行为的第一道防线，而媒体监督通过公司负面信息的披露，暴露公司治理的不当行为，促使管理层不断改善公司治理水平，再加上公司内部控制自我评价以及外部审计制度的建立，使相关财务信息公开、透明，不仅作为财务审计报告的主要依据，也成为了内部控制审计的直接反映。好的内部控制制度可以提升财务信息的可靠性，提高企业对风险的防范能力，也提升了公司信息的透明度，增强了投资者对公司的信息，保证了投资者的利益。而且，审计师通过对公司内部控制的有效性进行客观、独立的鉴证，不仅推动了公司内部控制的实施，也促进了相关内部控制政策的落实。作为具有较高公信度的主流媒体，也积极地关注公司的整体运行，通过独特的公众平台发布公司相关信息，提高了市场的透明度，尤其通过对上市公司负面信息的报道，增加了上市公司会计信息舞弊的惩罚成本，也有利于审计师全面了解公司的相关财务信息，形成相关审计结论。

10.1　主要结论

媒体的治理作用在近几年的研究中已被初步证实，但从审计的角度来体现媒体的治理作用的研究涉及还很少。尤其是媒体监督对审计意见的影响，目前还没有一个较为认可的实现路径。由于媒体监督与审计意见的出具都是外部行为，而媒体的负面报道不可能直接影响审计师的判断，作为审计工作本身也是不现实的，媒体治理作用的发挥体现在审计意见上的作用机理依然是一个尚待打开的“黑匣子”。基于此，本书以企业内部控制的评价为视角，分析了媒体监督在影响审计师行为中内部控制的中介作用，打开了媒体监督影响审计意见的“黑匣子”。在现有研究的基础上，结合媒体传播效果理论中的议程设置理论、使用与满足理论，基于内部控制 ERM 整合框架，并以审计风险模型作为审计意见的理论基础，分别构建了媒体监督与内部控制质量、内部控制评价与审计意见的理论框架。本书以 2009—2014 年非平衡面板数据为样本，运用实证分析的方法探讨了媒体监督与审计意见的相互关系，并进一步分析了内部控制在两者关系中的中介作用。这不仅使媒体治理作用的研究得到深化，也验证了内部控制作为公司治理机制对审计意见的影响。本书研究的主要结论总结如下：

（1）基于创新的媒体监督的传播理论，构建了媒体监督与内部控制评价的关系模型。本书以媒体传播理论中的议程设置理论和满足与使用理论相结合，手工搜集 2009—2014 年《全国重要报纸数据库》中媒体负面报道内容，以联立方程组形式证实了媒体监督与内部控制评价的关系，并使用 3SLS 方法解决了两者之间内生性问题。结论表明媒体报道确实可以提高信息的透明度，尤其是媒体的负面报道，能够真实反映上市公司的内部控制运行状况，表现为媒体的负面报道越多，反映企业的内部控制质量差。由于媒体监督方式与信息曝光内容和曝光手法的不同，媒体的深度报道、追踪报道以及曝光内容中出现严重侵害报道时，内部控制质量差。这不仅进一步证实了媒体的治理作用，也为内部控制的评价提供借鉴意义。

（2）在对内部控制与审计意见关系的实证研究中，本书分别从内部控制质量与审计意见、内部控制自我评价与审计意见两个角度来验证内部控制与审计意见的影响。结果表明，基于风险管理框架（ERM）的内部控制质量越高，审计师越容易出具标准的财务报表审计意见和内部控制审计意见；上市公司披露内部控制缺陷，审计师则倾向于出具不清洁的财务审计意见和内部控制审计意见。当内部控制自我评价报告中披露重大缺陷，审计师倾向于出具不清洁的财务报表审计意见和内部控制审计意见。如果管理层对内部控制缺陷进行积极的整改，审计师则倾向于出具清洁的财务审计意见和内部控制审计意见。因此我们可以看出，作为内部治理的工具，内部控制能够直接反映公司治理的效果，从而影响审计师的审计行为。

（3）利用多元回归以及结构方程模型中的路径分析验证了一个层层递进的媒体监督与审计意见关系。以多元回归方法依次实证验证了媒体监督与内部控制的相关关系、内部控制与审计意见的相关关系；最后采用结构方程模型中的路径分析方法，通过对16条路径的一一验证，证明了本文假设的成立。通过实证结果发现，媒体监督、内部控制与审计意见的实现路径共有11条有效路径。媒体负面报道的次数越多，反映出内部控制质指数越低以及容易出现内部控制重大缺陷，导致审计师出具非标准审计意见；针对于媒体负面的追踪报道、深度报道以及严重报道，反映了公司内部控制指数越低，管理层会对内部控制进行积极披露，使公司出现重大缺陷的可能性增加，而审计师根据上述情况倾向于出具非标准的审计意见；研究中还发现，不论是哪种报道方式，管理层对内部控制缺陷的改进都不明显，而审计师也不会因此出具非标准审计意见。

10.2 研究展望

尽管从审计的角度实证了媒体报道的治理作用，并分析了内部控制在媒体监督对审计意见影响的传导作用，但由于专业知识不全面以及时间紧迫等原因，仍有以下问题需要进一步的研究：

第一，在内部控制质量与审计意见的实证研究中，本书基于COSO在2004年所发布的ERM整合框架为理论依据来评价内部控制质量，但是在实证中直接利用迪博公司所出具的内部控制指数，这也有不尽合理的地方。本应该根据ERM整合框架的八要素来整合相关变量，并进行指标设计和评价，由于时间的原因，没有进行变量的设计与评价，这在以后的研究中会进行后续的补充。

第二，在对媒体监督的变量设计中，由于相关的数据必须进行手工搜集，可能会存在一定的偏差。本书在对媒体监督的数据搜集中，首先先通过wise数据库进行了媒体负面报道的搜集，发现基于网络对公司负面信息的报道言语过于简单，而且无用信息较多。为了能够更加真实地反映媒体的负面报道信息，后来又选择了cnki的《全国重要报纸数据库》作为数据基础，本书认为报纸的公信力较网络更加权威，但是在网络普及的社会背景下，报纸还是会存在时间的滞后性，再加上搜集过程中可能会存在人为的偏差，可能会影响到实证的结果。

第三，由于我国内部控制信息披露的时间很短，且监管部门针对内部控制审计的强制规定仅实施了3年的时间，关于内部控制评价体系的构建还处于实践的初期，针对于内部控制的相关数据还不全面，且由于内部控制审计意见的出具并不成熟，导致审计意见类型的差异性并不明显，表现为非标准审计意见的数量较少。所以本书将财务审计意见与内部控制审计意见进行合并，这种数据处理方式也可能会影响到结论的证实。

参考文献

［1］ AbrahamD. Akresh. A Risk Model to Opine on Internal Control ［J］. Accounting Horizons. 2009 （24）：78 – 91.

［2］ AltamuroJ, Beatty, A. How does internal control regulation affect financial reporting ［J］. Journal of Accounting and Economics, 2010 （49）：58 – 74.

［3］ Andrew J. Leone. Factors Related Intemal Control Disclosure：A discussion of Ashbaugh, Collins, and Kinney and Doyle, Ge and MeVay ［J］. Journal of Accounting andEconomics, 2007 （44）：224 – 237.

［4］ Ashbaugh – Skaife. H. Collins. D. Kinney, W. LaFond, R. The discovery and reporting of internal control deficiencies prior to SOX – mandated audits ［J］. Journal of Accounting and Economics, 2007 （44）：166 – 192.

［5］ Arthaud – Day, M. L., Certo, S. T., Dalton, C. M., and Dalton, D. R. A Changing of the Guard：Executive and Director Turnover following Corporate Financial Restatements ［J］. Academy of Management Journal, 2006 （49）：1119 – 1136.

［6］ Bao, B. and Chen, G Audit qualification prediction using accounting and market variables：The case of Chinese listed companies ［R］. Working papar 1998.

［7］ Barber, Brad M. and Terrence Odean. All that glitters：The effect ofattention and news on the buying behavior of individual and institutional investors ［J］. Review of Financial Studies 2008, 21 （2）：785 – 818.

［8］ Barber, B. M. and D. Loeffer. The 'DartboardColumn；Second – HandInformation and Price Pressure ［J］. Journal of Financial and Quantitative Analysis. 1993.

［9］ BartonJ. Who Cares About Auditor Reputation?［J］ ContemporaryAccounting Research, 2005 （14）：549 – 586.

［10］ Bartov, E., F. Gul and J. Tsui, Discretionary – Accruals Models and Audit Qualifications ［J］. Journal of Accounting & Economics, 2000, 30 （3）：421 – 452.

［11］ Bedard, J. C., L. Graham. Detection and Severity Classifications of Sarbanes – Oxley Section 404 Internal Control Deficiencies ［J］. The Accounting Review, 2011 （86）：825 – 855.

［12］ Berker, Gary S. Crime and Punishment：An Economic Approach ［J］. Journal of Political Economy, 1968 （76）：169 – 217.

[13] Brien. Reducing SOX Section 404 Compliance Costs A Top – Down, Risk – Based Approach [J]. The CPA Journal, 2006 (7): 67 – 88.

[14] CAQ. Lessons learned: performing an audit of internal control in an integrated audit [J]. The Accounting Review, 2009 (7): 135 – 167.

[15] Chan, WesleyS. Stock price Reaction toNews and No – news; Drift and reversal after headlines [J]. Journal offFinancial Economics, 2003.

[16] Chen, C. J. P., S. Chen and X. Su. Profitability Regulation, Earnings Management and Modified Audit Opinions: Evidence from China [J]. Auditing: A Journal of Practice and Theory, 2001, Vol. 20, No. 2: 10 – 22.

[17] Chris E. Hogan. The Unintended Consequences of PCAOB Auditing Standard Nos. 2 and 3 on the Reliability of Preliminary Earnings Releases [J]. Journal of Accounting and Economics, 2011, (51): 95 – 114.

[18] Chung. H and S. Kallapur. Client Importance, Nonaudit Services, andAbnormal Accruals [J]. The Accounting Review, 2003, vol. 78, pp. 931 – 955.

[19] Clarke, J., A. Khorana, A. Patel, and P. R. Rau, . The Impact of All – Star Analyst Job Changes on Their Coverage Choices and Subsequent Investment Banking Deal Flow [J]. Journal offFinancial Economics, 2007, vol. 84, pp. 713 – 737.

[20] Cowen, A., B. Groysberg, and P. Healy. Which Types of Analyst Firms are More Optimistic? [J] Journal of Accounting and Economics, 2006, vol. 41, pp. 119 – 146.

[21] COSO.

[22] Deumes, R., and W. R. Knechel. Economic Incentives for Voluntary Reporting on Internal Risk Management and Control Systems [J]. Auditing: A Journal of Practice &Theory, 2008, 27 (1): 35 – 66.

[23] Desai, H., Hogan, C. E., and Wilkins, M. S. The Reputation Penalty for Aggressive Accounting: Earning Restatements and Management Turnover [J]. Accounting Reviews, 2006, (81): 83 – 112.

[24] Downs, A., 1957, "An Economic Theory of Political Ac – tion in a Democracy", Journal of Political Economy, Vol. 65 (2), pp. 135 – 150.

[25] Doyle, J. Ge, W. and MeVay, S. Determinants of Weaknesses in Internal Control over Financial Reporting [J]. Journal of Accounting and Economics, 2007 (44): 193 – 223.

[26] Doyle, J. Ge, W. and MeVay, S. Accruals quality and internal control over financial reporting [J]. The Accounting Review, 2007 (5): 1141 – 1170.

[27] Doyle, J., W. Geand. Mevay. Accrual Sand Quality and Internal Control Over Financial Reporting [J]. New York University, 2006 (4): 231 – 252.

[28] Doyle, J. T., W. Ge, and S. MeVay. Determinants of Weaknesses in Internal Control over Financial Reporting [J]. Journal of Accounting and Economics, 2007 (44):

193 – 223.

[29] Dyck, A., D. Moss and L. Zingales, 2008, "Media ver – sus Special Interests", National Bureau of Economic ResearchWorking Paper Series, Vol. No. 14360.

[30] Dyck A., and L. Zingales. The Corporate Covernance Role of the Media [R]. NBER Working Paper 2002, No, 9309.

[31] Dyck A., and L. Zingales. Private Benefits of Control: An International Comparison [J]. Journal of Finance, 2004, 59 (2): 537 – 600.

[32] Dyck, A., N. Volchkova, and L. Zingales. The Corporate Governance Role of the Media: Evidence from Russia [J]. Journal of Finance, 2008, 58 (3): 1093 – 1135.

[33] Fang, L, H. and A. Yasuda. Are Stars Opinions Worth More? The Relation between Analyst Reputation and Recommendation Values [R]. Working paper. 2008.

[34] Fang, L., and J. Peress. Media Coverage and the Cross – section of Stock Returns [J]. Journal of Finance, 2009, 59 (5): 2023 – 2052.

[35] Fang, L. H. and A. Yasuda. The Effectiveness of Reputation as a Disciplinary Device in Sell – Side Research [J]. Review of Financial Studies, forthcoming. 2009.

[36] Ge, W., McVay, S. The Disclosure of Material Weaknesses in Internal Control after theSarbanes – Oxley Act [J]. Accounting Horizons, 2005 (19): 137 – 158.

[37] Gentzkow&Shapiro. "Media bias and reputation", Journal of Political Economy, 2006 (14): 280 – 316.

[38] Glaeser, Edward, Simon Johnson and Andrei Shleifer. Coase versus the Coasian [J]. Quarterly Journal ofEconomics, August, 2001: 853 – 899.

[39] Hamilton, James T and Richard Zeckhauser. Media Coverage of CEOs: Who? What? Where? When? Why? [R]. Working paper. 2004.

[40] Hogan, C. E. and M. S. Wilkins. Evidence on the risk model: Do auditorsincrease audit feesin the Presence of internal control deficiencies [J]. Contemporary Accounting Research, 2008 (25): 33 – 62.

[41] Hoitash, R., U. Hoitash, and J. C. Bedard. Internal Control Quality and Audit Pricing under the Sarbanes – Oxley Act [J]. Auditing: A Journal of Practice & Theory, 2008 (1): 105 – 126.

[42] ISSAB. Handbook of International Auditing, Assurance, and Ethics Pronouncements [EB/OL]. http: //www. ifac. org. 2007.

[43] Jackson A. Trade Generation, Reputation and Sell – Side Analysts [J]. Journal of Finance, 2005 (60): 673 – 717.

[44] Jason L. Smith. Internal Audit Quality and Earnings Management [J]. Accounting Review, 2009 (84): 1255 – 1280.

[45] Jeffrey T. Doyle, Weili Ge, Sarah McVay. Determinants of Weaknesses in Internal

Control over Financial Reporting [J]. Journal of Accounting and Economics, 2007 (1): 193 - 223.

[46] Jensen, M. Should We Stay or Should We Go? Accountability, Status Anxiety, and Client Defections [J]. Administrative Science Quarterly, 2006: 97 - 128.

[47] Jensen, M. C. , Toward a theory of the press [R]. Working paper, SSRN. 1979.

[48] Joe, J. R. , H. Louis, and D. Robinson. Managers' and Investors' Responses to Media Exposure of Board Ineffectiveness [J]. Journal of Financial and Quantitative Analysis, 2009 (3): 579 - 605.

[49] Krishnan, J. Audit committee quality and internal control: an empirical analysis [J]. The Accounting Review, 2005 (80): 649 - 675.

[50] Karpoff, J. M. , Lee, D. S. , and Martin, G. S. The Consequence to Managers for Financial Misrepresentation [J]. Journal of Financial Economics, 2008 (88): 193 - 215.

[51] Larcker. D. F. and S. A. Richardson. Fees Paid to Audit Firms, Accrual Choicesand Corporate Governance [J]. Journal of Accounting Research, 2004 (6): 625 - 658.

[52] Lennox, C. Audit Quality and Audit Size: An Evaluation of Reputation and Deep Pockets Hypotheses [J]. Journal of Business Finance and Accounting, 1999 (26): 779 - 805.

[53] Lennox, C. Do Companies Successfully Engage in Opinion - shopping? Evidence from the UK [J]. Journal of Accounting and Economics, 2000 (29): 321 - 337.

[54] Li, C. , L. Sun, and M. Ettredge. Financial Executive Qualifications, Financial Executive Turnover, and Adverse SOX 404 Opinions [J]. Journal of Accounting and Economics, 2010 (50): 93 - 110.

[55] Malemendier, U. , and Tate, G. Superstar CEO [J]. Quarterly Journal of Economics, 2009 (124): 1593 - 1638.

[56] MertonR C. A simple model of capital market equilibrium with incomplete information [J]. The Journal of Finance. 1987, 42 (3): 483 - 510.

[57] Miller, G. S. The Press as a Watchdog for Ac - counting Fraud [J]. Journal of Accounting research, 2006, 44 (5): 1001 - 1033.

[58] Mitchell, Mark L. , J. Harold Mulherin. The Impact of Public Information on the Stock Market [J]. Journal of Finance, 1994.

[59] Mutchler, J. F. , W. Hopwood and J. M. McKeown. The influence of contrary information and mitigating factors on audi opinion decisions on bankrupt companies [J]. Journal of Accounting Research, 1997 (2): 295 - 310.

[60] Niederhoffer, Victor. The analysis of world events and stock prices [J]. Journal of Business, 1971 (44): 193 - 219.

[61] P. Elliott, Uses and Gratifications Research: A critique andASociologicalAlternative, In J. B. Blumler and E. Katz (eds.), The Uses ofMass Communications: Current Perspectives on

Gratifications Research [J]. Calif. : Sage, 1994: 249 - 268.

[62] Patterson, E. R. , Smith, J. R. The Effects of Sarbanes - Oxley on Auditing and Internal Control Strength [J]. The Accounting Review, 2007 (82): 427 - 455.

[63] PCAOB. Auditing Standards 2 An Audit of Internal Control Over Financial Reporting Performed In Conjunction with An Audit of Financial Statements [EB/OL]. http: // www. pcaob. org. 2004.

[64] PCAOB. Auditing Standard No. 5 - An Audit of Internal Control Over Financial Reporting that Is Integrated with An Audit of Financial Statements [EB/OL]. http: // www. pcaob. org, 2007.

[65] Pistor, Katharina and Chenggang Xu. Governing Stock Markets in Transition Economies: Lessons from China [J]. American Law and Economics Review, 2005 (7): 184 - 210.

[66] R. A. White. Audience. InterpretationofMedia: Emerging Perspectives [J]. Communication Research Trends 1994 (14): 32 - 36.

[67] Randal Elder, Yan Zhang, Jian Zhou, Nan Zhou. Internal Control Weaknesses and Client Risk Management [J]. Journal of accounting, auditing & finance. 2009 (4): 543 - 579.

[68] Randal Elder. Internal Control Weaknesses and Client Risk Management [J]. Journal of Accounting, 2009 (24): 573 - 580.

[69] ReynoldsJ. K. and J. R. Francis. Does Size Matter? The Influence of Large Clients on OfficeLevel Auditor Reporting Decisions [J]. Journal of Accounting and Economics. 2001 (1): 375 - 400.

[70] Shapiro, B. , and D. Matson. Strategies of Resistance to Internal Control [J]. Accounting, Organizations and Society, 2008. 33 (3): 199 - 228.

[71] Shleifer A. , and R. Vishny. A Surver of Corporate Governance [J]. Journal of Finance, 1997, 52 (2): 737 - 783.

[72] Singer, Z. , and H. You. The Effect of Section 404 of the Sarbanes - Oxley Act on FinancialReporting Quality [J]. Journal of Accounting, Auditing and Finance, 2011 (3): 556 - 589.

[73] Songtao Mo. The information content of audit opinions in the postSOX [D]. Department of Accountancy of Case Western Reserve University. 2009.

[74] Stephen Kwamena Aikins. An Examination of Government Internal Audits´Role in Improving Financial Performance [J] . Public Finance and Management, 2011 (11): 306 - 337.

[75] Stromberg D. Mass media competition, political competition, and public policy [J]. Review of Economic Studies, 2004, 71 (1): 265 - 284.

[76] Tetlock P. Giving content to investor sentiment: The role of media in the stock market [J]. Journal of Finance, 2007, 62 (3): 1139 - 1168.

[77] VishalMunsif, K. Raghunandan, Dasaratha V. Rama, and MeghnaSinghvi. Audit Fees after Remediation of Internal Control Weaknesses [J]. Accounting Horizons, 2011 (1): 87 – 105.

[78] William R. Kinney. Do Control Effectiveness Disclosures Require SOX 404 (b) Internal Control Audits? A Natural Experiment with Small U. S. Public Companies [J] . Journal of Accounting Research, 2011 (49): 413 – 448.

[79] 敖慧，郭彩虹. 内部控制质量与企业绩效关系实证研究——基于电子设备制造业上市公司的经验数据 [J]. 财会通讯，2017 (1): 9 – 12.

[80] 薄仙慧，吴联生. 盈余管理、信息风险与审计意见 [J]. 审计研究，2011 (1): 90 – 97.

[81] 毕秀玲，刘洁，艾强. 签字审计师搭档稳定性在利用媒体报道中的作用研究 [J]. 外国经济与管理，2019，41 (11): 28 – 40.

[82] 财政部等. 企业内部控制审计指引 [R]. 2010.

[83] 蔡春，杨麟，陈晓媛，陈钰泓. 上市公司审计意见类型影响因素的实证分析——基于沪深股市 2003 年 A 股年报资料的研究 [J]. 财经科学，2005 (1): 95 – 102.

[84] 蔡春，杨麟. 上市公司审计意见类型影响因素的实证分析——基于沪深股市 2003 年 A 股年报资料的研究 [J]. 财经科学，2005 (1): 10 – 15.

[85] 蔡吉甫. 我国上市公司内部控制信息披露的实证研究 [J]. 审计与经济研究，2005 (5): 39 – 48.

[86] 蔡映雪，杨朔. 上市公司审计需求与审计独立性研究——基于我国 2007 年证券市场的经验证据 [J]. 商业会计，2009 (1): 33 – 34.

[87] 曾建光. 会计师事务所的属性重要性与非标准审计意见——基于中国会计师事务所综合评价百家信息的证据. [J] 山西财经大学学报 2014 (6): 113 – 124.

[88] 陈汉文，李荣. 财务呈报内部控制审计准则的国际发展 [J]. 审计与经济研究，2007 (3): 5 – 11.

[89] 陈汉文，张宜霞. 企业内部控制的有效性及评价方法 [J]. 审计研究，2008 (3): 31 – 17.

[90] 陈红艳. 从 2004 年"审计风暴"报道看新闻媒体的舆论监督 [J]. 新闻采编，2005 (1): 12 – 16.

[91] 马玉红. 财务报表、内部控制审计意见及自我评价披露研究 [J]. 现代审计与经济，2016 (5): 4 – 6.

[92] 陈丽蓉，毛珊. 内部控制审计对审计费用的影响研究——基于上市公司 2008—2009 年经验验证 [J]. 会计之友. 2012 (3): 46 – 51.

[93] 陈丽蓉，牛艺琳. 内部控制有效性对审计意见影响的实证研究——来自中国证券市场的经验证据 [J]. 会计之友. 2010 (9): 66 – 71.

[94] 陈丽蓉，牛艺琳. 上市公司内部控制缺陷对审计意见影响的实证研究 [J]. 财

会月刊，2010（7）：67－70.

［95］杜鹏．探究公司治理、内部控制、组织结构的互动关系［J］．商界，2015（27）：19.

［96］程新生．公司治理、内部控制、组织结构互动关系研究［J］．会计研究，2004（4）：14－18.

［97］池国华，张传财，韩洪灵．内部控制缺陷信息披露对个人投资者风险认知的影响：一项实验研究［J］．审计研究，2012（2）：105－112.

［98］池国华，朱俊卿．上市公司内部控制信息披露：现状研究与改进建议——基于2008年深市A股公司的数据分析［J］．科学决策，2009（12）：63－68.

［99］醋卫华，李培功．媒体监督公司治理的实证研究［J］．南开管理评论，2012，15（1）：33－42.

［100］崔玉卫，王静静，周平根，代蕾．上市公司内部控制非标准审计意见形成原因剖析——基于2016年的数据［J］．商业会计，2019（12）：73－76.

［101］戴亦一，潘越，刘思超．媒体监督、政府干预与公司治理：来自中国上市公司财务重述视角的证据［J］．世界经济，2011（11）：121－144.

［102］董丽英．内部控制审计风险研究［J］．经济与管理，2011（10）：67－70.

［103］董美霞．增强企业内部控制评价效果的思考——基于《企业内部控制评价指引》［J］．审计与经济研究，2010（1）：8－16.

［104］董望，陈汉文．内部控制、应计质量与盈余反应——基于中国2009年A股上市公司的经验证据［J］．审计研究，2011（4）：68－78.

［105］杜海霞．代理成本与内部控制自我评价报告的自愿披露——基于2010年沪市A股上市公司数据［J］．南京审计学院学报，2012（2）：56－60.

［106］方红星，池国华．内部控制［M］．大连：东北财经大学出版社，2011.

［107］方红星，金玉娜．高质量内部控制能抑制盈余管理吗？——基于自愿性内部控制鉴证报告的经验研究［J］．会计研究，2011（8）：53－60.

［108］方红星．内部控制质量与会计稳健性——来自深市A股公司2007—2010年年报的经验证据［J］．审计与经济研究，2012（27）：3－10.

［109］冯延超，梁莱歆．上市公司法律风险、审计收费及非标准审计意见——来自中国上市公司的经验证据［J］．审计研究，2010（3）：75－81.

［110］耿云江，王明晓．超额在职消费、货币薪酬业绩敏感性与媒体监督——基于中国上市公司的经验证据［J］．会计研究，2016（09）：55－61.

［111］何芹．内部控制与财务报表整合审计的再思考——兼谈财务报表审计准则与内部控制审计指引的比较［J］．中国注册会计师，2012（4）：86－90.

［112］何芹．内部控制审计意见、财务报表审计意见及内部控制自评结论——比较分析与数据检验［J］．中国注册会计师，2015（2）：49－53.

［113］贺建刚，孙铮，李增泉．难以抑制的控股股东行为：理论解释与案例分析

[J]. 会计研究, 2010 (3): 20 - 27.

[114] 贺建刚, 魏明海, 刘峰. 利益输送、媒体监督与公司治理: 五粮液案例研究 [J]. 管理世界, 2008, (10): 141 - 150.

[115] 洪峰, 戴文涛, 张然. 上市公司内控信息披露质量评价——基于强制披露前后的对比 [J]. 中国注册会计师, 2013 (4): 78 - 81.

[116] 黄俊, 陈信元. 媒体报道与 IPO 抑价——来自创业板的经验证据 [J]. 管理科学学报, 2013 Vol. 16 (2): 83 - 93.

[117] 孔东民, 刘莎莎, 应千伟. 公司行为中的媒体角色: 激浊扬清还是推波助澜? [J]. 管理世界, 2013 (7): 145 - 162.

[118] 李彬. 传播学引论 [M]. 北京: 新华出版社, 1993: 183.

[119] 李东平, 黄德华, 王振林. "不清洁" 审计意见、盈余管理与会计师事务所变更 [J]. 会计研究, 2001 (6): 51 - 57.

[120] 李明, 叶勇. 媒体负面报道对控股股东掏空行为影响的实证研究 [J]. 管理评论, 2016 (1): 73 - 82.

[121] 李红. 内部控制信息披露对审计意见影响研究 [J]. 会计之友, 2012 (2): 28 - 30.

[122] 李弘知, 樊耀骏. 媒体关注、公司治理与审计意见 [J]. 2015 (27) . 7 - 10.

[123] 刘凤娟. 浅议公司治理结构与内部控制的链接与互动 [J]. 现代商业, 2017 (7): 111 - 112.

[124] 李连华. 公司治理结构与内部控制的链接与互动 [J]. 会计研究, 2005 (2): 64 - 69.

[125] 李明辉, 张艳. 上市公司内部控制审计若干问题之探讨——兼论我国内部控制鉴证指引的制定 [J]. 审计与经济研究, 2010 (2): 38 - 47.

[126] 李明辉, 何海, 马夕奎. 我国上市公司内部控制信息披露状况的分析 [J]. 审计研究, 2003 (1): 38 - 43.

[127] 李培功, 沈艺峰. 媒体的公司治理作用: 中国的经验证据 [J]. 经济研究, 2010 (4): 14 - 27.

[128] 李淑华. 上市公司年度报告审计意见之实证研究 [J]. 中国内部审计, 1998 (8): 1 - 34.

[129] 李爽, 吴溪. 补充审计模式与审计独立性: 中国 B 股市场的证据 [J]. 中国会计与财务研究, 2003, 5 (3) .

[130] 李爽, 吴溪. 后中天勤时代的中国证券审计市场 [J]. 会计研究. 2005 (6): 10 - 15.

[131] 李焰, 秦义虎. 媒体监督、声誉机制与独立董事辞职行为 [J]. 财贸经济, 2011 (3): 36 - 42.

[132] 李焰, 王琳. 媒体监督、声誉共同体与投资者保护 [J]. 管理世界, 2013

(11)：130 - 143.

［133］李宇立．自我感知的内部控制缺陷间的关系——基于问卷调查的路径分析［J］．审计研究，2011（6）：74 - 81.

［134］李晓慧，杨坤．媒体关注、审计意见与会计信息透明度研究［J］．中央财经大学学报，2015（10）：52 - 60.

［135］林斌，饶静．上市公司为什么自愿披露内部控制鉴证报告？——基于信号传递理论的实证研究［J］．会计研究，2009（2）：45 - 52.

［136］林妍．上市公司治理结构对审计意见的影响及实证研究［J］．中国集体经济，2011（4）：192 - 193.

［137］李歆，郑焱．审计意见、媒体报道与公司价值［J］．会计之友，2019（12）：105 - 111.

［138］李志斌，章铁生．企业内部控制研究：内涵、评价、影响因素与经济后果［J］．商业会计，2018，644（20）：6 - 9.

［139］李宏伟，黄国良．环境信息披露的价值效应研究［J］．技术经济与管理研究，2015（11）：81 - 85.

［140］李杭．内部控制审计对财务报表审计意见影响的实证研究［J］．纳税，2018，12（25）：199.

［141］刘继红．国有股权、盈余管理与审计意见［J］．审计研究 2009（2）：32 - 39.

［142］逯东，付鹏，杨丹．媒体类型、媒体关注与上市公司内部控制质量［J］．会计研究，2015（4）：78 - 85.

［143］刘峰，许菲．风险导向型审计、法律风险、审计质量——兼论“五大”在我国审计市场的行为［J］．会计研究，2002（2）：21 - 28.

［144］刘莎，许杰慧．企业内部控制审计相关问题探讨［J］．会计之友，2012（11）：61 - 63.

［145］刘玉延，王宏．提升企业内部控制有效性的重要制度安排——关于实施企业内部控制注册会计师审计的有关问题［J］．会计研究，2010（7）.

［146］刘宁诗．生物资产审计风险研究［D］．广东外语外贸大学，2018.

［147］柳木华．大众传媒对会计舞弊的监督：一项经验研究［J］．证券市场导报，2010（8）：43 - 50.

［148］陆正飞，童盼．审计意见、审计师变更与监管政策——一项以 14 号规则为例的经验研究［J］．审计研究，2003（3）：30 - 35.

［149］罗进辉．媒体报道的公司治理作用——双重代理成本视角［J］．金融研究，2012（10）：153 - 166.

［150］罗永平，王玉琦，叶静，王立新．内部控制审计几个基本问题研究［J］．教育财会研究，2000（6）：51 - 56.

[151] 罗忠莲．上市公司内部控制审计对财务报表审计质量影响研究 [J]．财会通讯，2017 (4)：111 - 113.

[152] 吕敏康，冉明东．媒体报道影响审计师专业判断吗？——基于盈余管理风险判断视角的实证分析 [J]．审计研究，2012 (6)：82 - 89.

[153] 马胜男，张复生．媒体负面报道对审计意见影响分析 [J]．财会通讯，2017 (7) 96 - 98.

[154] 聂兴凯，郑洪涛，田薇．我国上市公司内部控制自我评价报告的披露现状与政策建议 [J]．财务与会计，2010 (4)：33 - 35.

[155] 牛艺琳．上市公司内部控制效率对审计意见的影响研究 [D]．重庆理工大学，2010.

[156] 潘芹．内部控制审计对审计意见的影响研究——基于 2009 年我国 A 股公司数据 [J]．财会月刊，2011 (9)：80 - 82.

[157] 彭桃英，汲德雅．媒体监督、内部控制质量与管理层代理成本 [J]．财经理论与实践，2014 (3)：61 - 65.

[158] 皮天雷．国外声誉理论：文献综述、研究展望及对中国的启示 [J]．首都经济贸易大学学报，2009 (3)：95 - 101.

[159] 钱春杰，周中胜．会计税收差异，审计收费和"不清洁审计意见" [J]．审计研究，2007 (1)：59 - 67.

[160] 秦娜．内部控制、会计舞弊与审计意见 [D]．安徽工业大学，2011.

[161] 裘宗舜，周洁．美国财务报告内部控制审计的发展与启示——财务报告内部控制审计与财务报表审计的比较 [J]．财会月刊，2009 (4)：35 - 36.

[162] 权小锋，吴世农．媒体关注、盈余操纵与应计误定价 [R]．厦门大学管理学院工作论文，2011.

[163] 申慧慧，吴联生，肖泽忠．环境不确定性与审计意见：基于股权结构的考察 [J]．会计研究，2010 (12)：57 - 64.

[164] 舒文定．试论内部控制审计的性质 [J]．商业会计，2001 (10)：42 - 43.

[165] 苏运柱．杠杆治理、媒体监督与代理成本 [J]．财会通讯，2018 (23)：51 - 54.

[166] 宋建波，张湜．内部控制审计意见与企业会计信息质量——基于 A 股主板上市公司的实证研究 [J]．国际商务财会，2018 (11)：77 - 83.

[167] 尚兆燕，扈唤．独立董事主动辞职、内部控制重大缺陷及非标审计意见——来自中国上市公司的经验证据 [J]．审计研究，2016 (1)：94 - 100.

[168] 孙坤，于洋．媒体监督会提高审计质量吗？ [J]．东北财经大学学报，2016 (1)：55 - 61.

[169] 唐建华．内部控制审计与财务报表审计的联系、区别与整合 [J]．上海立信会计学院学报，2011 (3)：19 - 24.

[170] 唐跃军．审计委员会治理与审计意见 [J]．金融研究，2008 (1)：148 - 162.

［171］唐慧捷．内部控制理论面临的困境及其出路［J］．纳税，2019，13（12）：276－279.

［172］田高良，齐保垒，李留闯．基于财务报告的内部控制缺陷披露影响因素研究［J］．南开管理评论，2010（4）：134－141.

［173］田利军．审计意见影响因素实证分析［J］．中南财经政法大学学报，2007（6）：116－122.

［174］汤惠，李登明．江苏省上市公司内部控制非标准审计意见分析——基于2015—2017年数据［J］．经济研究导刊，2019（9）：81－84.

［175］王霞，徐晓东．审计重要性水平、事务所规模与审计意见［J］．财经研究，2009（1）37－48.

［176］王爱华，刘扬．上市公司整合审计研究发展综述［J］．财会月刊，2012（2）：64－68.

［177］王恩山，戴小勇．媒体监督、法律制度与代理成本［J］．财经问题研究，2013（6）：12－18.

［178］王华宾，陈海声，陈宁．产权性质、政治关联与媒体的投资者保护作用［J］．财会月刊，2017（24）：3－11.

［179］王怀明，项敏．公司内部治理机制对审计意见类型的影响——基于深市A股上市公司的研究［J］．会计之友，2009（2）：86－89.

［180］王惠芳．财务报告内部控制自我评价报告的强制披露［J］．中南财经政法大学学报，2009（5）：137－140.

［181］王惠芳．内部控制缺陷认定：现状、困境及基本框架重构［J］．会计研究，2011（8）：61－67.

［182］王跃堂，朱林，陈世敏．董事会独立性、股权制衡与财务信息质量［J］．会计研究，2008（1）：55－63.

［183］王震，彭敬芳．中国上市公司治理结构与审计意见的相关性研究［J］．审计与经济研究，2007（6）：16－19.

［184］王海兵，贺妮馨．企业内部控制建设的八个层级［J］．会计之友，2018（03）：136－139.

［185］吴伟荣，郑宝红．签字注册会计师任期、媒体监督与审计质量研究［J］．中国软科学，2015（03）：93－104.

［186］吴超鹏，叶小杰，吴世农．媒体监督、政治关联与高管变更——中国的经验证据［J］．经济管理，2012（2）：57－65.

［187］吴联生，谭力．审计师变更决策与审计意见改善［J］．审计研究，2005（2）：34－40.

［188］吴榕花．刍议创业板上市公司内部控制信息披露——基于2010年度信息披露考核的结果［J］．会计之友，2012（2）：56－57.

[189] 夏立军，杨海斌．注册会计师对上市公司盈余管理的反应 [J]．审计研究，2002 (4)：28 -34.

[190] 肖成民，李茸．内部控制会影响审计意见吗？ [J] ．会计与经济研究，2012 (2)：34 -41.

[191] 谢晓燕，程富．内部控制评价标准：比较与改进——基于外部审计的视角 [J]．财会通讯，2010 (3)：62 -65.

[192] 谢晓燕，张龙平，李晓红．我国上市公司整合审计研究 [J]．会计研究，2009 (9)：88 -94.

[193] 谢晓燕，张心灵，陈秀芳．我国企业内部控制审计的现实选择——基于内部控制审计与财务报表审计关联的分析 [J]．财会通讯，2009 (9)：125 -127.

[194] 许瑜，冯均科，杨菲．媒体关注、内部控制有效性与企业创新绩效 [J]．财经论丛，2017 (12)：88 -96.

[195] 杨德明，赵璨．内部控制、媒体曝光率与国有企业高管腐败 [J]．财务研究，2015 (5)：66 -73.

[196] 袁蓓．政府干预、媒体监督与企业内部控制制度 [J]．财会通讯，2017 (3)：51 -54.

[197] 辛清泉，黄琨．监管政策、审计意见和审计师谨慎性 [J]．中国会计与财务研究，2009 (1)：60 -89.

[198] 辛宇，徐莉萍．媒体治理与中小投资者保护 [J]．南开管理评论．2011 (6)：36 -47.

[199] 熊艳，李常青，魏志华．媒体“轰动效应”：传导机制，经济后果与声誉惩戒，基于霸王事件的案例研究 [J]．管理世界，2011 (10)：125 -140.

[200] 徐莉萍，辛宇．媒体治理与中小投资者保护 [J]．南开管理评论．2011 (6)：36 -47.

[201] 徐耀魁．西方新闻理论评析 [M]．北京：新华出版社，1998：311.

[202] 徐玉霞，王冲．风险导向审计、内部控制与审计师行为——基于我国上市公司的实证检验 [J] ．经济评论，2012 (5)：123 -133.

[203] 徐利飞，张心灵．政府补助对企业绩效的影响——以獐子岛公司为例 [J]．财会通讯，2017 (23)：95 -100.

[204] 杨德明，令媛媛．媒体为什么会报道上市公司丑闻？ [J]．证券市场导报，2011 (10)：17 -23.

[205] 杨德明、胡婷．内部控制、盈余管理与审计意见 [J]．审计研究，2010 (5)：90 -97.

[206] 杨继东．媒体影响了投资者行为吗？——基于文献的一个思考 [J]．金融研究，2007 (11)：93 -102.

[207] 杨雄胜．内部控制理论研究新视野 [J]．会计研究，2005 (7)：49 -54.

[208] 杨有红，陈凌云．2007 年沪市公司内部控制自我评价研究——数据分析与政策建议 [J]．会计研究，2009 (6)：58－64.

[209] 杨有红，陈凌云．财务报告内部控制缺陷披露影响因素研究 [J]．山西财经大学学报，2010 (4)：114－120.

[210] 杨有红，何玉润，王茂林．市场化程度、法律环境与企业内部控制自我评估报告的披露——基于沪市 A 股上市公司的数据分析 [J]．上海立信会计学院学报，2011 (1)：9－16.

[211] 姚益龙，梁红玉，宁吉安．媒体监督影响企业绩效机制研究——来自中国快速消费品行业的经验证据 [J]．中国工业经济，2011 (9)：151－160.

[212] 游家兴，吴静．沉默的螺旋：媒体观点与资产误定价 [J]．经济研究，2012 (7)：141－152.

[213] 游家兴，郑建鑫．媒体观点，框架依赖与 IPO 异象——基于议程设置理论的研究视角 [J]．投资研究，2013 (12)：68－84.

[214] 于鹏．公司特征、国际“四大”与审计意见 [J]．审计研究，2007 (2)：53－60.

[215] 于忠泊，田高良，齐保垒等．媒体关注的公司治理机制——基于盈余管理视角的考察 [J]．管理世界，2011 (9)：127－140.

[216] 袁敏．上市公司内部控制审计：问题与改进——来自 2007 年年报的证据 [J]．审计研究，2008 (5)：90－96.

[217] 原红旗，李海建．会计师事务所组织形式、规模与审计质量 [J]．审计研究，2003 (1)：32－37.

[218] 曾颖，叶康涛．股权结构 代理成本与外部审计需求 [J]．会计研究，2005 (10)：63－70，97.

[219] 张川，沈红波，高新梓．内部控制的有效性、审计师评价与企业绩效 [J]．审计研究，2009 (6)：79－86.

[220] 张继勋，何亚南．内部控制审计意见类型与个体投资者对无保留财务报表审计意见的信心——一项实验证据 [J]．审计研究，2013 (4)：93－100.

[221] 张继勋，周冉，孙鹏．内部控制披露、审计意见、投资者的风险感知和投资决策：一项实验证据 [J]．会计研究，2011 (9)：66－73.

[222] 张建平，余玉苗．媒体监督影响审计定价吗——来自中国证券市场的初步证据 [J]．山西财经大学学报，2013 (3)：102－112.

[223] 张俊瑞，刘慧，杨蓓．未决诉讼对审计收费和审计意见类型的影响研究 [J]．审计研究，2015 (1)：67－74.

[224] 张龙平，陈作习．财务报告内部控制审计与财务报表审计的整合研究（上）[J]．审计月刊，2009 (5)：10－12.

[225] 张龙平，王军只，张军．内部控制鉴证对会计盈余质量的影响研究——基于沪

市 A 股公司的经验证据 [J]. 审计研究, 2010 (2): 83 - 90.

[226] 张龙平, 王泽霞. 美国舞弊审计准则的制度变迁及其启示 [J]. 会计研究, 2003 (4): 61 - 64.

[227] 张隆栋. 大众传播学总论 [M]. 北京: 中国人民大学出版社, 1993: 184.

[228] 张雅慧, 万迪昉, 付雷鸣. 股票收益的媒体效应: 风险补偿还是过度关注弱势 [J]. 金融研究, 2011 (8): 143 - 156.

[229] 张宜霞. 企业内部控制的范围, 性质与概念体系: 基于系统和整体效率视角的研究 [J]. 会计研究, 2007 (7): 36 - 43.

[230] 张颖, 郑洪涛. 我国企业内部控制有效性及其影响因素的调查与分析 [J]. 审计研究, 2010 (1): 75 - 81.

[231] 章雁, 周艳秋. 内部控制信息披露对审计意见影响的研究——基于 2011 年深市主板上市公司的数据 [J]. 中国管理科学, 2013 (11): 13 - 18.

[232] 赵临桃. 农业上市公司盈余管理研究 [D]. 内蒙古农业大学, 2018.

[233] 郑志刚. 法律外制度的公司治理角色——一个文献综述 [J]. 管理世界, 2007 (9): 136 - 147, 159.

[234] 朱彩婕, 韩小伟. 内部控制审计对财务报告审计意见的影响研究——来自 2011 年我国 A 股上市公司的经验证据 [J]. 北京工商大学学报 (社会科学版), 2013, 28 (5): 77 - 82.

[235] 褚剑, 方军雄. 政府审计能够抑制国有企业高管超额在职消费吗? [J]. 会计研究, 2016 (9): 82 - 89.

[236] 朱荣恩, 应唯, 袁敏. 美国财务报告内部控制评价的发展及对我国的启示 [J]. 会计研究, 2003 (8): 48 - 53.

[237] 朱小平, 余谦. 上市公司的财务指标与审计意见类型相关性的实证分析 [J]. 中国会计评论, 2003 (1): 39 - 48.

[238] 周明东. 内部控制审计对财务报表审计意见的影响探究 [J]. 商讯, 2019 (11): 158 - 187.

[239] 周开国, 应千伟, 钟畅. 媒体监督能够起到外部治理的作用吗? ——来自中国上市公司违规的证据 [J]. 金融研究, 2016 (6): 193 - 206.

[240] 周兰, 耀友福. 媒体监督、审计师变更与审计意见购买 [J]. 管理工程学报, 2018, 32 (2): 159 - 170.

[241] 周兰, 耀友福. 媒体监督、审计契约稳定性与审计质量 [J]. 外国经济与管理, 2015, 37 (7): 58 - 73.